老年大学通识教育系列

中华优秀传统文化精要

主　编　王卫东　吴晓辉
副主编　黄化平　温小军

广东高等教育出版社
Guangdong Higher Education Press

·广州·

图书在版编目（CIP）数据

中华优秀传统文化精要/王卫东，吴晓辉主编. —广州：广东高等教育出版社，2022.3（2022.11重印）

ISBN 978-7-5361-7074-2

Ⅰ. ①中… Ⅱ. ①王…②吴… Ⅲ. ①中华文化－中老年读物 Ⅳ. ①K203-49

中国版本图书馆 CIP 数据核字（2021）第 149885 号

ZHONGHUA YOUXIU CHUANTONG WENHUA JINGYAO
中华优秀传统文化精要

出版发行	广东高等教育出版社
	地址：广州市天河区林和西横路
	邮政编码：510500　电话：（020）87551597
	http://www.gdgjs.com.cn
印　刷	东莞市雅达彩印有限公司
开　本	787 毫米×1 092 毫米　1/16
印　张	15.5
字　数	246 千
版　次	2022 年 3 月第 1 版　2022 年 11 月第 2 次印刷
定　价	48.00 元

前　言

《中华优秀传统文化精要》是深圳开放大学与广州大学教育学院老年教育研究中心的专业人士合作完成的一本老年大学通识教育读本。

《老年教育发展规划（2016—2020年）》（国办发〔2016〕74号）中指出：要"丰富老年教育内容和形式。积极开展老年人思想道德、科学文化、养生保健、心理健康、职业技能、法律法规、家庭理财、闲暇生活、代际沟通、生命尊严等方面的教育"，"将培育和践行社会主义核心价值观作为老年教育的重要内容，编写相关读本，设计形式多样的教育活动项目，将社会主义核心价值观融入老年人学习和活动之中"。"探索建立老年教育通用课程教学大纲，促进资源建设规范化、多样化。遴选、开发一批通用型老年学习资源，整合一批优秀传统文化、非物质文化遗产、地方特色老年教育资源，推介一批科普知识和健康知识学习资源，引进一批国外优质学习资源，形成系列优质课程推荐目录"。《广东省人民政府办公厅关于大力推动老年教育发展的实施意见》（粤府办〔2017〕41号）中也要求"探索建立老年教育通用课程教学大纲，编写相关读本"。深圳开放大学迅速响应国务院和广东省政府的政策要求，积极筹划相关资源，着手编写老年大学通识教育系列读本，《中华优秀传统文化精要》就是其中的一本。这是深圳开放大学在发挥现代信息技术和系统办学优势举办高质量老年教育的一种尝试，也是基于粤港澳大湾区建设人文湾区的要求而做的有益探索。

为了编好这本读物，深圳开放大学专门联合广州大学教育学院老年教育研究中心的专业人士组织课题组。课题组首先广泛地进行素材收集，然后对中华优秀传统文化内容进行了认真的研究，最后从浩如烟海的中华优秀传统文化体系中确定了适合老年人阅读，对老年人道德、知识、审美、养生、心理保健等多方面发展有益的内容，构成了该读本的框架。读本在概述了中华优秀传统文化的基本内涵、特征及意义之后，分两大部分阐述中华优秀传统文化内容：第一部分是精神（或价值）层面的中华优秀传统文化，包括中华人文精神，中华传统美德，中国传统哲学智慧，汉字与汉字文化，中国古代的文学、艺术、科技、教育等；第二部分是日常生活层面的中华优秀传统文化，包括中国传统的服饰、建筑、出行、饮食、养生、礼仪、节日等文化内容。

该读本具有以下主要特点：第一，时代性。该读本是在我国人口深度老龄化新国情背景下，为配合新时代中国特色社会主义现代化建设而编写的。第二，针对性。该读本立足于老年人的视角和阅读习惯，建构老年人继续发展过程中应有的综合素质。第三，科学性。该读本的主编和作者均是高校专业工作者，保证了内容的准确和科学。第四，易读性。该读本用通俗的语言表述深刻的文化内涵，特别注意用现代语言解释行文中的文言文，生僻字还加以注音，以便于老年人阅读。第五，原创性。目前尚未见到同类读物面世，该读本将成为国内第一本老年大学通识教育读本。

我们相信，该读本的出版和使用，有益于丰富老年群体的文化生活，特别是提升他们的思想道德素质和文化理论修养，助力中国积极应对人口老龄化新国情；可以帮助老年群体对社会年轻一代进行文化传统教育，发挥老年群体的社会文化价值，助力中华优秀传统文化的传承，以及坚定国人的文化自信；也有益于利用老年大学这一平台向世界传播中华优秀传统文化，以老年大学生群体独特的优势，助力粤港澳大湾区和"一带一路"建设。

该读本以老年大学生为主要读者对象，也可以在其他老年群体中进行普及，还可以作为非老年群体的社会人士自学中华优秀传统文化，丰富自身文化修养、提升自身综合素质的读物。

本书编写组
2021 年 5 月

目 录

第一章 中华优秀传统文化概述 ········· 1
一、中华优秀传统文化的概念 ········· 1
（一）文化概说 ········· 1
（二）中华传统文化的内涵 ········· 3
（三）中华优秀传统文化的界定 ········· 5
二、中华优秀传统文化的基本内容和特征 ········· 5
（一）中华优秀传统文化的基本内容 ········· 5
（二）中华优秀传统文化的基本特征 ········· 7
三、老年人学习中华优秀传统文化的主要意义 ········· 11
（一）学习中华优秀传统文化，有助于老年人增进生活幸福感 ······ 11
（二）学习中华优秀传统文化，有助于老年人坚定文化自信 ········· 12
（三）学习中华优秀传统文化，有助于老年人在传递和传播中华
优秀传统文化方面做出自己的贡献 ········· 13

第二章 中华优秀传统文化中的人文精神 ········· 14
一、中华文化视域中的人文与人文精神内涵 ········· 14
（一）中华文化视域中的人文 ········· 14
（二）人文精神内涵 ········· 15

二、中华优秀传统文化中人文精神的表现 ········· 16
 （一）道德观中的人文精神 ········· 17
 （二）世界观中的人文精神 ········· 24
 （三）社会观中的人文精神 ········· 28

第三章　中国传统哲学智慧 ········· 30

一、中国传统哲学的基本特征 ········· 30
 （一）重视人生问题 ········· 30
 （二）追求和谐统一 ········· 31
 （三）偏重直觉思维 ········· 31
 （四）讲求天人合一 ········· 32
 （五）强调知行合一 ········· 32

二、中国传统哲学的主要流派 ········· 33
 （一）儒家 ········· 33
 （二）释家 ········· 37
 （三）道家 ········· 39
 （四）其他各家 ········· 42

第四章　中华传统美德 ········· 45

一、中华传统美德的内涵与主要特征 ········· 45
 （一）人本主义是传统美德的精神内核 ········· 45
 （二）注重整体主义和爱国主义 ········· 46
 （三）以伦理为本位 ········· 47

二、中华传统美德的主要内容 ········· 48
 （一）个人美德 ········· 48
 （二）家庭美德 ········· 51
 （三）国家与社会美德 ········· 53

三、老年人道德修养的主要方法 ········· 55
 （一）好学明理 ········· 55
 （二）慎微自省 ········· 56

（三）身体力行 ………………………………………… 57
　　（四）改过迁善 ………………………………………… 57

第五章　汉字与汉字文化 …………………………………… 59
　一、汉字的起源与历史演变 ………………………………… 59
　　（一）汉字的起源 ……………………………………… 59
　　（二）汉字的历史演变 ………………………………… 61
　二、汉字的性质与特点 ……………………………………… 65
　　（一）汉字的性质 ……………………………………… 65
　　（二）汉字的主要特点 ………………………………… 66
　三、汉字文化 ………………………………………………… 68
　　（一）汉字中的人文精神 ……………………………… 69
　　（二）汉字中的传统哲学智慧 ………………………… 70
　　（三）汉字中的传统美德 ……………………………… 71
　　（四）汉字中的传统习俗 ……………………………… 71

第六章　中国古代文学 ……………………………………… 73
　一、中国古代文学在中国文化中的地位与作用 …………… 73
　　（一）中国古代文学在中国文化中的地位 …………… 73
　　（二）中国古代文学在中国文化中的作用 …………… 74
　二、中国古代文学精粹 ……………………………………… 74
　　（一）先秦的《诗经》与《楚辞》 …………………… 74
　　（二）汉赋 ……………………………………………… 75
　　（三）唐诗 ……………………………………………… 76
　　（四）宋词 ……………………………………………… 80
　　（五）元曲 ……………………………………………… 81
　　（六）明清小说 ………………………………………… 83

第七章　中国古代科技 ……………………………………… 87
　一、中国古代科技的发展历程 ……………………………… 87
　　（一）萌芽期 …………………………………………… 87

（二）成形期 …… 87
		（三）发展期 …… 88
		（四）兴盛期 …… 88
		（五）衰微期 …… 88
	二、中国古代四大发明 …… 88
		（一）造纸术 …… 88
		（二）印刷术 …… 89
		（三）火药 …… 91
		（四）指南针 …… 92
	三、中国古代科技的其他伟大成就 …… 93
		（一）天文 …… 93
		（二）地理 …… 94
		（三）数学 …… 95
		（四）医学 …… 97
		（五）农业 …… 98
		（六）化学 …… 99

第八章　中国传统教育 …… 101
	一、中国文化背景下的教育本真 …… 101
		（一）中国传统教育发展的基本脉络 …… 101
		（二）中国传统文化中的教育本真 …… 103
	二、中国传统教育的基本特征 …… 104
		（一）中国传统教育的价值特征 …… 104
		（二）中国传统教育的内容特征 …… 105
		（三）中国传统教育的师道特征 …… 106
		（四）中国传统教育的制度特征 …… 107
	三、中国古代教育家思想举要 …… 111
		（一）孔子的教育思想 …… 111
		（二）孟子的教育思想 …… 113
		（三）朱熹的教育思想 …… 115

（四）王守仁的教育思想 …………………………………… 116

第九章　中国传统艺术 …………………………………… 119

一、中国传统艺术概览 ………………………………………… 119
　　（一）中国传统艺术的起源与发展 …………………………… 119
　　（二）中国传统艺术的基本特征 …………………………… 121

二、中国主要传统艺术成就例举 ……………………………… 123
　　（一）书法 ………………………………………………… 123
　　（二）绘画 ………………………………………………… 125
　　（三）音乐 ………………………………………………… 128
　　（四）戏曲 ………………………………………………… 130

第十章　中国传统服饰 …………………………………… 133

一、中国传统服饰的主要特征与类型 ………………………… 133
　　（一）中国传统服饰的主要特征 …………………………… 133
　　（二）中国传统服饰的主要类型 …………………………… 134

二、中国传统服饰精要 ………………………………………… 136
　　（一）汉服 ………………………………………………… 136
　　（二）唐装 ………………………………………………… 138
　　（三）旗袍 ………………………………………………… 140
　　（四）民族服饰 …………………………………………… 142

第十一章　中国传统饮食 ………………………………… 146

一、中华饮食文化的起源和发展 ……………………………… 146
　　（一）中华饮食文化的内容与发展 ………………………… 147
　　（二）中华饮食文化的理论基础 …………………………… 149
　　（三）中国饮食文化的特点 ………………………………… 150
　　（四）中国饮食民俗 ……………………………………… 152

二、中华八大菜系 ……………………………………………… 153
　　（一）鲁菜 ………………………………………………… 153
　　（二）川菜 ………………………………………………… 154
　　（三）粤菜 ………………………………………………… 154

（四）苏菜 ········· 155
　　（五）闽菜 ········· 155
　　（六）浙菜 ········· 155
　　（七）湘菜 ········· 156
　　（八）徽菜 ········· 156
　三、中华筵席文化 ········· 156
　　（一）筵席文化的起源 ········· 157
　　（二）古代筵席礼仪 ········· 158

第十二章　中国传统建筑 ········· 161
　一、中国古代建筑的历史发展与基本特征 ········· 161
　　（一）中国古代建筑的历史发展 ········· 161
　　（二）中国古代建筑的基本特征 ········· 162
　二、中国古代建筑的主要类型与功能 ········· 164
　　（一）中国古代宫廷建筑 ········· 164
　　（二）中国古典园林建筑 ········· 165
　　（三）中国古代民居建筑 ········· 170

第十三章　中国古代的出行 ········· 173
　一、中国古代出行的道路 ········· 173
　二、中国古代出行的主要工具 ········· 175
　　（一）车 ········· 175
　　（二）马 ········· 178
　　（三）轿 ········· 180
　　（四）舟 ········· 183

第十四章　中国传统养生文化 ········· 186
　一、中国古代养生的基本特征 ········· 186
　　（一）形神兼顾，养神为先 ········· 186
　　（二）顺乎自然，天人物我合一 ········· 187
　　（三）虚静养神，动静结合，阴阳平衡 ········· 188
　　（四）养生与养性、治国相统一 ········· 188

（五）客观因素与主观努力并重 ………………………… 189
　二、中国传统养生的主要途径 ……………………………… 190
　　（一）中医养生 …………………………………………… 190
　　（二）休闲养生 …………………………………………… 195

第十五章　中国传统节日文化 ……………………………… 201
　一、节日在中国传统文化中的地位与价值 ………………… 201
　　（一）节日的地位 ………………………………………… 201
　　（二）节日在传统文化中的作用 ………………………… 203
　二、中国的传统节日揽胜 …………………………………… 204
　　（一）春节 ………………………………………………… 204
　　（二）元宵节 ……………………………………………… 206
　　（三）清明节 ……………………………………………… 208
　　（四）端午节 ……………………………………………… 209
　　（五）七夕节 ……………………………………………… 212
　　（六）中秋节 ……………………………………………… 213
　　（七）重阳节 ……………………………………………… 215
　　（八）冬至 ………………………………………………… 216

第十六章　中国传统礼仪文化 ……………………………… 218
　一、礼仪与中华传统文明 …………………………………… 218
　二、中国古代关于礼仪的经典 ……………………………… 220
　　（一）《周礼》 …………………………………………… 221
　　（二）《仪礼》 …………………………………………… 221
　　（三）《礼记》 …………………………………………… 222
　三、中国古代主要的礼仪举要 ……………………………… 223
　　（一）古代"五礼" ……………………………………… 223
　　（二）古代的人生礼仪 …………………………………… 225

参考书目 ……………………………………………………… 232
后　记 ………………………………………………………… 235

第一章
中华优秀传统文化概述

一、中华优秀传统文化的概念

(一)文化概说

"文化"是中国语言系统中古已有之的词汇。

"文"的解释最早来自于《易·系辞下》:"物相杂,故曰文。"《说文解字》释"文"为"文,错画也,象交叉"("文"的本义是指各色交错的纹理)。后在此义基础上将我国汉字中最早出现的独体字(主要是象形字和指事字)都称为"文",进而衍化为"文字""文籍""文章""文学"等义。这说明,"文"字从一开始就与今天的"文化"一词有着不解之缘。

"化"的本义是事物的变化过程。如《易》中有言:"男女构精,万物化生"(男女交和,众多人类化育而生)。后来"化"字延伸出"造化""大化"等义,如《荀子·天论》中所说的"阴阳大化,风雨博施"(阴阳变化万物,风雨普遍施予万物),进而引申出伦理道德行为习惯的化成。

"文""化"二字同时出现,首见之于《易·贲卦》:"刚柔交错,天文也。文明以止,人文也。观乎天文,以察时变;观乎人文,以化成天下。"(日月交替,星宿轮值,文饰与天,这就是"天文",也就是天道规律;人居善立德,行于善道,止于当止,这就是人文,也就是社会秩序和规律。好的治国者要观察天道自然的运行规律，以明耕作渔猎之时序；又必须把握社会人伦秩序，使人们的行为合乎礼仪，用人文影响、教化、改变他人，从而变革社会）这里的文化，实际上是指文化、教化的意思，与我们今天所说的"文化"概念不同。根据史料记载，汉朝的刘向第一个把"文""化"两个字合称一个词来使用。他在《说苑·指武》中说："凡武之兴，谓不服也；文化不改，然后加诛。"（但凡动用武力征服天下的，并不会被人信服；先用文德治理但是却也改变不了的，就可以诛罚他了）这里的"文化"是与国家军事手段相对的概念，即国家的文教治理手段，其内涵可以理解为文学、礼仪、风俗、道德等上层建筑。

"文化"的英语单词是culture，其本义是"人类为使土地肥沃，种植树木和栽培植物所采取的耕耘和改良措施"。在西方人早期的观念中，"文化"只是被用来隐喻人类的某种才干和能力，而"文化"一词成为一个完整体系的表示方式，即术语，大约是在19世纪中叶形成的。学者们从不同的角度给"什么是文化"做了许多种解释，其中较为经典的定义是英国文化人类学家爱德华·泰勒在其《原始文化》一书中所说的，"文化"是指人类在自身的历史经验中创造的"包罗万象的复合体"："文化是一种复合体，它包括知识、信仰、艺术、道德、法律、风俗，以及其余从社会上学得的能力与习惯。"1952年，美国文化学家克罗伯和克拉克洪发表《文化·概念和定义的批评考察》，对西方自1871年至1951年期间关于文化的160多种定义做了清理与评析，并在此基础上给文化下了一个综合定义："文化由外显的和内隐的行为模式构成；这种行为模式通过象征符号而获致和传递；文化代表了人类群体的显著成就，包括他们在人造器物中的体现；文化的核心部分是传统的（即历史的获得和选择的）观念，尤其是他们所带来的价值；文化体系一方面可以看作是活动的产物，另一方面则是进一步活动的决定因素。"

文化是人类特有的社会现象。人类诞生之后，"文化"与"自然"便成为一组重要的范畴。从与自然相对的角度来说，文化是指人类在进化、发展过程中运用自身的主体力量所创造的一切非自然的物质和精神特质的复合体（静态的定义），也指人类认识、利用、改造自然和人类社会自身的人类文明进化过程（动态的定义）。一般来说，文化可以分为四大类型，分别是：①物态文化，即人类加工自然创制的各种器物，并满足人类最基本的生存需要——衣食住行为目标，直接反映人类认识、改造自然的精神因素；②制度文化，即人类依据一定的思想观念建立起来的国家根本制度，如经济制度、政治制度、法律制度、教育制度、婚姻制度等；③行为文化，即人类在社会实践中，尤其是在人际交往中约定俗成的习惯性定势构成的行为模式，也就是我们所说的风俗习惯；④精神文化，即由人类社会实践和意识活动长期孕育而成的价值观念、审美情趣、思维方式等。它所反映的是人的内心世界，潜伏在整个文化系统的深层。

（二）中华传统文化的内涵

文化总是人的文化，而人总是生活在特定的自然领域和特定的民族心理环境之中的。由于人群分为不同的族群，所以文化带有鲜明的民族性。习近平同志强调指出："民族文化是一个民族区别于其他民族的独特标识"；"一个国家和民族的文明是一个国家和民族的集体记忆。"中华民族是一个民族共同体、命运共同体，也是一个文化共同体。今天所说的中华文化，或中国文化，实际上就是指中华民族的文化，它是中国疆域内从古到今、世代相传的56个民族共同创造的文化，是包含和融汇了56个民族文化在内的有机整体。

"传，传也，以传示后人也。"（传是流传的意思，将历史流传给后人）"统，继也。"所谓传统，是指从历史沿传下来的思想、文化、道德、风俗、艺术、制度及行为方式等。关于传统，德国哲学家黑格尔有一段经典的论述："传统并不仅仅是一个管家婆，只是把它所接受过来的忠实地保存着，然后毫不改变地保持着并传给后代。它也不像自然的过程那样，在它的形态和形式的无限变化与活动里，永远保持其原始的规律，没有进步。"由此可知，传统文化所蕴含的一个民族或国家世代相传的思想观念、思维方式、行为准则、文学艺术、生活风俗，乃至物质形态的建筑、工具等，既具有鲜明的历史性，又具有强烈的现实感。传统文化源自过去，在当今仍然有着很强的生命力，对人类的行为和活动有着无形的影响和控制作用。优秀的传统对社会发展起促进作用，落后的传统对社会发展起阻碍作用。

综合人们对传统文化的认识和理解，可以将"传统文化"内涵的要点总结为以下四点。第一，传统文化源于过去，但不止于过去。有些传统文化在历史长河的流淌过程中销声匿迹了，但还有一些传统文化会随着时间的推移而一直存留至今，甚至流传到未来。第二，传统文化起源于过去，但是"过去的"不等于"过时的""无用的""陈腐的"，并不都是糟粕。虽然我们不否认有些传统文化已经不适应当代和未来的社会发展趋势了，但是也应该看到传统文化中也有永恒的要素，即存在对过去、今天和未来的社会发展产生积极作用的内容。第三，所有的文化都是传统的。传统文化是一个相对的概念，是人们基于某一个时间点对发源于过去（相对比较久远的过去）的文化的类别划分。所谓传统文化，指的是产生于历史，经由历代传承延续下来的文化；所谓当代文化，是指产生于当今时代，并且正在流行的文化。第四，所有的传统文化都是特定民族或国家的，是生活在特定的社会文化心理环境中的特定国家和民族的人民在长期的社会实践和社会生活过程中创造的具有鲜明的民族特色的物质财富和精神财富的总和。

中华文化已经有5 000多年的发展历史，其中相当大的一部分属于传统文化的范畴。从时间节点上来说，研究者通常把1911年辛亥革命废除帝制作为一个分水岭，此前的中国社会称为传统的中国社会，此后的中国社会称为现代中国社会。据此，我们把1911年辛亥革命以前的中华文化称为中华传统文化，1911年至今的文化称为中华现代文化。详而言之，中华传统文化是指中华民族5 000多年文明发展史中在特定的自然环境、经济形式、政治结构、意识形态的作用下形成、积累和流传下来，并且至今仍在影响着当代文化的"活"的中华古代文化。中华传统文化的外延涵盖了中国历史上的一切文化创造。从物态层面讲，中华传统文化包含衣食住行等物质载体；从行为层面讲，中华传统文化包括和传统相关的风俗习惯等；从制度层面讲，中华传统文化包括与中国传统的政治、经济、文化、教育等方面的制度规范；从精神层面讲，中华传统文化包括与传统相关的哲学宗教观念、价值观念、伦理道德、社会心理、民族精神、民族气质以及思维方式等。它们已经内化为中华民族的文化心理和性格，深深融入社会政治、经济、精神意识等各个领域，积淀为一种中华民族的文化遗传基因，以巨大的力量影响着中华民族每个人的思想意识和行为,影响着中国社会历史的发展进程。

(三) 中华优秀传统文化的界定

关于什么是中华优秀传统文化,人们有着不同的理解。有人认为,中华优秀传统文化主要就是儒、释、道这三家学说;也有人把中华优秀传统文化限定为儒家的四书五经;还有人认为,中华优秀传统文化是中华民族自黄帝时代到辛亥革命期间创造的优秀文化。2014年3月26日,教育部印发《完善中华优秀传统文化教育指导纲要》,其中对"中华优秀传统文化"给出的一个描述性定义为:中华优秀传统文化是中华民族语言习惯、文化传统、思想观念、情感认同的集中体现,凝聚着中华民族普遍认同和广泛接受的道德规范、思想品格和价值取向,具有极为丰富的思想内涵。

概而言之,中华优秀传统文化是中国传统文化中的优秀内容,是中华民族在中国特定的地理环境、经济形式、政治结构、意识形态的综合作用下世代积淀,并为大多数人所认同而流传至今的各种物质财富和精神财富的总称。它虽然产生于中国古代,但是自产生之后,便对中国社会的稳固发展和中华民族的团结进步等多个方面产生着不可替代的积极影响,也为人类文明进步做出了巨大的贡献;它是中华传统文化中的精髓和灵魂,"积淀了中华民族最深沉的精神追求,包含了中华民族最根本的精神基因,代表着中华民族独特的精神标识,为中华民族生生不息、发展壮大提供了丰厚的滋养"。

二、 中华优秀传统文化的基本内容和特征

(一) 中华优秀传统文化的基本内容

中华优秀传统文化是一个包罗万象的巨大系统,具有多领域、多层次、多方面的内容。根据中共中央办公厅、国务院办公厅于2017年印发的《关于实施中华优秀传统文化传承发展工程的意见》,中华优秀传统文化可以概括为三个大的方面。

1. 核心思想理念

中华优秀传统文化中的核心思想理念,是中华民族世世代代坚信并坚守的理性信念,它是中华民族在争取国家统一和民族独立年代历经艰险而立于

不败之地,在和平发展年代奋发图强、努力实现中华民族伟大复兴的核心的精神支柱。这些核心思想理念,在中华优秀传统文化体系中具有基础性、主导性。

《关于实施中华优秀传统文化传承发展工程的意见》中指出,中华优秀传统文化中的核心思想理念是:"中华民族和中国人民在修齐治平、尊时守位、知常达变、开物成务、建功立业过程中培育和形成的基本思想理念,如革故鼎新、与时俱进的思想,脚踏实地、实事求是的思想,惠民利民、安民富民的思想,道法自然、天人合一的思想等,可以为人们认识和改造世界提供有益启迪,可以为治国理政提供有益借鉴。传承发展中华优秀传统文化,就要大力弘扬讲仁爱、重民本、守诚信、崇正义、尚和合、求大同等核心思想理念。"

2. 中华传统美德

中华传统美德,是中华民族在社会历史发展过程中流传下来并将继续传承下去的、具有积极影响力的优秀道德遗产。它是中华民族处理人与自然、个体与社会、人与人之间的关系的实践结晶,是中华民族优秀的道德品质和民族精神、崇高的民族气节和民族情感,以及良好的民族行为规范和习惯的总和。

《关于实施中华优秀传统文化传承发展工程的意见》将中华优秀传统文化中的中华传统美德概括为:"中华优秀传统文化蕴含着丰富的道德理念和规范,如天下兴亡、匹夫有责的担当意识,精忠报国、振兴中华的爱国情怀,崇德向善、见贤思齐的社会风尚,孝悌(tì)忠信、礼义廉耻的荣辱观念,体现着评判是非曲直的价值标准,潜移默化地影响着中国人的行为方式。传承发展中华优秀传统文化,就要大力弘扬自强不息、敬业乐群、扶危济困、见义勇为、孝老爱亲等中华传统美德。"

3. 中华人文精神

中华人文精神是中华民族对于自身关照的思维活动及其观念性结果。它表现为中华民族在社会发展过程中形成的自我关怀意识和活动,主要表现为对中国人的人格、尊严、价值和命运的关注、维护和追求,对中华民族历史进程中遗留下来的精神文化的珍惜和传承等。它是中华优秀传统文化中最深沉、最厚重的底色，是中华民族区别于其他民族文化的根本之所在。基于中华人文精神，才形成了中华民族独特的为人处世的法则、教育理想和方法、审美情趣和日常生活理念等。

《关于实施中华优秀传统文化传承发展工程的意见》对中华人文精神的表述为："中华优秀传统文化积淀着多样、珍贵的精神财富，如求同存异、和而不同的处世方法，文以载道、以文化人的教化思想，形神兼备、情景交融的美学追求，俭约自守、中和泰和的生活理念等，是中国人民思想观念、风俗习惯、生活方式、情感样式的集中表达，滋养了独特丰富的文学艺术、科学技术、人文学术，至今仍然具有深刻影响。传承发展中华优秀传统文化，就要大力弘扬有利于促进社会和谐、鼓励人们向上向善的思想文化内容。"

（二）中华优秀传统文化的基本特征

中国优秀传统文化从不同的角度可以总结出许多特征，主要有：

1. 悠久统一

中国是世界上由多个民族共同缔造的历史最悠久的统一国家。英国历史学家汤因比指出，在近6 000年的人类历史上，出现过26个文明形态，其中只有中国的文化体系是长期延续发展而从未中断过的文化。我们常说的"中华文明上下五千年"，其实是一个不确切的说法。如果以文字的出现为标志，则中国的历史至少有6 000多年，其标志就是考古学家在半坡遗址发现的6 000年前半坡人在彩陶上创造的具有文字性的刻画符号和绘画、雕塑、装饰品等艺术作品。这些刻画的符号，就是最早的中国文字。如果承认中国早期的著作（如《易经》《史记》）中记载的关于神农、黄帝、尧、舜、禹等"三皇五帝"改造自然环境、造福中华人民的故事的真实性，则中华文明的历史还将大大提前。

中华文明史不仅历时久远，而且持续至今，生命力强大。在人们熟知的世界四大文明古国中，古埃及、古巴比伦、古印度三大文明在发展过程中都发生了断裂，唯独中国文化一直延续下来，未曾中断。在文明古国出现的人类最早的文字体系中，古埃及的圣书文字、古巴比伦的楔形文字等都已逐渐消亡，但是中国的汉字却一直使用到今天，不但没有消亡，而且还发展成为世界通用文字之一。

在漫长的历史发展过程中，中华民族还形成了崇尚统一、反对分裂的优秀传统。秦朝建立大一统的中央集权国家之后，秦始皇采取了一系列巩固国家统一的政策，如书同文、车同轨、统一货币和度量衡、在军事上北击匈奴、修筑长城、统一东南和岭南地区、兴修灵渠等，在国家统一方面奠定了坚实的基础。汉武帝统治时，采用了董仲舒提出的"罢黜百家，独尊儒术"（废弃诸子杂说，专门推行儒家学说）的文教政策，儒家思想从此成为中国古代社会主流的社会价值观。思想文化的统一，体现了中华优秀传统文化的连续性，也是中华优秀传统文化绵延数千年而不绝的重要原因。纵观中华民族的发展历史，自秦朝建立起，统一始终是发展的主流，分裂都是短暂的，"大一统"思想根深蒂固，世代相传。

2. 博大精深

充满智慧的中国人民在悠久的历史中创造了内容博大、思想深厚的中华优秀传统文化体系。早在春秋战国时期，我国思想界就兴起了百家争鸣的文化论争。在以后的社会发展过程中，儒、释、道三家的价值观相映生辉，影响着中国古代的政治、经济、文化和中国人的日常生活。此外，我们的祖先创造了旨趣各异的教育思想和方法、蔚为大观的文学艺术（诗、词、赋、曲、楚辞、骈文、小说等）、独树一帜的中华医学、丰富多彩的风俗习惯、贯穿古今的饮食文化……"天人合一"的哲学认识、积极入世的伦理观念、人民为本的治国理念、刚柔并济的人生道理、积极乐观的生活态度等，无不体现着中华优秀传统文化的深邃内涵和精妙取向。而更令人称奇的是，这些博大精深的文化，往往又是通过微小而简明的方式体现出来的，如传世经典大多言简意赅、微言大义，令人读后思绪万千。老子的《道德经》5 437字，《孙子兵法》6 096字，《论语》15 920字，中国乃至世界上最早的一篇关于教育的专门论述《学记》全篇仅1 220余字，而唐朝著名高僧玄奘翻译的《心经》（全称《般若波罗蜜多心经》）共260字。此外，中国传统绘画艺术中的"留白"、京剧等戏剧的舞台造型，也都是以小见大、以简驭繁，达到了画龙点睛的精妙效果。

3. 伦理为本

中国古代是典型的伦理型社会，重视伦理规范和道德教化是中华优秀传统文化的重要特征，这种特征表现在哲学、史学、教育、文学、艺术等诸多领域。伦理道德对中国传统社会影响之深远，是其他民族所不能比拟的，而数千年中国社会的主流价值观——儒家思想在其中发挥了重要的作用。在国家治理方略方面，儒家提倡的是"德治"。《论语》中记载了不少孔子关于"德治"的理念，如"为政以德，譬如北辰，居其所而众星共之"（以德行来治理国家，好像天上北斗星：坐在那个位置上，群星围绕环抱着它）；"道之以政，齐之以刑，民免而无耻；道之以德，齐之以礼，有耻且格。"（用政策来管理、领导，用刑罚来整治、规范，民众只求免于受罚，心中并无耻辱的感觉；用德行来管理、领导，用礼制来整治、规范，民众有耻辱感，内心认同而归依）在教育方面，儒家以培育"内圣外王"式的道德君子为目标，孔子教育他的弟子要做到"入则孝，出则悌，谨而信，泛爱众，而亲仁。行有余力，则以学文"（年轻人在家里孝顺父母，在外面敬爱兄长、谨慎、诚信、博爱大众，亲近有仁德的人。做了这些还有剩余的力量，就学习文化知识）。这段话明显地体现了孔子教育的人伦取向——先教人做人，后教人学习文化知识。东汉许慎在《说文解字》中对"育"的解释"养子使作善也"，可以说道出了中华传统文化的根本取向。在儒家伦理思想体系中，"孝"是一切道德规范的基石，由孝道延伸出忠君、敬长、尊上等伦理观念和行为规范。这种伦理文化重视与人之间的情感因素，具有浓郁的人情味道，具有极强的民族凝聚力，养成了中华民族的整体观念和家国情怀。即使是人与自然的关系，在文学艺术作品中，中华优秀传统文化也赋予它们浓厚的道德色彩。这在中国古代思想家的一些名言中，如老子的名言"上善若水"（圣人的言行有类于水，而水德是近于道的）、孔子的名言"仁者乐山，智者乐水""诗三百，一言以蔽之，曰'思无邪'"都有鲜明的体现。

4. 崇尚中和

"中"，即中庸；"和"，即和谐。中国人民历来重视中和之美。早在原始社会的"三皇五帝"时期，尧就要求舜"允执其中"——真诚地坚持中庸之道，为人处世真正地做到恰到好处。孔子也多次提出"中庸之德"的观点，如"中庸之为德也，其至矣乎"（中庸之德是最高的道德境界）；《礼记·中庸》集中阐发了人的中和之美，认为"喜怒哀乐之未发，谓之中；发而皆中节，谓之和。中也者，天下之大本也；和也者，天下之大道也。致中和，天地位焉，万物育焉"（喜怒哀乐的情感没有发生，可以称之为"中"；喜怒哀乐的感情发生了，但都能适中且有节度，可以称之为"和"。中是天下最为根本的，和是天下共同遵循的法度。达到了中和，天地就会各安其位，万物便生长发育了）。宋代的程颐对这一段话做了较好的解释，指出："喜怒哀乐之未发，谓之中。中也者，言寂然不动者也，故曰：天下之大本。发而皆中节谓之和。和也者，言感而遂通者也。故曰：天下之达道，和也。"（人的喜怒哀乐没有表现出来时，称作中。中的意思，就是无声无息、无动无为、寂然不动，所以说"中"是"天下之大本"。喜怒哀乐表现出来全都适度，叫作和。和的意思，就是受感应而能贯通天下，所以说"和"是"天下之达道"）这与孔子"和为贵"的思想是一脉相承的。对于人的个性塑造来说，中和要求每个人个性的适中、恰当，达到中和之美、中庸之美。达到了这样的境界或水准，个人的修身养性就实现了道德的最高标准。对于治国理政来说，中和要求用礼约束社会各阶层的行为规范和人际关系。致"太和"，就可以万国安宁，民族昌盛。由此，中和成为国家统治的根本法则。关于这一点，《论语》中也有明确的阐述："礼之用，和为贵。先王之道，斯为美，小大由之。"（礼的功用，以遇事做得恰当和顺为可贵。以前的圣明君主治理国家，最可贵的地方就在这里。他们做事，无论事小事大，都按这个原则去做）除了儒家之外，其他各家也都重视中和思想。道家的老子主张"无为""不争""贵柔""守雌"；庄子主张万物齐一，强调统治者要"无为而治"，让万物自己去生息；墨家强调"尚同""兼爱"。这些思想引领和规范着中华民众的行为，有效地培育了中华优秀传统文化中的中和精神。

5. 兼容并包

中华优秀传统文化之所以能历万世而不绝，在今天仍然是我们治理国家和处理国际关系的重要依据之一，就在于其具有极强的包容性。任何一种优秀文化，一定是具有很强的包容性的文化。中华优秀传统文化在其发展过程中，从不故步自封，而是通过不断地学习和借鉴其他文化的优点，然后转化为自己的新内容，从而不断丰富自我、完善自我。中华优秀传统文化对外域文化具有极强的吸纳力，其中最为典型的例证就是佛教在中国的传播和转变。佛教始于古印度（今尼泊尔、印度一带），通行的说法是于公元1世纪前后开始传入中国。佛教在中国的传播，不仅没有改变中国本土文化，没有征服中国的知识分子，反而与中国的本土文化有机地融合起来，使中国的宗教、哲学、伦理、雕像、语言、文学乃至日常生活等发生了巨大的变化，大大地丰富了中国的本土文化，而佛教本身也演变为中国式的佛教，如中国人根据自己的价值体系和生活习俗将从印度佛教中的比丘变为中国佛教中大慈大悲的观世音菩萨，佛教的经典也被冠名为《中华大藏经》，其中的部分内容消融于宋明理学之中，成为中国文化的一部分。中华优秀传统文化对内部不同民族的文化也具有极强的融合力。从文化的角度来说，中国历史就是中国境域内不同民族文化之间相互碰撞、相互渗透、相互融合的历史。中华优秀传统文化，就是中国境域内各民族优秀文化的集大成者，也是在发展过程中不断广泛吸收、借鉴世界其他国家和民族的优秀文化的结果。

三、老年人学习中华优秀传统文化的主要意义

习近平同志指出："中华文化积淀着中华民族最深沉的精神追求，是中华民族生生不息、发展壮大的丰厚滋养。"这一论述深刻揭示了中华传统文化的精神价值，是我们学习和传承中华传统文化，创造中华民族新的文化辉煌的重要指针。老年人学习中华优秀传统文化的意义，主要体现在以下几个方面。

（一）学习中华优秀传统文化，有助于老年人增进生活幸福感

中华优秀传统文化内容博大精深，为我们提供了宝贵的精神财富。千百年来，中国人民不断从中获取精神养料，加强思想道德修养，养成高尚人格，建构良好人际关系，凝聚服务国家、奉献社会的精神动力。中华优秀传统文化不仅给中国人提供了不竭的精神营养，同时也滋养着民族的生命力、

创造力，营造了民族的认同感、归属感，这是世世代代的中国人国家认同、民族文化认同的根源之所在。

老年人在长期的社会实践和生活过程中经历了丰富的人生，获得了为人处世的宝贵经验，因此相比较而言，老年人的思想道德修养总体上好于其他年龄阶段的人群。然而，每个人的思想道德修养都是无止境的。老年人在思想道德修养方面仍然有继续提高改善的空间。离开了工作岗位之后，继续学习中华优秀传统文化，践行其中的思想道德修养内容，不仅可以进一步丰富他们的文化知识，而且有助于他们提升人生境界，高质量地营谋晚年精神生活。同时，根据中华文化中"仁者寿"的观点，老年人学习中华优秀传统文化对于他们保持身体健康也有极大的帮助。

当前，尽管我国的社会财富在不断快速增加，人民的生活水平日益改善和提高，但不可否认的是，人们精神世界的进步和我国物质文明的发展并不同步。信仰危机、道德沦丧、精神颓废、诚信缺失等问题，成为与美丽富强的小康社会建设极不协调的"社会伤疤"。而具有这些问题的主体，有青壮年，也有老年人。医治这些"伤疤"的良药妙方，就是中华优秀传统文化。中华优秀传统文化中重修身养性、崇礼义廉耻、求理想人格、尚诚实有信等文化内涵，在根治当前我国社会中的种种道德伦理问题方面具有独到的重要作用。老年人学习中华优秀传统文化，可以自觉发现自己在思想道德修养方面存在的不足，修正自己的日常行为习惯，进而成为严于自律、受人尊敬的老年人，这是增进老年人幸福感的重要途径。

（二）学习中华优秀传统文化，有助于老年人坚定文化自信

坚定文化自信，是习近平新时代中国特色社会主义思想的重要内容与现实旨归。他多次指出，"文化自信，是更基础、更广泛、更深厚的自信，是更基本、更深沉、更持久的力量。坚定文化自信，是事关国运兴衰、事关文化安全、事关民族精神独立性的大问题"。因此，坚定文化自信，也必然地成为包括每一位老年人在内的中国人民的自觉意识和行为。而中华优秀传统文化是坚定文化自信的力量源泉，中华优秀传统文化承载着中华民族数千年发展积淀的文明传统，蕴含着中国人民共同的价值追求，不仅是中华民族不断发展壮大的根基，也是人类文明进步的重要力量。

坚定文化自信的重要方式之一，就是认真学习理解中华优秀传统文化，关于这一点，习近平总书记讲得十分清楚："要讲清楚中华优秀传统文化的历史渊源、发展脉络、基本走向，讲清楚中华文化的独特创造、价值理念、鲜明特色，增强文化自信和价值观自信。"学习中华优秀传统文化，是新时代中国特色社会主义现代化建设向老年人提出的社会要求。

（三）学习中华优秀传统文化，有助于老年人在传递和传播中华优秀传统文化方面做出自己的贡献

在积极老龄化理念作用下，世界各国都在充分利用老年人的优势，进一步发挥他们重要的社会价值，其中为大家所看重的一个方面，就是他们在历史文化方面有得天独厚之处。国际老年大学协会主席、法国的维拉斯教授明确提出：老年人本身就是历史文化经验。事实说明，老年人具有重要的社会文化价值。这种价值主要体现在三个方面：一是老年人作为中华优秀传统文化传承的主体，积极地保存、挖掘和开发中华优秀传统文化的内容；二是老年人作为中华优秀传统文化教育的主体，利用自身文化积累厚、社会阅历深的优势，向社会年轻一代传递中华优秀传统文化；三是老年人作为中华优秀传统文化传播的主体，利用老年大学教育、中外文化交流等渠道，对外宣传中华优秀传统文化的内容、诠释中华优秀传统文化的内涵、展示中华优秀传统文化的魅力，让国际社会更加全面地了解和接受中华优秀文化体系。而老年人上述社会文化价值的实现，都必须以丰厚的中华优秀传统文化储备为前提，这就需要老年人不断加强对中华优秀传统文化的学习。

第二章
中华优秀传统文化中的人文精神

一、中华文化视域中的人文与人文精神内涵

（一）中华文化视域中的人文

中国远古时代已形成人文精神雏形。《易经》中贲卦的彖辞中说："刚柔交错，天文也。文明以止，人文也。观乎天文以察时变；观乎人文以化成天下"（天生有男有女，男刚女柔，刚柔交错，这是天文，即自然；人类据此而结成一对对夫妇，又从夫妇而化成家庭，而国家，而天下，这是人文，是文化）。"上善若水，厚德载物"（如水一样柔顺，滋润万物；如大地一样宽容，滋养苍生）是《易经》人文精神核心思想、最高的善意志。西周时期，原来神灵崇拜风气浓厚的殷商宗教社会此时逐渐萌生出理性思想，有了"天命靡常"（天命无常会改变）、"惟命不于常"乃至"天不可信"等观念。

周公在《易经》基础上演化出《周易》，提出"皇天无亲，惟德是辅"（天公正无私，总是帮助品德高尚的人），主张"以德配天"，崇尚德化政治，重德行，扬善罚恶，提倡"敬天爱民""民之所欲，天必从之"等思想，这便是早期人文主义思想雏形。周公还制定一整套祭祀礼仪制度，制定完备的法典《周礼》，相当于现在的民法典，就是通过其人文精神结合原始氏族种族图腾和祖先崇拜传统，优化了宗法制传统。

到春秋时期，老子的自然天道观进一步发展，在《易经》中隐晦哲理的注解和选择性吸收基础上，创立了道家思想经典《道德经》，并将其系统地概括为"道"和"德"之学术。孔子吸纳《道德经》和《易经》思想，把"道"和"德"概念定义为"仁"和"礼"，对《易经》进行平民化和政治改良，孔子的"仁"、"智"、"泛爱众"（广施爱心，亲近仁人志士）、"君子和而不同"（君子在人际交往中能够与他人保持一种和谐友善的关系，但在对具体问题的看法上却不必苟同于对方）等思想，进一步奠定了中国文化传统中的人文主义思想。

唐、宋以来关于"人文"这个词的注解日益增多，典型的是宋代程颐《伊川易传》对此的解释："天文，天之理也；人文，人之道也。天文，谓日月星辰之错列，寒暑阴阳之代变，观其运行，以察四时之速改也。人文，人理之伦序，观人文以教化天下，天下成其礼俗，乃圣人用贲之道也"（天文是上天的规律；人文是人的原则。天文就是日月星辰的运行和四季变迁，看天文就可以了解四时变迁的道理；人文就是人的纲常伦理，观察伦理就可以教化改变天下礼俗。这就是圣人用贲来教育人们的方法）。一般认为，中国传统的人文概念是指人的各种属性。

中国近现代知识分子在传统和西方的影响下，对于人文、人文主义和人文学科这几个紧密相关的词汇内涵的理解经历了很多变化。到了近代，在西学东渐的过程中，"人文"这个词被用来翻译"Humanism"，也就是人文主义。此后，"人文"一词成为我国学术界、教育界广泛使用的概念，并以此学术话语重新观读中国传统文化。

（二）人文精神内涵

中国在认识西方文化时用"人文"指代"Humanism"，即人文主义。这个词是欧洲文艺复兴时期一些知识分子在超越和反对中世纪欧洲宗教至上传统的过程中，以古希腊、罗马文化为学习典范，以此展现出回归世俗世界的取向。这些人就被称为"人文学者"。19世纪的欧洲教育和学术大发展之时又出现了所谓的人文学科，20世纪以欧美大学为典型开始广泛出现人文学科这一学术分类并传播至世界各国教育和研究领域。人文学科的意思不是说人文的东西一定用一种科学的理论来解释，而是说对于人的各方面的一种

求知、对于人的知识的一种学术性探讨。

人文精神是人文主义的核心，其本质是一种普遍的人类自我关怀，表现为对人的尊严、价值、命运的维护、追求和关切，对人类遗留下来的各种精神文化现象的高度珍视，对一种全面发展的理想人格的肯定和塑造。人文学科是集中表现人文精神的知识教育体系，它关注的是人类价值和精神表现，涵盖文、史、哲、艺术等领域。

从某种意义上说，人之所以是万物之灵，就在于它有人文，有自己独特的精神文化。人文主义是一种基于理性和仁慈的哲学理论的世界观。作为一种生活哲学，人文主义从仁慈的人性里获得启示，并通过理性推理来指导。人文主义以理性推理为思想基础，以仁慈博爱为基本价值观。个人兴趣、尊严、思想自由、人与人之间的容忍和无暴力相处等，都是人文主义内涵范畴。在当代，人文主义与人本主义心理学和人道主义关系密切。

除了一般无宗教的世俗人文主义外，也存在有宗教的人文主义，在各个主要宗教中，人文主义一般与该宗教的信仰和传统相结合。有些人文主义还认为，人需要仪式和规则，并组织一些团体来满足这种需要。相比唯物主义，人文主义注重人的精神心灵；另一方面，相比宗教强调信仰和遵从，人文主义更加注重理性。因此，有无神论的人文主义者认为，和理性精神相违背的神灵崇拜的宗教精神并不是人文主义。

二、 中华优秀传统文化中人文精神的表现

精神的文化又被称作心态的文化，是人类在长期的社会实践和意识活动中孕育升华出来的价值观念、道德情操、审美情趣、思维方式、宗教感情、民族性格的总和，是文化整体的核心部分，因此精神文化有很强的时代性及民族性两大特征。也就是说，人们在特定的历史和民族背景下，将自己的情感透过一定的形式（文化艺术作品、社会制度、群体的行为方式）表现出来。以精神所表现的形式作为分类标准，我们可以将中国优秀传统文化的人文精神整理为以下几个方面。

（一）道德观中的人文精神

道德是中华传统文化的重要组成部分，在某种程度上，道德是构建中华文化的核心要素。古代各家各派的思想家在特定的历史条件下，根据对实践的总结和探讨提出了丰富的伦理思想，为后世留下了丰富的道德理论资源。以儒家道德为代表的中国传统伦理道德在很长的一段时间里占据着主导的地位。"仁"是儒家道德思想和道德学说的核心概念，其人文精神则主要是通过道德规范表现出来，其基本思想是"三纲五常、天下为公、以政为德、德教为先、修身为本、中庸之道"等。

1. 三纲五常

中国传统伦理道德最早产生于原始社会末期的尧舜禹时代，《尚书·尧典》中就有"以亲九族""协和万邦"的表述。在殷墟的甲骨文字里有"礼""德""孝"等文字，说明商代就已制定出成体系的道德规范，出现了所谓"六德"，即知、仁、圣、义、忠、和。

儒家道德的创始人是孔子。孔子生活在奴隶制社会向封建制社会过渡的春秋时期，他从自己的政治理念出发，形成他全面系统的道德思想。他以"仁"作为最高的道德境界，将"孝""悌""礼""信"等德目置于其下，形成了中国最早的道德学说。孔子的道德观因具有统一民众思想、稳定社会秩序的功效而受到统治阶级的重视。汉武帝时代，董仲舒根据孔子的"君君，臣臣，父父，子子"（君主要遵守作为君主的规则，臣子要谨守作为臣子的规则，父亲要遵守作为父亲的规则，子女要遵守作为子女的规则），提出"三纲"，即"君为臣纲，父为子纲，夫为妻纲"（要求为臣、为子、为妻的必须绝对服从于君、父、夫，同时也要求君、父、夫为臣、子、妻做出表率）以及仁、义、礼、智、信的"五常"说。同时，他用"罢黜百家、独尊儒术"的强硬手段，将儒家道德观念上升为中国封建社会的政治伦理。

"五常"，也就是"仁、义、礼、智、信"，是儒家从古代众多的德行中概括、提炼出来的五种最基本的道德规范。在中国传统社会中，这五种道德规范是处理人际关系的最基本的行为准则，也是个人修养的最主要的内容。它贯穿于人的整个道德生活之中，深刻地影响着中华民族道德素质的培养和道德精神的形成。这个概念并非由孔子一人提出，而是经过不同时代的儒家学者的整理、添加增补形成的。

孔子率先提出将"智、仁、勇"称为"三达德",又将"仁、义、礼"组成一个系统,"仁者,人也,亲亲为大;义者,宜也,尊贤为大;亲亲之杀,尊贤之等,礼所生焉"(仁就是爱人,爱自己的亲族是最大的仁。义就是事事做得适宜,尊重贤人是最大的义。爱亲人要分亲疏远近,尊重贤人要有贵贱等级,礼由此而产生),认为仁以爱人为核心,义以尊贤为核心,礼就是对仁和义的具体规定。

孟子在"仁、义、礼"的基础上加入"智",这个说法称为"四德"或"四端",他在《离娄章句上·第二十七节》指出:"礼之实,节文斯二者是也;智之实,知斯二者弗去是也。"(礼的实质是在这两方面不失礼节、态度恭敬;用智慧行事的实质内容,是懂得这两点而不违背它)他在其"性善说"当中做了解释:"恻隐之心,仁也;羞恶之心,义也;恭敬之心,礼也;是非之心,智也。仁义礼智,非由外铄我也,我固有之也,弗思耳矣"(同情心,人人都有;羞耻心,人人都有;恭敬心,人人都有;是非心,人人都有。同情心属于仁;羞耻心属于义;恭敬心属于礼;是非心属于智。这仁义礼智都不是由外在的因素加给我的,而是我本身固有的,只不过平时没有去想它罢了)。

董仲舒又加入"信",并将"仁、义、礼、智、信"说成是与天地长久的经常法则"常道",号"五常"。他在《贤良对策》中说:"仁、义、礼、智、信五常之道"(仁、义、礼、智、信是做人的起码道德准则)。

"仁义礼智信,温良恭俭让,忠孝勇恭廉"(仁爱、忠义、礼和、睿智、诚信、温和、善良、恭敬、节俭、忍让、忠心、孝悌、勇敢、谦恭、廉洁)是现今人们常用于总括表达传统道德的说法,后两句的来源又为何呢?"温良恭俭让"来源于《论语》。"子禽问于子贡曰:夫子至于是邦也,必闻其政,求之与?抑与之与?子贡曰:夫子温、良、恭、俭、让以得之。夫子之求之也,其诸异乎人之求之与!"(子禽问子贡道:"我们夫子每到一国,必预闻其国之政事,这是有心求到的呢?还是人家自愿给他的呢?"子贡说:"我们夫子是凭借温和、良善、恭敬、节制、谦让之心得来的。我们夫子之求,总该是异乎人家的求法吧!")"忠孝勇恭廉"的说法是后世进一步提炼发展的观点，忠孝是指为臣尽忠，为子尽孝，忠诚孝敬，廉耻是指廉操与知耻。《淮南子·泰族训》："民无廉耻，不可治也。非修礼义，廉耻不立。"（百姓没有廉耻之心，是不能够治理的；不去修治礼义，廉耻观念就不能建立）勇是指果敢、勇气。

2. 天下为公

"普天之下，莫非王土"是领土大一统意义下的天下，而以仁义为内容，以社会道德风气为主要表现的天下则是贯穿整个中国传统伦理道德思想中的天下。明清之际的思想家顾炎武就指出："仁义充塞，而至于率兽食人，人将相食，谓之亡天下。"（仁义道德得不到发扬光大，统治者虐害人民，人民之间也纷争不断，称之天下将灭亡）他将仁义道德作为天下的基础而非特定的疆域或王朝，因思想中的天下并不会随着疆域变更、王朝更迭而转变。在特定的时代背景下，这两种"天下"有着不同的内涵和阶级属性，但它们都将统治阶级的利益升华为一种神圣的、必须普遍遵守天命的整体意识，或超越个体的、局部（领土、朝代等）的利益，最终形成统一的、具有普世性的整体意识。这就构成了中国传统伦理道德文化的核心规范——公忠。"公忠"一则兼有"公"与"忠"两个字的含义，讲的是对于国家利益、民族利益、社会整体利益的忠诚。它强调的是国家利益、民族利益至上，"以公灭私""至公无私"，强调为社会尽责、为天下尽忠的献身精神。它实际上包含了爱"君"之国家和爱"大家"之国家这两种内容和性质的爱国主义。这其中虽然具有局限性，却也形成了"得民心者得天下""不以天下之大私其子孙""天下兴亡，匹夫有责""先天下之忧而忧，后天下之乐而乐"等政治伦理观念。

3. 为政以德，德教为先

在中国传统文化中，政治和教育是紧密联系在一起的，其本质就是为了维护统治的合法合理性以及国家的稳定。一方面，体现为上至统治者，下至官员须加强道德修养并以"仁义"为政纪的要求，保持"天下为公"（天下是公众的）、居安思危的心态，以"制治于未乱"（治理国事要在动乱发生之先）。为了帮助君主修德，出现了对修德的好处和方法的诠释，若果能够"以公灭私，民允其怀"（以公心灭私情，民众才会心悦诚服），便可避免内心的不安,"作德,心逸日休"(积德做好事,心地坦然),德遂成可达致个人心安的手段。另一方面要教化人民,让人民接受统治阶层赋予的伦理观念。

这一观点的出发点虽然有一定的历史局限性,但它毕竟是历代统治阶级对于治理国家实践经验的理性思考,在一定程度上有助于清正廉洁、开明政治,另外也对中国的社会治理有着积极的引导作用。首先,孔子率先提出"为政以德",将道德和教化作为从政的基础,道德自律则是社会运行稳定的基础:"道之以政,齐之以刑,民免而无耻;道之以德,齐之以礼,有耻且格。"这在一定程度上弥补了单纯依靠法律治国的局限,成为一种群体约束力量,从结果上看促成了社会道德伦理的形成。

孟子继承并深化了孔子的思想,并进一步强调了教育的重要性,指出"仁言不如仁声之入人深也,善政不如善教之得民也"(以仁德教化的言论不如具有仁教作用的音乐更容易让人接受,好的政令不如好的教育更容易赢得百姓的喜爱),"善政,民畏之;善教,民爱之。善政得民财,善教得民心"(好的政令,百姓畏服;好的教育,百姓喜爱。好的政令得到百姓的财富,好的教育得到百姓的心),通过一个简单易懂的例子显示出以教为先的重要性。

儒家思想认为实现的方式主要是执政者率先垂范。中国传统伦理道德文化特别重视执政者的道德示范力量对于保持政治廉明的重要意义,认为国家政权的决策者和各级官吏的品德好坏,直接决定着国家的兴衰治乱,正如孔子所说:"为政以德。譬如北辰,居其所而众星共之"(以道德原则治理国家,就像北极星一样处在一定的位置,所有的星辰都会围绕着它)。

孔子强调了以身作则的重要性。季康子问政于孔子,孔子将君子的德行比作是风,小人的德行比作是草,风吹在草上,草就必定跟着倒,强调了领导做好垂范表率的重要性。"政者,正也,子帅以正,孰敢不正?"(政治,要讲正直,你能以自身的正直做表率,谁还敢不正直?)"君子之德风,小人之德草。草上之风,必偃"(上层执政者的道德品质就好比是风,平民百姓的道德品质就好比是草,当风吹到草上面的时候,草就会跟着风的方向倒)。孔子的学生也认为:"政者,正也"(为政者应先正己);"其身正,不令而行；其身不正，虽令不从"（正直的话，没有命令也会遵从，如果不正直则有命令也会违背）。

"德教为先"（道德教育是首要任务）与"为政以德"（以道德原则治理国家）是儒家政治伦理思想递进的上下两层。"德教为先"并不仅仅在说道德教育为先，同时还明示了道德在儒家的政治蓝图中的核心地位，即把道德视为治国安邦的最根本的手段，视为立国之本。

进行"德教"就是将这一思想观念通过教育（化）的方式进行传播，使之成为人们的行动准则。首先，孔子提出"性相近也，习相远也"（人们的本性是相近的，后天的习染使人们之间相差甚远），解释了人行为差异的原因，也肯定了教育对人行为影响的可能性。在这基础上，孔子要把这种想法变为有约束力的原则，他坚持"有教无类"（不分贵贱贤愚，对各类人都可以进行教育）的教育原则，把原本限于贵族圈子内的教育开放给平民，于是原来对君子的德政训练，开始变成一般人的道德标准。

孟子则更加认为人与禽兽的差别原来并不大，即"人之异于禽兽者几希"（人区别于禽兽的地方只有很少一点点），并进一步分析说："人之有道也，饱食暖衣，逸居而无教，则近于禽兽"（人之所以为人，主要是因为有道德，道德是人区别于禽兽的标志）。"德教"当然就是人成为人的基础。反过来说，人必须"有教"，人也可以被"教化"。所以，孟子回答别人"人皆可以为尧舜，有诸？孟子曰然"（人人都可以像尧、舜一样有所作为，有很多例子吗？孟子说"是的"），肯定了教化的作用。

4. 修身为本

修身是中国传统伦理道德中的概念，展现了中国传统对个体修养发展要求的人文精神。孔子对个人修养的要求包括"修德""克己""正身""修己"。

在孔子看来，"修德"包括三个阶段，在《泰伯篇》中提及孔子的言语："兴于诗，立于礼，成于乐"（人的修养开始于学《诗经》，自立于学礼，完成于学音乐）。"克己"则源于《论语·颜渊》。"颜渊问仁，子曰：'克己复礼为仁。一日克己复礼，天下归仁焉！'"（颜渊问怎样做才是仁。孔子说："克制自己，一切都照着礼的要求去做，这就是仁。一旦这样做了，天下的一切就都归于仁了。实行仁德，完全在于自己，难道还在于别人吗！")"正身"所指的就是前文提及的"其身正，不令而行"（自我品行端正了，即使不发布命令，老百姓也会去实行），提出了统治者的表率作用对社会治理的重要性。"修己""修己以敬"源于《论语·宪问》，意思是修养自己，保持严肃恭敬的态度。

孟子在孔子思想的基础上做了进一步补充，指出了个人修养与安身立命的关系，他说："存其心，养其性，所以事天也。夭寿不贰，修身以俟之，所以立命也。"（保持人的本心，培养人的本性，这就是对待天命的方法。短命也好，长寿也好，我都不三心二意，只是培养身心，等待天命，这就是安身立命的方法）荀子进一步完善了这个理论，认为："扁善之度，以治气养生，则后彭祖；以修身自名，则配尧、禹"（君子有无往而不善之道，用它来治气养生，则寿命可追随彭祖；用它来修养品德，那名声就可同尧、禹相比），就是说修身就是要正其心，整饬自己的心情欲念；保持心境平和，净化自己的意念，不自负，严格要求自己，经常解剖自己，不掩饰自己的"不善"，逐步达到至善的境界。

《大学》则对修身进行了总括性的描述，首先阐述了大学的宗旨是让人修炼以达到完美的境界，并论述了修身在个人、家庭、国家不同层次的作用，强调了修身是全民之本。"大学之道，在明明德，在亲民，在止于至善。知止而后有定；定而后能静；静而后能安；安而后能虑；虑而后能得"（大学的宗旨在于弘扬光明正大的品德，学习和应用于生活，使人达到最完善的境界。知道应达到的境界才能够志向坚定；志向坚定才能够镇静不躁；镇静不躁才能够心安理得；心安理得才能够思虑周详；思虑周详才能够有所收获），"格物而后知至，知至而后诚意，诚意而后心正，心正而后身修，身修而后家齐，家齐而后国治，国治而后天下平。自天子以至于庶人，壹是皆以修身为本"（通过对万事万物的认识、研究后才能获得知识；获得知识后意念才能真诚；意念真诚后心志才能端正；心志端正后才能修养身心；身心修养后才能管理好家庭和家族；管理好家庭和家族后才能治理好国家；治理好国家后天下才能太平），因此修身应该是为人之本。

可见"修身为本"的"本"就是"修""齐""治""平"。修身为本的思想影响了中国封建社会2 000余年，不仅是知识分子精神提升的具体体现，形成"一箪食，一瓢饮，在陋巷，人不堪其忧，回也不改其乐"（一箪饭，一瓢水，住在简陋的小屋里，别人都忍受不了这种穷困清苦，颜回却没有改变他好学的乐趣），展现出知识分子安贫乐道的气节，而且志士仁人也把修身作为"齐家、治国、平天下"以及实现自己政治理想和道德理想的基础和前提，毕其一生地去追求、去践行。这种重视修身的道德思想，影响了整个中华民族，不仅在知识分子群体当中，而且在广大的劳动人民中间都表现出重视追求精神生活的民族品格。

5. 中庸之道

在传统道德思想体系中，"中庸之道"既是方法论，又是一种理想道德观念。要实现"天人合德"的道德境界，人们要自觉地用折中调和的方法，实现人与自然、人与人、人与社会发展之间的平衡和稳定。孔子说："中庸之为德也，其至矣乎！民鲜久也！"（中庸作为一种道德，该是最高的了吧！人们缺少这种道德已经为时很久了）"不偏之谓中，不易之谓庸。中者，天下之正道，庸者天下之定理。"（不偏于一边的叫作中，永远不变的叫作庸。中是天下的正道，庸是天下的定理）由此可以看出，"中庸之道"是传统道德规范和道德品质形成的重要手段和基础，它认为，合理的道德行为和品德，合理的法律和法规都要适中，恰到好处，不能偏向一面，不能走极端，不能打破人与自然相互依存的关系。

充分尊重自然规律是传统道德的主要方法和一贯主张，也是中国传统社会保持稳定性、连续性的法宝，但过分强调回避矛盾会使社会发展缺乏活力，缺乏创新精神。在某种意义上讲，"中庸之道"并非惧怕矛盾，过分抑制人的个性发展，也并非过分抑制创新，而是强调在稳定的前提下，认识和把握自然规律。从整个中华民族发展的历史线索中，可以发现"中庸之道"具有吸纳优秀文化的内在本质和非凡的融合之力。

作为道德观念，《中庸》中说："道也者，不可须臾离也。可离非道也。是故君子戒慎乎其所不睹，恐惧乎其所不闻。莫见乎隐，莫显乎微。故君子慎其独也"（"道"是不可以片刻离开的，如果可以离开，那就不是"道"了。所以，品德高尚的人在没有人看见的地方也是谨慎的，在没有人听见的地方也是有所戒惧的)。"慎独"要求人们独自一人，无人监督时，也要非常小心地不做任何不道德的事情，这是一种较高的道德境界。

总体而言，中国传统道德文化是崇尚人主动促进自然与社会的和谐、遵守社会人伦秩序、维护社会稳定的和谐文化。建设和谐文化，正是构建社会主义和谐社会的重要任务。弘扬民族优秀文化传统，进行中国特色的社会主义道德建设，则是建设和谐文化的重要内容。我国道德建设的一个重要课题就是如何把继承优良传统与弘扬时代精神相结合，其前提就是对中国传统伦理道德文化进行扬弃。中华民族的传统道德文化，是中华民族在长期发展过程中所形成的、能够凝聚一个民族的重要的精神力量之一，在新世纪新阶段，理应充分发挥出中国传统道德积极进步的作用。

(二) 世界观中的人文精神

中国传统文化不但受到了儒家文化的影响，还融入了道家、佛家的思想，逐步形成了三教合一的氛围。尽管各家对他们的世界观有不同的表述，就整体来说，积极入世、敬重宗教和神明并关注人的现世生活是中国社会普遍推崇的处世哲学，由此形成了中国传统文化中的两个十分显著的特点：一是强化君权和礼教而淡化神权，宗教神圣相对比较淡远；二是尊崇明道正谊，节制个人欲望，人格自我完善的观念广泛深入人心。这也就是说，在中国传统文化的人文精神中，包含着一种敬天地神佛而远之，自修慎独的"理性"精神。

1. 人为本，天人合一

在中国传统思想中，儒、释、道皆重视"人"，是以人为本的哲学思想。三者的理论都是要解决人如何生存处世的问题。

儒家的人本思想表现在主张"入世"，即积极投入现世生活。在《论语·雍也》中，孔子回答樊迟问题时指出"敬鬼神而远之"（敬鬼神而不亲近它）。孔子尊敬鬼神，但不迷信鬼神，不主张以卜筮向鬼神问吉凶。《论语·先进》中记载了子路问孔子的话。"季路问事鬼神。子曰：未能事人，焉能事鬼？曰：敢问死。曰：未知生，焉知死？"（季路问服侍鬼神的方法。孔子说："人还不能服侍，怎么能去服侍鬼神呢？"季路又说："敢问死是怎么一回事呢？孔子说："对生都知道得不清楚，哪里能知道死呢？"）可见孔子更强调对现世生活的重视。

道家以大自然为参照物，从自然与人的相互关照中去探讨人的问题。老子认为"道大、天大、地大、人亦大。域中有四大，而人居其一焉"（所以说道大、天大、地大、人也大。宇宙间有四大，而人居其中之一）。在他看来，宇宙是由道、天、地、人四个内涵组成。"道"是一切的根本，天和地是遵循道而产生、运作的，道同时为人以及万物提供生存的基础，因此"道"处于首要的地位。老子认为人与自然之"天人合一"的中心是"顺自然"，这里"自然"一词的含义，不是指"自然界"，而是指世界的"本然"法则与状态。

道家思想强调顺自然，但顺自然应该怎么做呢？首先是达到"致虚极，守静笃"（内心宁静而免受因私欲与外界的干扰而变得不安）。所以老子劝导人们不争功名、不求私欲，让心灵回复自然的状态，顺从自然的法则。老子也指出圣人顺应自然的方法"是以圣人欲不欲，不贵难得之货；学不学，复众人之所过，以辅万物之自然而不敢为"（圣人追求人所不追求的，不稀罕难以得到的东西；学习别人所不学习的，补救众人所经常犯的过错。遵循万物的自然本性而不会妄加干预）。

珍重生命也是佛教中国化的代表释家禅宗的显著特征，主要表现在以下方面。其一，重视人的地位。禅宗理论重心之一是探讨人在宇宙中的地位、人与万法的关系等问题，它考察这一问题的立足点是人而不是宇宙，它对这一问题的回答是以人为本，以法为末。其二，看重人的生命。人的生命是有限的，但人们又向往生命的无限。它从积极方面转向了对生命有限性的超越，通过确立"无生"观念而将个体生命的有限性融入宇宙生命的无限性之中，力图使人于人生的短暂中体验出生命的永恒。第三，崇尚生命的本质。禅宗将人的本质与精华均集中于其心性，它对人的生命本质的崇尚集中表现为对人的心性的赞美。心性论之成为禅宗理论体系的核心，正反映了这一点。例如在《增一阿含经》卷二二《须摩提女经》有"心性极清净"这一句，原意是赞颂佛陀永断烦恼，心极为清净，"意念不错乱，以无尘垢碍"（只要心里的想法不出现偏差错乱，心就会没有灰尘污垢的烦扰而得到清净）。第四，肯定人的形体价值。禅宗所崇尚的心性是现实人的心性，即同人的形体相结合的心性，故它对人的心性本质的崇尚本身就包含了对人的形体价值的肯定。

2. 淡化宗教影响，强化宗族观念

在中国社会中，宗教色彩的淡化是中国文化的最显著的特征之一。中国文明虽然也产生宗教，但是我们的宗教是在外来文化影响下才形成的。在佛教文化没有传入中国之前，中国文化中只有什么家之说，如儒家、道家、墨家，没有宗教之说。拿道教来说，道教是在道家的基础上形成的，本来不是宗教，结果在佛教文化传入中国后，道家文化中的一部分内容和佛教文化产生了宗教对碰，道家文化中有宗教性质的那一部分发展成了宗教。

（1）天道远、人道近

尽管在我国宗教中存在各种各样的拟人化的神明，但中国文化崇拜的是自然法则，这一点在道家和儒家都有体现。虽然夏商时期求神问卜流行，但在周早期就开始了原始宗教改造，将关注点从神到人进行转移。与此同时，各家的思想都认为天道远、人道近，提出了现世生活的奋斗要先于人定胜天的思想，强调人的能动性。

《春秋》中记载了这一时期兴起的强调人的地位而否定神明的观点。季梁在对辩随侯"吾牲牷（quán）肥腯，粢（zī）盛丰备，何则不信"（我供给神明的牲畜毛色纯、肉肥厚，祭器里的五谷也非常丰盛，为何不能取信于神明），时常提及"夫民，神之主也，是以圣王先成民而后致力于神"（百姓是神的主人，因此圣王先安定百姓而后奉事神）。

宋国出现陨石和水鸟退飞的奇异现象，有人说这是灾祸之兆，而周内史叔兴却说："是阴阳之事，非吉凶所生也，行凶由人"（事情的凶吉是人所决定的）。子产在驳斥裨灶时阐明了"凶吉由人"的原因："天道远，人道迩，非所及也，何以知之？"（天道远离人间，人道则存在于身边的社会人事之中，可以就近掌握。对于人所难及的事物，如何能知道呢）

到了战国时代，荀子进一步强调人要把握好自己："大天而思之，孰与物畜而制之！从天而颂之，孰与制天命而用之！望时而待之，孰与应时而使之？"（不要将希望寄托在上天，与其尊崇天而思慕它，哪里比得上把天当作物一样蓄养起来而控制着它呢？与其顺从天而赞美它，哪里比得上控制自然的变化规律而利用它呢），他进一步说明如果放弃人为的努力，而寄望于天，那就违反了万物的原理。

（2）慎终追远、崇拜祖先

在中国人的观念中，祖先的信仰主要讲究慎终追远，表达对祖先前人奋斗创造现今生活的感激之情，同时也将感情寄托在先辈的在天之灵上，祈求他们会福荫后代。"孝"是最重要的美德之一，俗曰"圣人以孝治天下"，可由孝引发忠、信、仁、义等道德。即使对已经去世的先人，也要像他们依然活着时一样的尊敬，在节日、忌日要供奉、祭祀，对祖先的崇拜是一种类或准宗教信仰。祖先祭祀的方式通常有家祭、墓祭、祠祭。在中国人的社会中，祖先信仰具有特殊的意义，占有重要的地位。在这一信仰影响下，"上无愧祖先，下不负子孙"成为人们生命中的重要信念，并形成了对家庭的重视和家文化的发展，同时也形成中国人对出名、名节的追求。

祖先崇拜具有尊宗报本、文化教育、祈福、预兆等功能。如潮汕地区称祭祖为拜老公，每逢初一、十五或重大节日，各家制作红桃粿等贡品，祭祀祖先。中国的许多节日，都离不开祭祀祖先这一内容，除、清、盂、九四节日，是中国传统里祭祖的四大节庆，上巳（sì）节、端午、中秋、寒衣节、冬至等节庆，亦是个别地域的祭祖佳辰。

人类历史在很长的时期里，一直都处在神的主宰之下。中国文化在文明发展的早期就尝试摆脱神的主宰，重视并发挥人的作用。在殷商时期，中国早期宗教的"天命鬼神"观念还高高凌驾于人事之上，禁锢了人的思想和行为，限制了社会的发展。到了周代，周的统治者从殷商灭亡中吸取了一定教训，不仅用"天"袭取了殷商"帝"的位置，强调了人格神的主宰性，而且就其所崇拜的"天"来说，也减少了它的绝对性，这才使"神"影响力被削弱。人文精神在西周时期的兴起，春秋战国之际儒家人文思想的发展以及道家自然主义的形成，正代表着摆脱神的主宰和中国人文思想的发展过程。

3. 宗教共存，为人服务

中国尽管对天命鬼神的迷信的成分有所保留，但传统天人关系中的人文精神经过诸子百家思想的相互学习融合，经过了魏晋南北朝的动荡、唐宋的繁荣、元明清三代的进一步发展，把对人及社会的终极关怀提到一个新的高度，在佛教传入和本土道教等宗教发展过程中，宗教鬼神更多为现世生活服务。中国传统宗教都不是排外的一神教，而是多神教，甚至许多修道、得道之人也成为神明，如关公、八仙等。在中国一直没有出现超越国家世俗君权而具强大统治力的宗教组织和领袖，各宗教派别在中国包容文化中共存发展，许多中国人往往同时祭拜多个宗教的神灵，而宫庙中也常常同时供奉儒、释、道的神像。一方面，宗教被当作统治者辅助道德的教化的工具；另一方面，对现实不满者也将宗教作为精神寄托，甚至以之为政治政变、起义的舆论动员和精神指引。

（三）社会观中的人文精神

分久必合、合久必分的历史长河中，中国总是以追求一统为最终目标。注重兼容并包，在过程中能包容他人、接受外来事物并从中汲取他人长处不断发展是中华传统文化重要的精神内涵之一。

1. 民族融合

中华民族这一概念是近现代由于西方列强入侵，各群体为结成民族实体对抗侵略而形成的，而作为一个自在的民族实体则是在数千年的历史过程所形成的。在东亚大陆东部的广阔区域内生活着许许多多分散、孤立存在的民族单位，经过人口的扩张、迁徙、接触、混杂到融合，同时还发生过分裂和消亡，形成了一个你来我去、我来你去，我中有你、你中有我，而又各具个性的多元统一体。

例如，在民族大融合的南北朝时期，鲜卑族的魏太武帝统一华北，建立北魏。在当时，北魏历代君主都已重视汉文化之学习。到魏孝文帝一代，已有冯太后与朝臣李冲的改革，建立均田制，重新建立以农业为主体的大帝国。汉化的改革也曾经出现过倒退，北齐皇帝高欢虽然为汉人，但颁布政策让汉人改鲜卑姓氏，学习鲜卑文，看似是一种倒退，实际上也是某种程度的胡汉协调，让民族之间的界限更加模糊。

中华民族包括汉族和55个少数民族，各民族在历史和文化上虽然发展程度不同，但是各民族又互相联系、互相影响、共同发展，共同缔造了伟大的中国，共同创造了中华民族多元性的文化，各民族对中国的国族认同是基于中国文化认同的国家传承。

2. 文化融合

从文化发展的角度看，中国文化是多民族文化融合的结晶。中国文化不是一种线性进化方式发展的单元个体，而是通过多元文化的融合形成的，在其历史的轨迹中，出现过汉族文化与胡（泛指非汉族的北方民族）民文化的融合（又称胡化），胡人的汉化，以及近代中外文化的交流融合。

当提到胡（汉）化，指的是族群受到其他族群文化影响，其生活方式、文化乃至民族认同等发生变化，转变为其他族群认同的过程。在中国传统上，汉人与胡人的差别，并不在于种族血统，而在于文化认同，而胡化与汉化的关键，在于对于这种文化的接受与认同。

这种交融的变化体现在人民生活饮食、着装、娱乐等多个方面。服装的变更，胡服骑射是战国时期赵武灵王推动的，紧窄的衣裤方便骑马，也被吸收成为将士或劳动阶层的服饰。在饮食文化方面，胡椒、黄姜、茴香等许多香料以及胡萝卜等食材本来源自波斯、印度等西域地区，经丝绸之路传入，逐渐成为中国菜的一部分。烤羊肉串、涮羊肉等维吾尔族和蒙古族等的菜式都已被吸纳成为常见的中国菜。艺术及手工艺，佛教的传入，亦带来佛教壁画和受希腊化风格影响的佛像，形成敦煌石窟的独特艺术风格。珐琅或搪瓷是在元朝时通过西亚工匠传入，影响到明朝景泰蓝瓷器的风格。满人入关后，迫使汉人男子按照满族习俗削发留辫、穿着满人服装，但满人也要学习汉语书画和四书五经。旗袍和长衫原本都是满族服装，但到民国时期，已普遍被大众接纳为中国服装之一。另外，语言的发音用词也受到了人们迁徙、民族交融的影响。

总的说来，中国传统文化中体现的人文精神指引着一代又一代的中国人持续奋斗，不断地改善生活环境，为社会、民族和国家带来发展。正是因为这些优秀品质，才使得近现代过程中，特别是中国文化与外来文化相互接触、冲突、交流的过程中发挥文化包容的精神内核，在引进西方先进的学术、思想和科技的同时，保持中国传统中利于现代化的积极因素，抛弃不利于文化进化的消极因素，发挥出生生不息的巨大能量，不断地对自身以及所处的环境进行调整、融合和汇通，使得中国文化不断丰富和进步。

第三章
中国传统哲学智慧

一、中国传统哲学的基本特征

哲学是一门研究世界观和方法论的学问，不论是哪个国家的哲学，其研究对象和范围都有自己的鲜明特征。哲学是一个民族特有的生存方式的理性反映，是一个民族文化的本真凝练。一个民族的哲学思想是和这个民族的文化有密切关系的，也就是民族文化的一个表现。中国传统哲学是中国五千年优秀传统文化的重要组成部分，甚至是它的内在核心。

（一）重视人生问题

中国传统哲学一向是以成贤、成圣为人生追求的目标，确立人们生存与生活的安身立命之本。无论是儒家、道家，还是中国化的佛家，其世界观、认识论、历史观和人生观大都是关注于人生的哲学。它的主要研究对象是人不是物，它的核心是人生观不是宇宙观，可以这样说，人生问题是中国哲学研究的主要内容，中国各派哲学几乎均以关于人生的论述作为自己理论体系的重点。

首先，从儒家来看，其终极关怀是求善。因而，必然会重视人生及人生的道德修养。孔子率先把道德问题作为儒家学说的基本内容，在孔子看来仁和礼是道德问题的两个基本方面，在现实生活中，就应该奉行忠、孝、信、义等道德原则，正确处理好人与人之间的关系。其次，从道家来看，其最终追求的是道。看似要寻求宇宙之本、世界之真，但老庄哲学有一种强烈的重生倾向，这一点首先表现为他们把生命的价值放在第一位，其次表现在他们对人们丧失本性之物欲持否定态度。道家告诫人们不要去追求名利，不要贪图感官欲望，要保持自己的本然状态，这样才可以养生、长生，这无疑体现了对生命的关爱和珍惜。最后，从中国化的佛家来看，其终极追求是摆脱痛苦，给有限的个体生命以无限的价值。例如本土化的中国禅宗，主张"即心即佛"（不需向外面求佛，你的自心即是佛），强调"入世"，在佛教领域或更大的范围内弘扬了人文精神，表征了对人生的重视。

（二）追求和谐统一

追求和谐是中国传统哲学的一贯传统。这种和谐首先表现为追求人与自然的和谐，这种自然的和谐包含着浮沉、升降、动静等矛盾和差别，是整体和动态的和谐，是一种更高意义上的和谐。与追求人与自然的和谐相一致，中国传统哲学也十分重视人与人之间的和谐，孟子的所谓"天时不如地利，地利不如人和"（有利的时机和气候不如有利的地势，有利的地势不如人的齐心协力），强调的就是要以和谐为最高原则来处理包括君臣、父子、夫妇，乃至国家和民族的关系，从而达到"人和"的境界。儒家在此基础上进一步阐述了要实现"和"的理想，最根本的途径是"持中"，并通过对持中原则的体认和践履，去实现人与自然、人与人、人与社会、人与天道之间的和谐与平衡，这就是"极高明而道中庸"（既达到高明的佳境，又奉行中庸之道），因此，中庸之道是中国传统哲学的讲求和谐的体现。

（三）偏重直觉思维

中国传统哲学不重视形式上的精密论证，也较少形式上的条理系统而注重生活的实证或主体的直觉体验，古代哲学家通过自己的生活体验，有所感悟，把日常的经验经过思考凝练，这样也就有所得，所得所悟的记录就是现在还可以看到的哲学著作。由于是所得所悟的记录，因此中国哲学著作就少有西方哲学著作那样的严密论证和逻辑结构，而多是一些文章断片。这些哲学思想是哲学家们所得所悟的思维以及直觉体验的结晶，无论是影响深远的"天人合一"，还是孟子所讲的"浩然之气"，都是一种并不能由语言概念来确指，而只能靠主体依其价值取向在经验范围内体悟的思想。至于中国禅宗，更是把中国哲学重直觉的特点发挥得淋漓尽致，所谓明心见性、立地成佛，全靠直觉与顿悟。

（四）讲求天人合一

中国传统哲学认为天人是本然为一的，人生之最高理想，就是自觉地达到天人合一的境界。物我本属一体，内外原无分别。认识世界的过程就是认识人自身的过程，二者是一致的。由此，在对待思维与存在、人与自然的关系问题时，中国古代哲人不太强调二者的对立，反而更关注二者的统一。概括起来，这种"天人合一"思想主要有这样几层含义。其一，人是自然界的产物。其二，人道与天道合一。天道是人道的前提和基础，人道是天道的顺承和效法。自然界有其运行的规律，人也要服从这些普遍规律，人的一切作为都应建立在认识和遵循自然规律的基础上。其三，天性与人性合一。天道与人道合一的目的就是要将天性与人性合一。其四，人生的最高境界是天人和谐。从孟子到宋明理学，儒家"天人合一"观所追求的终极目标就是实现人与自然的和谐交融。

（五）强调知行合一

中国传统哲学在本质上是知行合一的，即理论学说和生活实践的统一。这主要源于中国传统哲学的着眼点是在社会人生问题上，而这些社会人生的大问题，总是与生活实践分不开的。德行的修炼需要以反省身心的方式得到真理，再将理论付诸实践。中国传统哲学倡导的知行合一是主张以生活实践为基础和归宿，在求知与实践的过程中，追求真、善、美的统一。知行合一的最主要的表现是强调学以致用。在《论语》中，孔子讲一个人熟读《诗经》，政务交予他却不能通达，出使别国，又不能独立应对，这样的人书读得再多，也是没什么用处的。所以孔子主张将学问灵活地运用到外交、生活实践中。而明代的王守仁更是进一步强调言行一致，认为人的道德理论、道德意志，必须与自己的道德行为相一致，反对道德理论同道德行为相背离。

中国传统哲学是博大精深的，以上几个特征远不能涵盖。不过中国传统哲学有其独特的精神面貌，这是毫无疑问的，在中华民族走向伟大复兴的今天，中国传统哲学将受到更多的重视，对人类文明发挥更大的影响。

二、 中国传统哲学的主要流派

中国传统哲学的发展历经了 2 000 多年，其中涌现了众多的学派，例如春秋战国时期的诸子百家，其中最重要的学派有西汉司马谈列举的阴阳、儒、墨、名、法、道德六家之说和在此基础上刘歆列举的加上纵横、杂、农和小说四家的十家之说。这些学派各有其发生、发展和演变的历史，这些学派的思想各有各的特色，但并不是完全对立的，而是在保留各自思想主张的基础上，不断地根据现实情况来吸收和借鉴其他学派的有益的部分来充实自家学派的哲学思想，各学派一同构成了独具一格的中国传统哲学。

（一）儒家

儒家是我国先秦时期最为显赫的思想流派之一，也是被古代中国统治者确立为官方正统学说历史最长的一个学派，其哲学思想是中国传统哲学的核心部分。严格地讲，儒学起源很早，可追溯至尧、舜，而周公是孔子十分尊崇的儒家圣人。儒学重视人生问题、伦理道德问题，是关于中国古代宗法等级社会中人际关系和谐的学问，故儒学精于认识人生而疏于认识自然。儒家哲学思想经历了几个重要时期，例如先秦儒学、汉代儒学、程朱理学、陆王心学、清代实学等。

1. 先秦儒学

春秋时期，孔子创立儒家学派。它的建立有其深刻的历史根源。当时，春秋战国时期正经历着前所未有的变化。从社会形态上看，这是从奴隶社会向封建社会的转变，政治制度是从周礼的"礼制"向"法制"社会的转变。孔子的哲学思想核心是"仁"。他认为"仁"就是爱人，要求人与人之间要互相爱护，融洽相处；实现"仁"，要做到待人宽容，"己所不欲，勿施于人"（自己不喜欢的，也不要强加给对方）。孔子强调统治者要以德治民，爱惜民力，取信于民，反对苛政和任意刑杀。他希望恢复西周的礼乐制度，主张"克己复礼"（克制自己的私欲，并改掉习性上的缺点，从而做回内心有敬、外在有让的自己，使每个人的行为符合礼的要求）。孔子首创私人讲学，主张"有教无类"，打破了贵族垄断文化教育的局面。

战国时期，孟子和荀子是儒家学派的两位重要代表人物。孟子发展了孔子"仁"的思想，形成仁义学说，主张实行"仁政"，进一步提出"民为贵，社稷次之，君为轻"（百姓最为重要，国家其次，国君为轻）的民本思想。在伦理观上，孟子主张"性本善"，认为人的天性是善良的，恻隐、羞恶、恭敬、是非之心，人皆有之，所以要实行"仁政"来恢复和扩充人的善性。

荀子主要发展了孔子的礼学，他主张统治者施政用"仁义"和"王道"，以德服人，并提出"君者舟也，庶人者水也。水则载舟，水则覆舟"（君王好比是船，百姓好比是水，水可以使船行驶，也可以使船淹没）的著名论断，强调人民群众的力量巨大。荀子提出"性恶论"，认为人生来本性是恶的，强调用礼乐来规范人的行为，改造人性，使人向善。

2. 汉代儒学

董仲舒是汉代儒家的代表人物，他把诸子百家中道家、法家和阴阳五行家的一些思想糅合到儒家思想中加以改造，从而形成了新的儒学体系。

汉武帝在位期间，董仲舒适应汉武帝加强中央集权的需要，提出"春秋大一统"和"罢黜百家，独尊儒术"的主张。他认为"大一统"是天地的常理，国家的需要；要维护政治的统一，必须实行思想上的统一。他提出不在儒家六经范围之内的各家学术都应罢黜。为了加强君权，他还宣扬"君权神授"，提出"天人合一"和"天人感应"（天意与人事的交感相应）学说，认为天是万物的主宰，天子受命于天，所以诸侯和人民都要服从天子的统治。董仲舒还提出了"君为臣纲，父为子纲，夫为妻纲"（为臣、为子、为妻的必须绝对服从于君、父、夫）和"仁、义、礼、智、信"五种为人处世的道德标准，后人归纳为"三纲五常"。它有利于巩固君权，维护统治秩序。

在人性论方面，董仲舒提出了"性三品"说。董仲舒认为，人性分为上、中、下三等，即圣人之性、中民之性和斗筲之性。圣人之性作为天生的善，斗筲之性作为天生的恶，都不可改变，因而也不能以之为性。只有中民之性，是可以通过教化转变成善的，因而可以称之为性。董仲舒的"性三品"说是从人的差异性上立论，为圣人及王对民众的教化作用而展开的思辨理论。

3. 程朱理学

程朱理学是以儒家思想为基础，融合了佛道思想来解释儒家义理，形成了以理为核心的新儒学体系——"理学"。"宋初三先生"胡瑗、孙复、石介三人开理学风气之先，被认为是程朱理学的先驱人物。接着北宋中期的周敦颐、张载、程颢（hào）、程颐、邵雍重点探讨心性、天道、义理等精深的哲学问题，建立起儒家的形上学。其中，北宋时期的程颢、程颐兄弟和南宋时期的朱熹，成就最为突出，所以"理学"也称为"程朱理学"。

程颢、程颐被称为"二程"，他们认为天理是宇宙万物的本原，万物只有一个天理，主张先有理而后有物，这是理学的核心思想。同时，"二程"把天理和伦理道德直接联系起来，认为"人伦者，天理也"，"父子君臣，天下之定理"（尊卑、长幼的关系是不可改变的常道，是伦常，是天地至理，不可违背，父尊子卑，君尊臣卑，把老百姓应该服从封建君主统治上升到天理伦常的高度，教育老百姓皇帝天生就应该比臣子尊贵，臣子服从皇帝就应该像儿子服从父母一样）。

朱熹是理学发展的集大成者，他特别强调，理之源在于天理，而天理就是作为道德规范的三纲五常，它是人性的最高境界。并指出人性本来与天理一致，具有仁、义、礼、智等美德，但被后天的欲望所蒙蔽，把"天理"和"人欲"对立起来，所以提出"存天理，灭人欲"（人要明理见性，革除超出人的基本需求欲望，如私欲、淫欲、贪欲）。这实际上是为封建等级秩序辩护。

"二程"提出"格物致知"（探究事物原理，从而从中获得智慧）的认识论，认为"物皆有理"，只有深刻探究万物，才能真正得到其中的"理"。他们把知识、道德和天理联系起来，认为"进学则在致知"（学业进步，在于穷究万物之理），"穷理格物"（穷究事物的道理），掌握天下之理，达到对普遍天理的认识。朱熹更认为"物"指天理、人伦、圣言、世故。"格物致知"的目的在于明道德之善，而不是求科学之真。

4. 陆王心学

陆王心学的哲学流派以陆九渊、王守仁为代表。南宋时期，针对朱熹等人的"理"在人心之外，陆九渊提出"心即理"；针对朱熹"即物"才可"穷理"的理论，陆九渊提出更为便捷的"发明本心"（即"存心""养心""求放心"。存心就是存善心，养心就是修养身心，求放心就是找回本心）的主张。陆九渊把"心"作为宇宙万物的本源，提出"心"就是"理"的主张；强调"宇宙便是吾心，吾心即是真理"，认为天地万物都在心中。所以他的学说被称为"心学"。他认为穷理不必向外探求，只需反省内心就可得到天理。

明中期以后，阶级矛盾日益尖锐，社会动荡不安，封建专制统治陷入危机。王守仁认为，社会动乱的原因是人心破坏，只有通过整治人心，才能挽救统治。王守仁继承和发展了陆九渊的学说，成为心学的集大成者。所以，这一学派也被称为"陆王心学"。

王守仁更多地吸取了佛教的"心外无佛，即心是佛"（不要心外求法，不要以为别人才是佛，而自己永远做不到佛的境界。佛性在每个众生心中，只要依据佛经里的教诲去做，就能学佛，成佛）的思想，宣扬"心外无物""心外无理"（要了解宇宙的奥秘，达到对事物真相的认识，只需探求自己的心性良知即可）的命题。在认识论上，他提出"致良知"（将良知推广扩充到事事物物）和"知行合一"（认识事物的道理与实行其事，是密不可分的）的学说。他认为良知是存在于人心中的天理，是人所固有的善性，但良知往往被私欲所侵蚀，所以要努力加强道德修养，去掉人欲，恢复良知的本性。他的知行合一，指的是知和行都产生于心，用良知支配自己的行为实践。明朝中期以后，陆王心学得到广泛传播。

5. 清代实学

明清时期是儒家思想的继承与批判时期。此时出现了反对专制蒙昧的呼声和经世致用的早期启蒙思潮。这段时期商品经济发展，手工业发达的地方出现了资本主义萌芽，君主专制和封建中央集权制度空前强化，黄宗羲、顾炎武、王夫之等人提出了反对君主专制的早期民主思想和工商皆本的经济主张，具有时代特色。

黄宗羲是明清之际的进步思想家，他提出"天下为主，君为客"的民主思想。他说"天下之治乱，不在一姓之兴亡，而在万民之忧乐"（判断天下是安定还是混乱，不是以一姓的兴旺为标准，而以万民的忧愁和快乐为标准)，主张以"天下之法"取代皇帝的"一家之法"，从而限制君权，保证人民的基本权利。黄宗羲的政治主张抨击了封建君主专制制度，有极其重要的意义，对以后反专制斗争起了积极的推动作用。

顾炎武重视对社会实际情况的了解，强调"经世致用"（学问必须有益于国事）。主张把学术研究与解决社会问题结合起来，力图扭转明末不切实际的学风。他主张走出家门，到实践中求真知，力求解决国计民生的现实问题。顾炎武以他崇实致用的学风和锲而不舍的学术实践，开一代朴实学风的先河。

王夫之是一位杰出的唯物主义思想家，他认为世界是物质的，一切事物都是客观存在的实体；物质是不断变化的，其发展变化有规律可循。在认识论方面，他认为主观的认识是由客观对象引起的，一切事物通过考察研究都是可以认识的。他还认为静止是相对的，运动是绝对的，具有朴素的辩证法思想。

（二）释家

释家又称佛家，最早是源于古印度的佛教，佛教产生于公元前6—前5世纪的古印度，其创始人为乔达摩·悉达多，佛教徒尊其为"释迦牟尼"，意即"释迦族的贤者"。佛教东汉末年传入中国，经过发展又衍生出中国本土佛教，其中最具代表性的是禅宗。释迦牟尼创立佛教的目的，是要解决人生的痛苦问题，力图把人从生活的苦难中解救出来。因此，他的哲学是以探讨人生问题为主要宗旨，即讨论人为什么活着、如何活着、人生命运、道德行为等问题。同时，在讨论人生问题的同时，他也涉及宇宙方面的问题，如万物的起源、世界的形态，等等。

1. 主要哲学思想

在宇宙结构观方面，佛家主张宇宙空间无限论，认为宇宙是由无限的世界构成的。须弥山原本是印度民间神话传说中的著名神山，佛教把须弥山作为宇宙的中心。以须弥山为中心，同一个太阳和月亮照耀的地方，就叫作一个小世界。宇宙是由小世界为基本单位构成的，一千个小世界称为"小千世界"，一千个"小千世界"称为"中千世界"，一千个"中千世界"称为

"大千世界"。大千世界包含着小千、中千、大千三种"千世界",合称"三千大世界"。佛教这种以须弥山为中心而不断向四周无限延伸的宇宙观,虽然是宗教的想象和虚构,但其中却包含了宇宙无限性这一认识的合理成分。

在认识论方面,佛家从一切皆空的哲学思维意识出发,提出"四大皆空"的命题。"四大"亦称"四界",指地、水、火、风等四种构成物质世界的基本元素。佛家认为,宇宙世界万事万物包括人的身体,虽说是由地、水、火、风四种元素及其属性构成的,但四大元素本身处在刹那间或聚或散、或生或灭的瞬息变化之中,因此一切物质的存在包括人的身体,都是虚幻不实的。"四大皆空"所表达的思想即一切客观外在的事物并不是一种真实的存在,而是皆为虚幻,万物万事皆空,大千世界,空空如也。

因果论是指佛家用于说明世界一切关系的理论,并构成佛家各种学说的理论基础。因果报应也称为"业报",指人的一切行为、言论、思想,即身、口、意三业,都一定会产生相应的果报。任何人都不能消除、不能避免因果报应的作用,众生在因果业报面前人人平等。与因果报应之说密切相关的,是佛家的生死轮回理论。佛家认为,大千世界芸芸众生,在没有得到"涅槃"解脱之前,人人都处在生死世界的轮回中循环不已。人在此处此时死去,意味着在彼处彼时再生,人死之后,灵魂不灭,投胎转世,通过轮回成为新的生命。至于人死后,转生在何处,灵魂投胎变成什么,则完全根据死者生前所作所为,即善恶"业因"所决定。

2. 中国佛教世俗化的代表——禅宗

禅宗是中国佛教世俗化的代表,是众多佛教派系中对中国思想文化影响最大的一个佛教宗派。禅宗是南朝末年的天竺僧人菩提达摩到中国传授禅法而创立的,菩提达摩也被称为禅宗始祖,下传慧可、僧璨、道信、弘忍。弘忍的弟子慧能以"菩提本无树,明镜亦非台。本来无一物,何处惹尘埃"(菩提原本就没有树,明亮的镜子也并不是台。本来就是虚无没有一物,哪里会染上什么尘埃)一偈战胜另一弟子神秀而得以继承衣钵,成为有名的六祖。

"禅"为梵文,意译为"静虑",中国古代习惯把"禅"和"定"连在一起,并称为"禅定",意指思虑集中,专注于沉思。禅定的方式,一般是静坐（亦称打坐），通过静坐敛心，达到"安静而止息杂虑"的修行状态。与其他佛教门派相比，禅宗以"禅"作为宗派命名，目的是强调"禅定"是佛教的重要修行方法，突出"禅定"对佛门僧侣宗教生活的特殊重要意义。

禅宗最突出的哲学观点是认为众生皆有佛性，皆可顿悟成佛。早期佛教的观念，强调人性与佛性是不一样的，人对于佛的信仰追求，在于提升或改造自己的人性，使之靠近或达到佛性。奉佛之人遵守种种佛门戒律，进行种种宗教修炼，包括念经礼佛，等等，都是为了使人性靠近佛性或向佛性转化。禅宗一反传统佛门观念，认为"人皆有佛性，人人皆可成佛"。这样一来，成佛的关键就不是靠别人来拯救自己，不是靠他人普度众生，而是自我解脱，自我拯救，自己度自己。

禅宗宣扬"顿悟成佛"，所谓的"顿悟"是指刹那之间豁然开窍，突然觉悟。能否在刹那之间"明心见性"（发现自己的真心，见到自己本来的真性），妄念全无，这是佛性和人性的根本区别。由于成佛在于刹那之间"明心见性"的顿悟，这样一来，传统的读经、念佛、坐禅等一系列佛门修习功夫或修炼方法，统统失去了它的重要意义。禅宗以前，要想成佛，必须艰苦修行，必须接受严格的清规戒律和庞杂烦琐的教理教义的外在约束。禅宗关于"佛在自心，成佛在己，顿悟成佛"的禅法思想，彻底颠覆了印度佛教艰苦修行、渐悟成佛的传统观念。信仰禅宗的人，从传统的艰苦修行中获得彻底解放，只要保持心性清净，在意念中一个转向，茅塞顿开，就可大彻大悟，获得佛性。

（三）道家

道家，是中国春秋战国诸子百家中重要的思想学派之一，由老子创立，庄子继其后。道家认为天地万物都产生于道、遵循着道，主张自然无为，反对主观臆想、人为造作。道家哲学以"道"为核心，认为天道无为，提出"无为而治、以柔克刚、刚柔并济"（顺其自然，不做过多的干预；用柔软的去攻克刚强的；刚强的和柔和的互相配合）等思想，具有朴素的辩证法思想，道家用"道"来探究自然、社会、人生之间的关系。道家提倡道法自然，无为而治，与自然和谐相处，对中国乃至世界的哲学和文化都产生了巨大的影响。总体而言，道家哲学可以分为两个阶段，一个是以老庄思想为代表的阶段，另一个是魏晋玄学阶段。

1. 老庄思想

（1）老子的哲学思想

春秋战国时期，老子集古圣先贤之大智慧，总结了古老的道家思想的精华，形成了道家完整的系统理论，标志着道家思想已经正式成型。其学说以"道"为最高哲学范畴，认为"道"是世界的最高真理，"道"是宇宙万物的本源，"道"是宇宙万物赖以生存的依据。

在宇宙观方面，老子提出"道"生万物、"道"法自然的观点。"道"生万物即"道"是自然界最初的发动者，它具有无穷的潜力和创造力。而"道"法自然也就是说"道"从古到今独立存在，不停息地、周而复始地按其规律和状态运行。

在辩证法方面，老子提出"反者道之动"（事物发展到了极限，就要走向反面，这是道的运动规律）的辩证法思想，认为自然界和人类社会都是变动不居的。他观察到天地间万事万物存在着互相矛盾的两个对立面，例如有无、刚柔、强弱、祸福、兴废等，它们都是互相依存、互相联结的。

在社会历史观方面，老子提出了"小国寡民"的社会历史观。老子主张使国家变小，人民稀少；即使有各种各样的器具，却并不使用；使人民重视死亡，而不向远方迁徙；使人民再回到远古结绳记事的自然状态之中。最好能够做到国与国之间互相望得见，鸡犬的叫声都可以听得见，但人民从生到死，也不互相往来。因此，老子向往的是回到结绳记事的原始社会，认为在这种社会中人民会吃得香甜、穿得漂亮、住得安适、过得快乐。这种摈弃物质文明，使民无欲无求的哲学思想，表现出复古倒退的消极思想。

在人生观方面，老子主张"见素抱朴"（保持纯洁朴实的本性，减少私欲杂念）的人生观。在老子看来，有出自人类朴素天性的自然的道德，也有矫揉造作、被人利用的人为的道德。人心本是朴素自然的，并不受也无须受任何道德观念的制约，甚至也不知道仁义礼智等道德规范为何物。人的行为若是出于这样的本性，便与"道"自然相合，虽不知道德为何物，却又是最道德的。在老子看来，返璞归真、回归自然，是人生修养的终极目标。

(2) 庄子的哲学思想

战国时期的庄子继承和发展了老子的学说，把世间万物都看作是相对的。他认为放弃一切大小、生死、贵贱、荣辱等差别观念，就能获得精神上的自由。

道家虽以老庄并称，但庄子的思想同老子相比，有很多重要的变化和发展。庄子虽然在本体论和宇宙论上继承了老子的思想，认为"道"是天地万物的根源，但由于时代的变化和人们关注的问题不同，庄子的"道"与老子的"道"在理论的重心上有着很大的不同。老子的"道"有比较重的本体论和宇宙论的意味，且特别强调"道"的"反"的规律。而庄子则将"道"的重点转移到讨论心灵的境界，追求精神上对世俗的超越。

在认识论上，庄子认为，事物的存在是暂时的、变动不居的，其性质是相对的、不确定的，认识对象的不可捉摸性决定了它们是不可知的。在他看来，事物的差异和性质不是客观的，而是决定于观察者采取的标准和他们的看法。同理，美与丑、贵与贱、祸与福、是与非、梦与醒、生与死等，也莫不如此。庄子将事物性质的相对性夸大到不适当的程度，否认了事物的相对静止，从而否认了认识的可能性。由于夸大认识主体的主观性，否认判断是非曲直有客观标准，这就使庄子最终陷入了诡辩论。

2. 魏晋玄学

魏晋玄学，是魏晋时期出现的一种崇尚老庄的哲学思潮。所谓"玄学"是指以老庄思想为骨架，探求宇宙人生的哲理，研究幽深玄远问题的学说。玄学家们奉《老子》《庄子》《周易》为经，称之为"三玄"，并把《老子》和《庄子》视为"玄宗"。魏晋玄学的主要代表人物有何晏、王弼、阮籍、嵇康、向秀、郭象等。魏晋玄学，是魏晋时期出现的一种崇尚老庄的哲学思潮。魏晋玄学以其简约而精致的思辨哲学而著称，倡导以"无"为本，张扬人性自由，不为身外之物所累，放达任情，宣扬精神上的逍遥游。

曹魏正始年间，何晏作《道德论》、注《论语》，王弼注《老子》《周易》等著作。在自然与名教的关系上，王弼认为自然是本，名教是末，名教本于自然，是自然的必然表现，两者是本末体用的关系，统一而不可或缺。名教一般指儒家礼教和道德规范，而自然主要指天道自然。他们认为，对于儒家的名教，如果不是人为地造作提倡，而是顺其自然地实行，如君主推行无为统治、臣民恪守无为、不作反抗，社会就会安定平和。王弼在注解《老子》时指出，仁义礼乐并非破坏了自然，而是古代圣贤为了引导人们清除杂念、回归自然而遵循的准则，因此儒家的名教也是合乎自然的。

西晋时期，以阮籍、嵇康为代表的一些名士对于司马氏集团的统治极为不满，他们为了揭露其虚伪的名教外衣，强调名教不合自然，主张"越名教而任自然"（超越儒家的各种伦理纲常束缚，任人之自然本性自由伸展）。他们的"自然无为"以元气一元论为基础，脱离了玄学本体论"有与无"的轨道。依儒家的礼教，这是大不孝的，阮籍正以此表示对儒家礼教的蔑视。他在《大人先生传》中讽刺那些所谓儒学之士不过是钻进裤裆里"饥则啮人"的虱子，把儒家礼教、封建帝王蔑视到了极点。他们如此菲薄儒家名教，并非出于真心反对儒学，而是面对凶残的统治者，只好以蔑视儒家来揭穿其虚伪，抒发胸中的压抑与不平的情绪。

而后向秀、郭象等人又以"名教即自然"（名教完全合于人的自然本性，人的本性的自然发挥也一定符合名教。"名教"指以"正名分"为中心的封建礼教）的口号宣扬伦理纲常即是自然，认为封建秩序是天理的自然。郭象认为名教即是自然，一切"尊卑上下之序"本来就合乎"天理自然"，从而统一了名教和自然的矛盾，把玄学理论推向了顶峰，为西晋门阀士族垄断政权暂趋稳定所形成的统治秩序提供了理论支柱。

（四）其他各家

1. 法家

法家是春秋战国时期代表新兴地主阶级利益的激进学派，法家哲学主张以法制为核心，强调不论亲近和疏远，也不分高贵和贫贱，一切都根据法律来决断，意即法律面前，人人平等。代表人物有商鞅、申不害、慎到、韩非子等。

在人性观方面，不同于儒家孟子提出的性善论的观点，法家持性恶论，主张人性本恶，认为人一生下来就带有恶的本性，都有"好利恶害"或者"就利避害"。鉴于此，法家主张对人性进行压制，通过法律的颁布，奖罚的手段来对人性进行绝对的社会控制。

在社会历史观方面，法家哲学反对保守的复古思想，主张锐意改革。他们认为历史是向前发展的，一切的法律和制度都要随历史的发展而发展，既不能复古倒退，也不能因循守旧。韩非提出"世异则事异，事异则备变"（社会变化了，一切事情也要随着变化；情况变化了，政治设施也必须相应地变化）的历史进化论，认为时代发生了变化，治理社会的方法也应当随之发生变化。没有什么永恒的治国之道，一切治国之道都是随时代变迁的，作为君主也应当顺应时代而进行改革。

韩非在总结先秦法家理论的基础上，提出了以法为本，法、术、势相统一的法治理论体系，成为法治思想的集大成者。具体来说，"法"指的是健全法制，执法公正；"势"指的是君主的权势，要独掌军政大权；而"术"指的是驾驭群臣、掌握政权、推行法令的策略和手段。韩非认为，法、术、势三者是一个封建专制的国君必不可少的三件法宝，做帝王就要求兼具这三件法宝，缺一不可，运用起来要有机地结合，这样才能把国家治理好。这三件法宝，体现了当时统治者和被统治的人民之间以及统治阶级内部的深刻矛盾，更体现了专制集权的倾向。但是，那个时代正是从分散的、割据的国家走向专制主义的中央集权国家的前夜，韩非这种主张还是符合当时的历史要求的。

2. 墨家

墨家是中国传统哲学主要哲学派别之一，大约产生于战国时期，其创始人是墨子。墨家是一个纪律严密、带有宗教色彩的学术团体，其成员称为墨者，大多来自从事生产劳作的社会下层。

墨家学派有前后期之分，前期墨家在战国初期就有很大影响，其思想主张侧重社会政治、伦理及认识论问题。后期墨家分化成两支，一支注重认识论、逻辑学、几何学、光学等学科的研究，史称"墨家后学"；另一支则转化为秦汉社会的游侠。后期墨家克服了墨子思想中的鬼神观念，着重发展了墨子的逻辑学、认识论和自然观，在总结墨子和各家逻辑思想成果的基础上，创立了一个相当科学和完整的古典逻辑学体系，对中国古代哲学和自然科学的发展做出了自己的贡献。

墨家的哲学思想主要浓缩在"兼爱""非攻"这两个主张上。"兼爱"

是墨家哲学的核心概念。墨家对当时社会的动乱情况进行了总结，认为国家之间的征战、君臣上下的篡乱、家庭人伦的不合、人与人之间的争斗，其实都是由相互之间"不相爱"而产生的。于是提出了不分差别、彼此普遍相爱的"兼爱"思想，要求大家对待别人的国家，要像对待自己国家一样；对待别人的家庭，也像对待自己家庭一样；对待别人，也像对待自己一样。因为人与人之间本是平等的关系，有能力的人应该积极助人，有财富的人可以济人，有才能的人可以去教人行善等。在如此的社会图景下，先秦时期激烈的征战、劫夺、欺诈等人类社会的恶习都可以被消除，天下之人都可以相亲相爱，到处将会是一派和睦美好的景象。

3. 名家

名家作为中国传统哲学的一派，在哲学史上自有一套独特的理论体系。"名家"这个名词，也可理解为诡辩家、逻辑家、辩证家。名家是中国先秦注重辩论技巧，探讨名实概念之间、名称与事物之间关系的一种学说派别。因为它产生于辩论的实践，代表人物大多是善辩之士，所以又称名辩学派。最主要的代表人物有惠施、公孙龙、邓析等。

公孙龙是名家的代表人物，他最有名的哲学命题是"白马非马"的假说。相传有一天，公孙龙牵一匹白马出关被阻，公孙龙便以"白马非马"的命题与之辩论，守关的人辩不过他，公孙龙就牵着马出关去了。公孙龙说："马者，所以命形也；白者，所以命色也。命色者，非命形也，故曰白马非马。"（"马"是指马的形体，"白"是指马的颜色，"白"是用来称呼马的颜色的，形态不等于颜色，不能称呼马的形体。因此，"白"与"马"两个概念合在一起所包含的意思就不是"马"）

公孙龙创造性地在"白马是马"的常识上提出"白马非马"这个哲学命题，突破了认知的局限，标志着人类认知能力的提高，已经注意到了具体与抽象、个别与一般、特殊与普遍、个性与共性的关系问题。但也应该看到，"白马非马"在逻辑学上是一个典型的偷换概念的例子，他把"白马"和"马"这两个不同的概念用在了一个问题里来进行论证，并作为同等意义上的概念来分析。在哲学上，这是把事物的共性和个性的关系混淆了。

第四章
中华传统美德

一、中华传统美德的内涵与主要特征

中华传统美德指的是在中华民族历史发展长河中逐渐形成的被中华民族普遍接受、认可并遵循的道德行为规范与准则。中华民族在漫长的历史长河中，建立起了非常成熟的道德体系，形成了丰富多样的个人、家庭、家族、国家甚至宇宙伦理的道德规范体系，从内在的道德信念，到外在的行为表现，都提出了较为系统的德目。这些传统美德源远流长，丰富多彩，是中华民族传统道德的精华。其内涵与主要特征表现在以下几个方面。

（一）人本主义是传统美德的精神内核

这里所说的人本主义，指的是一种充分肯定人的地位与价值，充分尊重人的尊严的精神。孔子曾说过："天地之性，人为贵。"意思就是说，在天地之间人是最宝贵的，由此对人的地位及价值给予了充分的肯定。在《论语》中曾记载了这样一个故事：有一天孔子上早朝回来，看到马厩失火了，孔子问的第一句话不是财产的损失，而是问管马的马夫有没有受伤。由此可见孔子对人的生命的尊重。传统美德认为，人之所以成为人，人之所以受到尊重，在于人有道德。孔子曾指出"克己复礼为仁"（克制自己，一切都照着礼的要求去做，这就是仁），意思就是说人一定要克制自己的私欲，并改掉习性上的缺点，从而做一个内心有敬、外在有让的人。孟子也提出："人之所以异于禽兽者几希，庶民去之，君子存之。"（人和禽兽的区别只有很少的一点点，这就是人讲仁义，而禽兽不讲）一般的人丢弃了仁义，而君子却保留了。这也就说，人之所以成为人就需要建立道德上的自觉。正是因为人有道德上的自觉，所以人才能与禽兽相区别。

传统美德上的人本主义主要表现在两个方面：一是一个人要有应有的人格尊严与地位，并受到别人应有的尊重，这正如"士可杀不可辱"。二是要尊重他人，并有一定的社会责任感。孔子在《论语》中曾说："己所不欲，勿施于人。"以此"由己推人"，给予别人以应有的尊重，并进而推广到社会责任。关于此，当前人们所熟知的"谦虚礼貌""助人为乐""敬重父母""公忠爱国"等都体现了对他人、对社会的责任。人本主义思想贯穿中华民族传统美德的许多方面，甚至是贯穿中华民族传统美德的一条红线。正是从这一点来说，人本主义是传统美德的精神内核。

（二）注重整体主义和爱国主义

我国传统文化具有整体性的特征，它以综合性见长，注重在一种"天人合一"的思维方式下进行整体感知和体悟，而不太习惯于定义和分析。在传统美德中，整体观的集中表现为爱国主义。爱国主义是中华民族的传统美德，是中华民族精神的核心所在。爱国主义自始至终贯穿于中华民族的历史长河中，也历来是凝聚、动员、鼓舞中华民族团结、战胜强敌、共同奋斗与前进的一面旗帜，是推动我国社会不断前行的巨大力量，更是全国人民共同的精神信念。在中华民族的历史长河中，关于爱国主义的诗句、故事数不胜数。如《诗经》中所说到的"夙夜在公"（从早到晚，勤于公务）、《汉书·贾谊传》讲到的"国耳忘家，公耳忘私"（为了国事而忘记家事，为了公事而忘记私事）、杜甫《蜀相》中讲到的"三顾频烦天下计，两朝开济老臣心"（刘备屡次向诸葛亮求教天下大计，诸葛亮先后辅佐先主刘备开国和后主刘禅继业）、林则徐《赴戍登程口占示家人》中的"苟利国家生死以，岂因祸福避趋之"（只要有利于国家，哪怕是死，我也要去做；怎么能因为害怕灾祸而逃避呢），再如大禹治水三过家门而不入等。这些英雄人物和事迹都彰显了强烈的为国家、为民族甘于牺牲的献身精神，都体现了中华民族以民族、集体、国家利益为重的特点。也正是这种精神培育出了中华民族的一种独特的精神气质，从而使中华民族以一种自尊、团结、奋斗的崭新形象屹立于世界民族之林。所以说，注重整体、热爱国家是中华民族传统美德的重要内容。

（三）以伦理为本位

中华传统美德具有明显的伦理取向，即以伦理为本位。如在中国哲学中，哲学体系的核心便是伦理道德学说，哲学中的理性是一种道德化的实践理性。在中国的文学艺术中，也是以"善"为主要价值核心，文以载道，以道为统。在中国的传统科技价值观中，同样以有利于德性的提升为第一要义，至于是否有用往往是第二位的。所以说，中国传统文化的价值体系虽然强调真、善、美的统一，但实质却是以善为核心。

这一特点自然也影响到传统美德的价值取向。无论是儒家的格物、致知、诚意、正心、修身、齐家、治国、平天下，还是道家学派的修道积德，都是以伦理为第一目标。为此，孔子提出了以"仁"为核心的道德思想，孟子强调道德意识的自我修养，荀子则倡导道德规范的作用。这一传统美德价值取向实质上便是如何培养、造就、完善人，其在目标上的具体指向就是一种崇高的精神境界和理想的人格。崇高的道德追求还直观表现为"爱国爱民""杀身成仁""无私奉献""舍生取义"等。孟子说"生我所欲也，义亦我所欲也，二者不可得兼，舍生而取义者也"（生命是我想要的，道义也是我想要的，但是，如果二者不能同时获得的话，那么我就只好牺牲生命而选取道义），正是这种精神追求的鲜明写照。具体在义与利的关系取舍上，往往认为凡是仁义的行为都是有意义的，凡是不仁不义的行为都是没有意义的。所谓"君子喻于义，小人喻于利"，如果一味追求"义"并按"义"的规则行事，就能成为"君子"；但如果一味追求"利"并按"利"的规则行事，那就是"小人"。这种价值取向经过几千年的传播，已获得社会的广泛认同，并升华为"以义为上""以义制利"，从而成为中华民族优秀道德品质。

二、中华传统美德的主要内容

"修身、齐家、治国、平天下"这句话出自《礼记》:"古之欲明明德于天下者,先治其国;欲治其国者,先齐其家;欲齐其家者,先修其身……身修而后家齐,家齐而后国治,国治而后天下平。"(古代那些想要在天下弘扬光明正大品德的人,先要治理好自己的国家;要想治理好自己的国家,就要先管理好自己的家庭和家族;要想管理好自己的家庭和家族,就要先修养自己的品德……只有品德修养了,才能管理好自己的家庭和家族;家庭和家族管理好了,才能治理好国家;国家治理好了,天下才能太平)"修身、齐家、治国、平天下"相辅相成,浑然一体,缺一不可。以此为基础,中华传统美德主要包括人与自身、人与他人、人与群体(含社会、国家)三个方面,具体表现个人美德、家庭美德、国家与社会美德。结合老年人的身心特点和生活需要,本书此处着重从以下几个方面对中华民族传统美德的内容进行简要阐释。

(一)个人美德

1. 重仁

加强个人修养首先应建立仁爱观。仁爱是中华民族美德中最具有特色的内容。"仁"是儒家学说中最为核心的关键词。《论语》共2万多字,其中,"仁"字就出现了109次之多,其在儒家学说中的地位由此可见一斑。在中华文化中,"仁"与"人"是统一的,"仁"是人之所以为人的本质特征。孔子在《论语》中曾给什么是"仁"以一个基本的解释。《论语》记载,孔子的学生樊迟有一次问孔子:什么是仁?孔子回答说:爱人。孔子的这一理解构成了"仁"的最基本含义。在此基础上,"仁"还表现出不同的含义。第一,"仁,亲也",主要指的是家庭成员、家族之间要"亲爱",要有同情、关爱之心。第二,随着"仁"的思想的进一步发展,其含义由"亲人"发展到了"爱人"。老子说"与,善仁",意思是说与人交往要友爱、真诚、无私。第三,杀身成仁。这里的"仁"已成为道德的较高境界,即为了维护"仁",可以牺牲自己的生命。所以说,儒家的仁爱观念是中华民族美德的主要内容,它讲求爱人有差别,由近及远,向外辐射,以爱家人为基础,辐射至爱他人,爱天地万物。正因为如此,孟子曾将"仁爱"归纳为三个层次:"亲亲、仁民、爱物"。即先爱自己的家人和族人,其中首先是爱自己的父母,即孝;爱自己的兄弟姐妹,即悌;爱自己的子女,即慈。在此基础上,再爱与自己没有血缘关系的他人。仁爱的最高境界是达到爱天地万物。"仁"是中华民族道德精神的象征,是中华民族传统美德中的至关重要内容,成为中华美德中用以加强自我修养的一个重要出发点。

2. 明礼

"礼"是指礼仪、礼貌和礼节,即"礼仪之规"。中国是世界闻名的礼仪之邦,"礼"是中国文化的突出内容。好礼、有礼、注重礼仪是中国人处世的重要美德。在中国传统文化中,礼是人与动物相区别的重要标志。礼也是治国安邦的根本。礼同时还是一个人的立身之本和区分人格高低的重要标准。孔子曾说:"不学礼,无以立。"(不学礼就不懂得怎样安身立命)《诗经》中说得更直接:"人而无礼,胡不遄死?"(一个人如果礼数都没有,为什么不马上去死呢)

"礼"最初是原始社会祭祀的一种仪式。《礼记》中所说的"殷人尊神,率民以事神,先鬼而后礼"(殷人尊崇鬼神,带领百姓侍奉鬼神,重鬼神而轻视礼仪),指出"礼"在当时就是一种仪式和习俗,还不是一种道德规范和准则。随着历史的发展,对"礼"的认识也发生了一定的变化。春秋战国时期,人们开始将"礼"作为一种道德准则加以提倡。孔子曾说过"克己复礼为仁",意思是说,每个人都应克制自己不合理的欲望、冲动的情绪和错误的言行,做到"非礼勿视、非礼勿听、非礼勿言、非礼勿动"(使自己的所看、看听、所说、所行都符合"礼"的规定),这表明"礼"在道德领域已经被放到非常重要的位置加以重视、规范和倡导了。

从总体来看,"礼"作为道德规范,其内容较为复杂。作为伦理制度和秩序,被称之为"礼教""礼制";作为待人接物的形式,被称之为"礼节""礼仪";作为个人修养,被称之为"礼貌";作为处理与他人的关系,被称之为"礼让"。"礼"源于人的恭敬、谦让之心,即对道德准则的恭敬和对兄弟朋友的谦让。但作为个人道德修养的一种内容,礼貌、礼让、礼节体现了中华民族传统美德的精髓，因此，明礼也成为传统个人美德的重要内容。

3. 诚信

诚信，即诚实守信。诚实指的是真实无欺，既不自欺也不欺人；守信则指的是遵守诺言、讲信誉、守信用。《中庸》中曾特别强调诚："诚者天之道，思诚者人之道。"（"诚"是天的运行法则，人应效法天道，尊重天道，顺应天道，从而因天的法则而达到实现人的诚的目的）所谓的"信"，就是言行一致、表里如一、遵守诺言。"信"被奉为治国、用人、交友、修身的重要道德标准。孔子曾极力重信，他反复强调其弟子要"谨而信""笃信好学""敬事而信"（恭敬谨慎地对待政事，要讲究信用）。总体来看，传统美德中的诚信主要包括以下含义：一为言而有信，说话算数，说到做到；二为守信，要兑现自己的承诺；三为表里如一，既不自欺也不欺人。

诚信是一种美德，千百年来为中华民族世代所信奉，对民族精神的塑造起到不可或缺的作用。诚信是为人处世之本，是个人道德品质的核心，与此同时，它还是孕育其他道德的基础。在我国古代，有许多关于诚信的名言，如墨子所说的"言不信者，行不果"（如果说话不讲诚信，做事就不会有好结果），孔子说的"民无信不立"（没有信用就没有立足之地），程颐说的"以诚感人者，人亦诚而应"（用真诚感动别人的人，别人也会用真诚来回应他）。还有许多与诚信相关的格言，如现在常用的"君子一言，驷马难追""一诺千金""一言九鼎"等，讲的都是诚信之义。

4. 重义

"义"是中华传统美德的重要内容，是维系中华民族团结和国家统一的重要精神纽带，还是促进中华民族不断走向繁荣昌盛和文明进步的重要精神动力。在儒家的"五常"（即"仁、义、礼、智、信"）和管子的"四维"（即"礼义廉耻"）中，都直接包含了"义"，由此可见，"义"在传统道德中的重要地位。

传统文化的"义"包含三个含义。第一，"义"即"宜"。就是善、正确、恰当，即对事物的判断应符合节度，处理事物应合宜。第二，"义"即"正"。"正"是判断一切是非的准则。第三，"义"即"理"。这里的

"理",既是一种人伦之理,也是一种天理,即天下之通义。与"义"相对应的是"利"。对于"义"与"利"的关系,荀子曾说:"好利恶害,是君子小人之所同也。"也就是说,对利的追求是人的一种天性,君子与小人都具有这种天性。但是,对于利的追求应有个底线,这就是义与不义,即不能以不义的手段追求利。人们常说"君子爱财,取之有道",指的便是这个意思。古人也多将"义"作为君子之道、甚至作为个人完美道德人格的重要标准,如三国的关羽,便是义的代表,他尽忠行义,不为曹操的高官厚禄所动,千里追寻刘备,再如海瑞为民请命,也留下正义美名,等等。

5. 慎独

作为我国古代的一种自我修身方法,慎独最早出现在《中庸》之中:"道也者,不可须臾离也;可离非道也。是故君子戒慎乎其所不睹,恐惧乎其所不闻。莫见乎隐,莫显乎微,故君子慎其独也。"(道是片刻都不可以背离的;如果有丝毫背离,那就不是真正的道。所以君子在没有人看见、没有人听见的环境中,也要怀着谨慎、畏惧的心态。不要因为是在别人看不到、听不到的地方而放松自我要求,也不要因为是细小的事情而不拘小节,即使一个人独处的时候,也要谨言慎行,不做失道失德的事)这就是说,慎重就是指一个人在独处的时候要有高度的自觉性,不管是说话还是做事都要谨慎,要遵守道德,特别是不能因为没有别人的监督而做不应该做的事。《诗经》中曾说:"不愧于屋漏。"(即使一个人在家,也应该注意举头三尺有神明,不能做有悖于道德的事情)要真正做到慎独,首先,应提高自我修养的自觉性,必须在"幽隐细微"处自我严格要求,丝毫不得马虎,要"戒慎乎其所不睹,恐惧乎其所不闻"(在进行道德自律的过程中,要把对自己的严格要求拓展到人们所看不到的地方,要把唯恐失德的心理拓展到人们所看不到的地方)。只有这样,自我修养的自觉性才能够真正落实。其次,要增强人们在自我修养过程中的真诚性。"慎独"应以"诚意"为前提。"慎独"离不开"诚意",只有诚心实意坚持自然修养,才能把慎独落到实处。

(二)家庭美德

家庭联系着个人和社会,是个人与社会之间的纽带。自古以来,家庭关系都具有重要的地位,古代在选拔官员时,也经常要看看他的家庭关系,如果该人不孝顺,或跟妻子、兄弟不和,便不会被录用。汉代更是将《孝经》放到一个至高的地位。

1. 孝悌

孝指的是孝顺父母。悌指的是兄弟姐妹之间的友爱,也包括与朋友之间的友爱。孔子在《论语》中曾说道:"其为人也孝弟,而好犯上者鲜矣。"(一个人如果孝顺父母、敬爱兄长,那他基本上也不会犯上)孟子对孔子孝悌的思想进作进一步的阐释,他认为,敬兄即敬长,并将这一思想称为"义"。宋代的朱熹将孝悌理解为"善事父母为孝,善事兄长为弟",这一理解成为南宋以后对"孝悌"的标准解释。综合以上所述,我国传统的"孝悌"主要指的是孝顺父母、敬爱兄长,当然,也可进一步拓展到对长辈的敬养、顺从和尊敬。"孝悌"是做人的根本,是"仁"的基础。对于此,孔子曾在《论语》中说过:"孝悌也者,其为仁之本欤?"(孝顺父母、顺从兄长,这就是仁的根本吧)孝悌的基本内容是父慈子孝、兄友弟恭。孝悌在传统道德中具有崇高的地位,得到人们的广泛认同。由此成了一种深厚的家庭亲情,不仅对家庭关系,也对中国社会的稳定起到了非常重要的作用。中华民族之所以能形成坚韧的伦理实体并经久不衰,与其孝悌之德显然有不可分割的联系。

2. 贵和

"和"文化在我国源远流长。在甲骨文中就出现了"和",其本义是吹奏类的乐器,后来引申为乐调之间的调和。贵和,即以和为贵,在处理各种家庭以及社会关系时注重平衡协调、和睦相处。我国古代有许多相关的成语和俗语,如和气生财、和气致祥、和善为邻等,反映在家庭关系中的也有如"兄弟齐心,其利断金"等,这些都体现了人们对"和"的推崇。所以,"和"是传统美德的一个内容。

体现在家庭关系中,"和"主要表现为夫妻和睦、兄弟和睦。我国古代非常重视夫妻关系,曾认为丈夫应该尊重妻子,妻子应该理解丈夫。如中国人常用"琴瑟和谐"来比喻夫妻之间的关系。琴与瑟是传统的两种乐器,它们只有在一起合奏的时候,才能产生和谐的声音。春秋时期的管子曾说过："分敬而无妒，则夫妇。"意思是说夫妻之间应该互相尊敬，不要嫉妒，且夫妻可以互为老师，时常指出对方的错误，以培养个人的品德。关于兄弟和睦，中国也有一句古语："兄弟如手足。"意思是说兄弟姐妹之间如同手和脚的关系，共同承担着维护、兴旺家庭的责任。我国曾有孔融让梨的著名故事，4岁的孔融让哥哥们挑大的梨，自己则挑一个最小的梨。这个故事一直广为流传至今，引导人们兄弟之间要互相礼让，和睦相处。

3. 节俭

中华民族自古以来便崇尚节俭，并视节俭为重要美德，同时视铺张浪费为丑行。节就是节约、节制，俭就是俭朴、不浪费。节俭则指的是要珍惜劳动成果，节制自身的生活欲望，约束自己的消费行为，精打细算，节约财用。中国古代的节俭思想包含了多层含义。一是劳动艰辛，要求人们记住稼穑之艰难，珍惜来之不易的劳动果实。二是俭以修身，即用俭来制约人的"贪心"和过度的欲望，正所谓德由俭生。三是在前者的基础之上以俭持家。南宋的叶梦曾将俭视为持家的第一要义，他曾说："夫俭者，守家第一法也。"意思是说，节俭是管理家庭的第一要义与法则。勤俭是治家之本，古代曾有许多关于此的名句，如"俭则用不足，奢则贪求，奢则不可以传子孙，奢则破家"（节俭可以更为充足，奢侈则容易产生贪婪的欲望，奢侈难以使子孙后代兴旺发达，也容易败家）等，所强调的就是要控制过度的欲望，戒奢尚俭，节衣缩食，量入为出。

(三) 国家与社会美德

1. 爱国

中华民族在长期的生存与发展过程中，形成了一种对祖国深厚的爱国主义情感以及精忠爱国的浩然正气和民族气节。这种爱国主义是一种质朴的情感，它是爱亲人、爱家庭、爱家族情感的进一步拓展与升华。在中国社会中，家—家族—国是直接贯通的。中国人总是喜欢把自己的国家称作"祖国"、比喻成"母亲"，这实质上体现出了人们对国家的一种深沉的情感与依恋。这种爱国的精神是中华民族的巨大凝聚力，也是推动民族发展的巨大精神动力。尤其是当国家处于危机之中时，各族人民都纷纷团结起来反对外来侵略和压迫，保家卫国，不屈不挠，甚至不惜以身殉国。中华民族自古以来便有光荣的爱国传统。如《战国策》中的"周君岂能无爱国哉"（周国国君怎么可以不爱国呢）、《诗经》中的"修我戈矛，与子同仇"（修整好我那戈与矛，与你共同杀敌）、《汉纪》中的"爱国如家"等，都表明爱国主义的思想在我国古代道德体系中的一以贯之。中国古代爱国思想的含义主要有：一为热爱祖国的大好河山；二为维护国家的统一，反对分裂，维护国家的完整，这是我国爱国传统的突出表现；三为祖国的统一大业而戎马倥偬。

2. 奉公

奉公指的是秉公办事，不徇私情。中华民族由于家庭本位的社会结构和礼教文化传统的影响，形成了一种整体主义的精神，并在此基础上进一步形成了奉公的传统美德。在传统的宗法社会中，由于家庭的整体利益关系到每一个家庭成员，因此往往要求把家庭的整体利益摆到一个优先的位置，要求个人成员都服从家族利益。这一思想的进一步升华便由家庭推及到集体、社会、国家之上。

奉公便需要克己，克尽己私便是公。"克己"即克制一己之私以超越自我，服从整体。克己奉公并不是完全反对私利，关键在于私利要合乎公利，更不能违背公利。因此，克己奉公是要求先公后私，个人私利要服从社会、集体公利。中国人历来以"天下为公"作为理想。中国传统文化中的大同境界，其基本精神就在"公"。这种"公"的精神强化了中国人对社会、民族的义务感和责任感。千百年来，在这种精神的感召之下，我国出现了无数舍小家顾大家的杰出人物，诸如诸葛亮、包拯、武训等。

3. 廉洁

廉洁指不贪污，不浪费，不以权谋私。廉是清廉，指的是不谋取不属于自己的钱财；洁是洁白，指的是光明磊落的态度。廉洁是我国传统道德的一个基本规范，被称为"国之四维"之一，因此，廉洁也是中华民族的传统美德内容。自古以来，许多圣贤之士都对廉洁提出了深刻的见解，如"临大利而不易其义，可谓廉矣"（面对巨大的利益诱惑但不改变自己的道义，这可称为廉洁），"吏不畏吾严而畏吾廉，民不服吾能而服吾公。公则民不敢慢，廉则吏不敢欺。公生明，廉生威。"（下属并不会因为我严刻而畏惧我，他们畏惧的是我的清廉，百姓不会敬佩我的才能而是敬佩我的公正。公正的人百姓不敢轻慢小看，廉洁的人不会被官吏欺骗。公正带来清明，廉洁让人产生威严）古人曾将廉洁分为三种不同的层次："有见理明而不妄取者，有尚名节而不苟取者，有畏法律，保禄位而不敢取者。"（官员对道理是非看得非常明白而不过分获取；为了保持自己的名誉而廉洁奉公；因为害怕法律，为了保住官位而不得不廉）。其中，最高层次是"见理明而不妄取"，这是在理想信念和自我良好道德修养影响下的廉洁，他们因为明白修身治国的道理，因此能自觉做到廉洁。第二层次是为了维护个人的名声与形象，而不肯同流合污，从而保持廉洁。最低层次是为了害怕被查处，因而选择廉洁。除此之外，都不是廉洁。

三、老年人道德修养的主要方法

思想道德建设是社会主义精神文明建设的核心，是建设社会主义先进文化的重要内容。老年人多年来在党的教育和社会、单位、家庭的熏陶下，已经具备一定的传统美德和体现时代要求的道德观念，但是，也有少数老年人从工作、生产岗位退下来以后，由于不再重视道德修养，尤其是面对着新形势的变化，面对着各种思想文化的相互激荡，容易出现道德滑坡、失范等问题。为此，老年人需要加强道德修养。其主要方法如下。

（一）好学明理

明理即明白道理。《论语》中记载，孔子曾对子路说过：如果只是在主观上喜欢仁、智、信、直、勇、刚等品德，并不能真正获得它，只有通过"好学"，才能明确仁与愚、智与荡、信与贼、直与绞、勇与乱、刚与狂之间的差别。所以说，明理需要通过好学予以实现。

人的道德修养往往是和认知联系在一起的。人们往往首先要明确道德修养具有哪些内容、规范与要求，当前需要什么样的道德观，又为什么要提高道德修养，如何才能使自己成为一个合乎道德的人等一系列问题，以此为前提，才可能去践行道德修养。而这些问题又是与学习联系在一起的。这也正如古希腊所说"美德即知识"。在众多的知识中，伦理知识对于道德修养的提高更为直接与重要。只有掌握了伦理知识，才能懂得真、善、美，从而为自己的道德修养树立明确的目标。

首先,学习,既包括学习书本上的伦理道德知识,也包括学习实际中的道德知识。孔子曾说过:"三人行,必有我师焉。择其善者而从之,其不善者而改之。"(一起走路的几个人,其中必定有人可以做我的老师。我选择他善的方面向他学习,看到他不善的地方就引以为鉴,并改掉自己的缺点)所以说,理论学习固然重要,但实践出真知,现实中的道德榜样或典型比书本上的道德知识更为直观、生动,更容易有深刻的印象。其次,学习既包括学习原汁原味的传统美德,也包括传统美德在当前新形势、新时代背景的新内涵,即应对传统美德进行必要的创新性发展与创造性改造。再次,学习应持之以恒,坚持不懈,只有这样,才可能对博大精深的传统美德进行不断的理解、消化、体验。

（二）慎微自省

古人曾说过:"不虑于微,始成大患;不防于小,终亏大德。"(不虑及细小的东西,终会成为很大的隐患。不防范小的方面,终究会在德行上吃亏)所以人要见微知著。勿以恶小而为之,勿以善小而不为。对细微的事也应该小心谨慎,不做不合时宜的事,要积善成德、由小德变成大德。老年人增强道德修养同样应从小事做起,在每一件小事中、在细微之处修炼道德。这便需要老年朋友经常自我省察,即自省。

实现自省就要做到:

第一,内省。内省是道德修养的重要方法,孔子曾说过:"内省不疚,夫何忧何惧?"意思是说内心要不断地进行自我省察,这样就不会感到愧疚,也就不会有什么忧愁和恐惧。要"见贤思齐焉,见不贤而自省也"（看到贤人应该思考怎样才能也像他那样,而见到不贤之人就要反省自己是否存在和他一样的毛病）。正是通过这种反复的自省,才能使自己的行为不断符合道德的要求。

第二,自讼。孔子曾说:"已矣乎!吾未见能见其过而内自讼者也。"（完了,我还没有看见过能够看到自己的过失而又能从内心责备自己的人）由此可见,孔子对"能发现自己的过失而在内心自责的人"的渴望。自讼就是对自己的过错进行内心的自我批评,自己当自己的法官,实行道德上的自我审判。自讼与内省往往结合在一起,它们共同对自己行为以及品德是否合乎道德标准进行自我检查,对自己的行为动机与行为效果以及自身道德认识和道德价值进行自我评价。

第三,慎独。"慎独"既是一种道德自我修养的方法,同时也是道德修养所要达到的一种道德境界。慎独强调道德修养的自觉性。道德修养的关键就在于其自觉性,在于一个人能够出于自觉与自愿,为实现道德理想而恪守道德原则和规范,履行道德义务而进行自我教育、锻炼、改造。离开"慎独",谈不上道德修养。

(三) 身体力行

衡量人的道德品质,不仅要听其言而且要观其行。"纸上得来终觉浅,绝知此事要躬行。"(从书本上得到的知识终归是浅薄的,最终要想认识事物或事理的本质,必须自己亲身实践)只有亲身在实践中证明并体会到道德要求的正确时,才会把道德要求转化为自己的东西,并成为支配自我道德行动的力量。这就是对美德知识的身体力行。

身体力行要注意知行统一,言行一致。孔子对于知与行这两方面的关系,特别强调"行",他认为道德认识的真假与深浅,依靠道德的实践去检验和证实。道德要成于内而形于外,道德修养的高低见之于具体的实践行动。在《论语》中,孔子曾主张要"敏于事而慎于言"(做事要勤快敏捷,说话要谨慎),要"讷于言而敏于行"(君子说话要谨慎而行动要积极、敏捷),他反对那些言过其行的人,提倡要多干实事,少说空话。要说到做到,要"言必信,行必果"(说了就一定守信用,做事一定办到),做不到的事就不要说大话,他说:"古之言之不出,耻躬之不逮也。"(说话要谨慎,千万不要说了以后做不到。为了防止说大话,孔子建议"以先行其言而后从之",即不妨先认真做一做,做了以后再去说)总之,孔子要求言行一致而重于行的思想,对于老年人在道德修养方面提供了较好的启示。

(四) 改过迁善

人在生活、社会中总会发生一些违反道德规范的过错,在人与人的交往中也常常会出现一些不符合道德规范的过失,老年人虽然在道德认识与修养方面具有一定的基础,但也未能例外。在处理过失和改过的关系上,孔子强调要改过，他认为道德修养是一个不断发扬优点、长处和克服缺点、不足的过程，即改过迁善的过程。

人非圣贤，孰能无过。因此，孔子认为社会上不存在完美无缺的人，每个人都有一定的优点和长处，同时也不可避免地有自己的缺点和不足，克服缺点和发扬优点往往相辅相成。这里的关键在于如何对待缺点和不足，有的人有了缺点却竭力掩饰，正所谓"小人之过也必文"（小人对于自己的过错，总是想方设法说出一套理由，把过错掩盖起来）。还有些人有了缺点，却能光明正大，不但不怕别人知道，而且还虚心接受别人的建议，并加以改正。正所谓："君子之过也，如日月之食焉。过也，人皆见之；更也，人皆仰之。"意思是说，君子的过错，好比日食月食，他有过错，人人都看得见，他改正了，人人都敬仰尊敬他。孔子进而提出"过则勿惮改"（有了过错，就不要怕改正）的要求，还说"过而不改，是谓过矣"（过错却不加以改正，这才是真正的过错），"不善不能改，是吾忧也"（有错误却不能改正，这是我所担忧的）。

在改过迁善的过程中，既要正确对待自己的过错，也要正确对待别人的过错，要容许别人犯错误，对别人的过错要能谅解。孔子提出"既往不咎"，指的就是对已经过去的事就不要再去责备了，关键看他们现在的表现。

第五章
汉字与汉字文化

一、汉字的起源与历史演变

(一) 汉字的起源

汉字指记录汉语的文字，它总体上可以分为两大类：一类是通用汉字，即自夏商以来，社会通用以交际的汉字，如商周甲金文、现代汉字等；另一类是江永妇女字，又称为妇女字或女书，是在湖南省江永县等地妇女中流传的、世界上独一无二的女性汉字符号体系。我们通常所说的汉字是指通用汉字。闪耀着中华民族智慧的汉字经历了一段漫长的孕育与形成过程，走过6 000多年的历史进程。它是世界上最古老的文字，也是至今仍然在使用的文字。那么汉字究竟是从何而来的呢？关于汉字的起源问题，几百年来，中外学者各抒己见，争论不休，主要产生了以下几种观点。

1. 伏羲造字说

这种观点认为，中国的文字是由三皇之一伏羲发明创造的。如汉代的孔安国（西汉经学家，孔子的10世孙）在《尚书·序》中指出："古者伏牺氏之王天下也，始画八卦，造书契，以代结绳之政，由是文籍生焉。"（古代伏羲氏治理天下的时候，开始画八卦，造文字，用来代替结绳处理政事，因此产生了文章典籍）

2. 八卦说

这种学说认为，汉字由卦爻符号演化而来（爻，组成八卦的长短横道，一横道为阳爻,断开的横道为阴爻)。

在上古文献(如上面提到的《尚书·序》)中,已有将文字与八卦相提并论的观点。到了汉代,又有人将卦形混同于卦象,认为八卦分别为天、地、雷、风、水、火、艮、兑这八个字,晋人潘岳也认为:"结绳阐化,八象成文。"(扎起绳子来阐扬教化,用八卦形成文字)宋代的郑樵在《六书略》中首先提出"文字起于八卦"(文字发源于八卦)的观点。还把坎卦(☵)说成是"水"字的横写,离卦(☲)说成是"火"字的横写,把坤卦(☷)说成是"巛"字的横写。

3. 仓颉造字说

这种观点认为,汉字是由仓颉创造的,这是流传最为广泛的一种汉字起源说,可见之于诸多古籍。如战国时期的秦国相邦吕不韦主持编撰的黄老道家名著《吕氏春秋·君守》中提到"仓颉作书"(仓颉创造了文字);东汉许慎在《说文解字序》中写道:"黄帝之史仓颉,见鸟兽蹄迒之迹,知分理之可相别异也,初造书契。"(黄帝的史官仓颉看到鸟兽的足迹,悟出纹理有别而鸟兽可辨,因而开始创造文字)

4. 集体造字说

这是近现代学者多接受的一种观点。他们认为,文字是记录语言的符号系统,是社会辅助交际的工具,必须遵从约定俗成的规则,必须集全社会成员之智慧而创造,绝不是由某一个人所能造作的。如著名学者王国维说:"凡既有文字之国,未有能以一人之力创造一体者。"(只要是有文字的国家,还没有能凭借一个人的力量创造出一种文字系统的人)鲁迅先生也指出:"在社会里,仓颉也不止一个,有的在刀柄上刻一点图,有的在门户上画一些画,心心相印,口口相传,文字就多起来,史官一采集,便可以敷衍记事了。中国文字的由来,恐怕也逃不出这例子的。"

需要指出的是,虽然汉字并非仓颉一人创制,但仓颉可能确有其人,说他是黄帝的史官也不是毫无根据。因为按文献记载推算,黄帝时代大约在公元前二千五六百年,这与近人关于汉字起源距今五六千年的估计相差不多。所以学术界普遍认为,仓颉对早期文字的搜集、整理、推广有过较大贡献的可能性是存在的,因为这正是史官的工作职责。

上述关于汉字起源的不同观点，都是由中国的学者提出的。而一些西方的研究者持"汉字西来说"，如美国学者格尔勃·詹森认为古代的埃及文字、印度文字、汉字都是巴比伦苏美尔文字发展而来的。

（二）汉字的历史演变

我们能确定的最早的汉字系统就是殷代的甲骨文了，几千年来，脱胎于甲骨文的汉字经过了漫长的演变，形成了今天的汉字系统。

总体上看，汉字形体的演变过程，可分为古文字和今文字两大阶段，秦汉之际是这两大阶段的过渡期。秦以上为古文字阶段，该阶段的各体汉字，称为"古汉字"，主要包括甲骨文、金文、籀文（大篆）、古文（六国文字）、小篆；汉以下为今文字阶段，该阶段的各体汉字，称为"今汉字"，主要包括隶书、草书、楷书、行书。

1. 甲骨文

甲骨文大约产生在公元前 14 世纪的殷商后期，是刻在龟骨、兽骨上的文字。甲骨文大多记录了祭祀、征战等方面的占卜信息。殷商人对重大的事情都需要用龟甲或者兽骨进行占卜，咨询鬼神，然后把占卜的事情刻在甲骨上，并作为档案资料交给王室的官员保管。此外，甲骨文文献中也有少数记事刻录，记录了古人生活的其他方面，涉及天文、地理、疾病、农事等。

甲骨文作为一种文字体系，在文字形态和结构上都呈现出自己的特点。第一，甲骨文具有很强的象形性。甲骨文是用图画的形式来表现的，大自然中万事万物的形象都是商代人造字的源泉，可以说，每一个甲骨文字都是一个生动的形象或事物。第二，甲骨文字形不完整。商代的甲骨文还不成熟，字形尚未定型，甲骨文的书写也不像现代汉字一样那么有规律，同一个字有多种写法，造型不一，笔画不一，同一个字表现形式不但有正写，甚至还有倒写和侧写。第三，甲骨文遵循一定的造字规律。汉字的基本结构，如象形、指事、会意、形声、转注、假借等"六书"在甲骨文中都已具备。虽然商代人是用刻刀来造字的，但仔细观察字形我们能发现甲骨文讲究均衡、对称等形式美法则，字体呈方块形，给人一种稳定、平和、舒适的感觉。

2. 金文

金文比甲骨文稍晚出现，金文就是指铸在或刻在青铜器上的铭文。商周是青铜器的时代，青铜器的礼器以鼎为代表，乐器以钟为代表，"钟鼎"是青铜器的代名词，所以，金文也称为钟鼎文。西周时期是金文发展的鼎盛时期，后代学者将西周的金文大致分为早、中、晚三个时期。早期的金文线条有粗细的变化，偶有肥笔出现，字形大小不一，章法上有行无列。代表作有武王时期的《利簋》、成王时期的《禽鼎》等。中期的金文装饰性的点画基本消失，向线条画发展，布局上讲究行列有序。代表作品有孝王时期的《大克鼎》。晚期的金文点画由早期的粗细悬殊走向线条化，但字形相比早期和中期更加自由活泼，风格多样。代表作有厉王时期的《散氏盘》、宣王时期的《毛公鼎》等。

与甲骨文相比，两者有以下不同之处。首先，甲骨文和金文都有很浓的象形意味，但甲骨文的象形意味不及金文。这是由刻字的工具不同决定的，甲骨文以刀刻为主，金文多以铸造为主，所以金文笔画粗细多变，字形丰满，更能体现出文字的象形意味。其次，两者的创作方法不同。甲骨文的刻写比较随意，字形大小由笔画多少决定，字简则小，字繁则大，布局章法上参差不齐。早期的金文延续了这一特点，但到了后期，尤其是西周晚期，进入了金文大篆的成熟时期，字形演变得较为规整，大小统一，行款齐整，章法上下齐平，井然有序。

3. 小篆

小篆产生于秦始皇统一六国之后，当时，文字的差异给法令政策的颁布和实施带来了重重困难。秦始皇接受宰相李斯的建议统一文字。李斯对各诸侯国的文字进行收集、整理和删繁就简、美化加工，称之为"小篆"。由此，小篆就正式诞生了。小篆的诞生使得汉字的发展进入了一个新的历史阶段，汉字由此脱离了象形文字的痕迹，基本实现了符号化，部分汉字得以简化，字形和结构也开始规范定型。

小篆的特点从微观上来看具有以下特点。第一，笔画横平竖直，粗细一致，圆润均匀。所有的横画和竖画等距均匀。笔画以圆笔为主，圆起圆收，方中有圆，圆中有方。第二，平衡对称。空间分割均匀对称是小篆独有的魅力，小篆不仅左右对称，上下对称，字的局部对称，圆弧形笔画的角度也是对称的。第三，上紧下松。字体的上半部分多为小篆的主体，写得比较紧凑，下半部分多为伸缩的垂脚。小篆的特点从宏观上来看，同样具有相当深厚的文化意义。小篆对称、平衡、等距的特点蕴含着古人对自然宇宙规律的领悟，小篆圆转精妙的字形结构，体现着对人与自然界如何相处的理解。

4. 隶书

隶书起源于战国晚期，隶书是由篆书演化而来的字体。当时人们要在木简上用漆写字，很难写出圆转的笔画，为了提高书写速度，就将篆书中圆转的笔画改为方折，隶书由此而诞生。隶书的出现是中国汉字演变史上的历史转折点，使得中国的书法艺术进入了一个新的境界。

早期的隶书初具笔画特点，将小篆圆转的线条转化为直线或若干条直线的组合。在书写风格上追求文字的实用功能，字形竖长，笔势放松自由，出现了夸张的加长或加粗的笔形，结构较为松散，不对称。

中期的隶书笔画处于深化发展的阶段，早期的隶书线条变为笔画。字形由竖长变为扁方，有加长加粗的主笔，但不突出，字形匀称。同时，字的平直化和方折化增强。

晚期的隶书是成熟阶段的汉隶。在结构笔画上，呈现出典型的隶书结构，向点画化继续发展，笔形一波三折，蚕头燕尾。同时，字的平直化和方折化进一步加深。

5. 草书

草书萌芽于战国末期，形成于西汉中晚期，经历了隶草、章草和今草三个阶段，对隶书、行书、楷书都产生了重大的影响，在中国汉字的演变史中有着重要地位。

隶草阶段，字体在笔画形态、书写方法、字形结构上都与篆书有了很大的区别，为草书的形成做好了准备。隶草在字形快速书写的推动下，首先是逐渐形成了点画，然后开始运用减省连写。隶草阶段的使转笔形不发达，仅由连带相邻的笔画形成。隶草中有点画的连带和部件的连带。

章草阶段，点画和使转继续发展，强化笔画的波磔（zhé）特征，波磔特征成了传本章草的主要特征之一。章草的连带加强，隶草之中虽然有连带书写，但运用得很少，而章草的连带书写使用逐渐增多，章草字形也逐渐成熟。两汉的崔瑗、杜度、史游、张芝、瞿篃、罗晖、赵袭，三国吴的皇象，西晋的索靖，东晋的王羲之、王献之等，都是章草大家。元代的赵孟頫（fǔ）等，也擅长章草。现在能见到的章草碑帖主要有史游的《急就章》、汉章帝的《千字文断简》、张芝的《秋凉平善帖》、皇象的《急就章》、陆机的《平复帖》、索靖的《出师颂》、褚遂良的《黄帝阴符经》，以及赵孟頫的《急就章》等。

今草阶段是草书的成熟阶段。今草字体的形变包括以下几点，第一是点画上的呼应。点画的呼应使书写更流畅，为字形的进一步简省和字际连带奠定了基础。第二是字际连带的发展和成熟，字际连带是今草的重要特征之一。第三是使转连续性加强，将零散的点画连带书写，字形更加简洁，也让使转的连续性得到加强。存世今草，以王羲之、王献之父子的作品最为著名。

此外，唐代还产生了一种比今草更草率、更具随意性的字体——狂草（亦称"大草"）。其特点在"狂"，写起来如行云流水，龙飞凤舞，上下贯串，连绵不断，姿态万千，狂放不羁，可以任意简省笔画，可以纵情随意书写，诡奇诘诎，很难辨认。狂草体由唐代的张旭和僧人怀素所创，史上有"癫张狂素"之说。

6. 楷书

楷书，又名"正书"或"真书"，是汉隶经过长期演变逐渐形成的一种字体。宋无名氏《宣和画谱》中说："西汉之末，隶字刻石间杂正书。"（西汉末年，在隶书雕刻的石碑文中偶尔会掺杂着楷书）据此，人们多认为西汉末年已有楷书之萌芽。这种书体流行于魏晋南北朝，完全成熟于隋唐，一直沿用至今。

楷书的创始人为三国时期曹魏著名书法家、政治家钟繇（yáo）。他对后世书法影响深远，与王羲之并称为"钟王"。著名的楷书四大家分别为唐朝的欧阳询（欧体）、颜真卿（颜体）、柳公权（柳体）以及元朝的赵孟頫（赵体）。

楷书的基本特点在于它改变了隶书的波势挑法，笔法平稳，横平竖直，笔画清楚，方便易认；同时改汉隶的扁方字形为长方字形，字体端正秀丽。楷书的点画形态比隶书丰富，增加了斜勾［隶书用波磔（zhé）］、挑（隶书横画斜写)、折(隶书是横画与竖画的自然结合)等基本点画,而且每种基本点画的"个性特征"都比隶书鲜明。

从楷书开始,汉字的笔画形式和方块字形均已基本定型,成为历代正规使用的典范文字,也是当代报刊图书印刷用字的主要字体之一。

7. 行书

行书产生于东汉,盛行于魏晋,直到今天,仍是人们日常广泛使用的手写体。行书是介于楷书和草书之间的一种字体。早期的行书介于隶书和草书之间,现在常见的行书则介于楷书和草书之间。行书中楷法多于草法的叫"行楷"(也叫"真行""楷行"),草法多于楷法的叫"行草"或"草行",但是很难有一个截然分开的界限。

行书相传为东汉末年刘德昇(yú)所创,但他的行书字迹没有留存下来。传世最早的行书作品是钟繇(yáo)的《墓田丙舍帖》,但经翻刻,多失其真。西晋时,朝廷设书博士,以钟繇、胡昭的行书书法教子弟,行书书法因而盛行。此后,历代名家辈出,王羲之、王献之、欧阳询、虞世南、褚遂良、薛稷、李邕、颜真卿,以及宋代的苏轼、黄庭坚、米芾(fú)、蔡襄等,皆为行书大家。

行书是楷书的流动写法,与楷书比较,行书从造型到用笔都有自己的特点特征,表现在以下几个方面:在运笔上,省略笔画。行书为了书写方便,对楷书的某些部位或笔画进行简化,在不失原来字形、字意的情况下,或减省笔画,或合并线条。楷书要一笔一画、工工整整地书写,而行书则不同,是将笔画连起来书写的。在结构上,字体大小相兼、收放结合、疏密得体、浓淡相融。

二、汉字的性质与特点

(一)汉字的性质

所谓汉字的性质就是指汉字体系所归属的文字类型。关于汉字性质的问题,学术界讨论了近百年,但至今为止还没有定论。从已有的讨论结果来看,以下三点是大家的共识。

1. 汉字是一种自源文字

根据文字起源的不同，文字分为自源文字和借源文字两大类。自源文字是指不依傍其他文字而独立创造出来的文字。借源文字，又叫他源文字，是创设时借用或参照其他文字形体或系统而产生的文字。

自源文字历史比较悠久，古文明时代产生的中国的汉字、古埃及的圣书字、居住在亚洲西部的古美索不达米亚的苏美尔人的楔形文字和中美洲的玛雅文字等，都属于自源文字，其中只有汉字至今尚在。

2. 汉字是一种平面二维方形文字

根据文字构形（即每个"字"内部构成方式）的不同，文字分为一维线形文字和二维平面方形文字两大类。一维线形文字是由若干个代表音节的字母在一个维度上组合而形成的具有独立词义的文字，如英文；二维平面方形文字是指由若干个基本的文字在上下、左右两个维度上进行排列组合而形成的具有独立词义的文字，其典型代表就是汉字。

我国著名文字训诂学家王宁教授指出，就形体特点而言，汉字是在两维平面上构形的。早期汉字是由象形文字过渡来的，所以独体字大多是两维平面的，合体字也大多采用图形组合的方式构成，这种组合需要用上下、左右的相对位置来反映事物的关系，构形也就必然是一个两维平面。当汉字发展到以义组合、义音组合阶段以后，仍然保持了上下左右的两维方形。所以从文字构形特点角度来看，汉字是两维平面的方块字。

3. 汉字是一种表意文字

20世纪初，瑞士著名语言学家索绪尔认为，世界上只有两种文字体系，即表意体系和表音体系。在表意体系中，一个词只用一个符号表示，这个符号与词赖以构成的声音无关，而和整个词发生关系，因此也就间接地和它所表达的观念发生关系。在表音体系中，文字是要把词中一连串连续的声音模写出来。

汉字是表意体系的典范。它用形体直接显示意义（见形知义），各字体虽然具有一定的读音，但不能完全依据对字体的分析得到确凿的读音。

（二）汉字的主要特点

在长期的历史演变过程中，汉字形成了以下主要特点：

1. 历时总量多

汉字的使用历史悠久，伴随着数千年的文明演进、制度更替、语言嬗变，记录语言的汉字一层层叠加而成就了庞大的汉字群体。我国第一部字书《说文解字》收9 353字，加上重文的1 163字，共计10 516字。清代的《康熙字典》收47 043字，除去110个重见字，共计46 933字。1990年，徐仲舒主编的《汉语大字典》收54 678字。1994年，冷玉龙等人编的《中华字海》收字多达85 000个。

2. 共时用字量少

尽管汉字总量非常大，但是人们在一个时代的作品中使用的汉字数量并不大，特别是一部作品中使用的汉字量就更小了。比如，老子的《道德经》虽然总字数多达5 000多个，但用的单字量才824个；《论语》总字数为15 900多个，但单字量只有1 351个。现代白话文著作中，《毛泽东选集》单字量为2 981个，老舍的《骆驼祥子》单字量为2 413个，赵树理《三里湾》，2 069字。2013年6月5日，国务院同意并颁布的由教育部、国家语言文字工作委员会组织制定的《通用规范汉字表》中，收字8 105个，其中一级字表3 500个，而最常用字只有200多字。无论是古代人还是现代人，用汉字进行写作时，都可以在300字内做文章。

3. 结构复杂

所有的汉字完全靠形体进行辨别，字与字之间要有一定的形差度，这就必然导致汉字结构的复杂。比如，虽然汉字基本笔形只有5种，派生笔形25种，但如果从书写上看，汉字笔形有80多种。国家语言文字工作委员会于1997年12月1日发布的《信息处理用GB3000.1字符集汉字部件规范》对B13000.1字符集里的20 902个汉字进行了拆分，制定了《汉字基础部件表》，共包含560个基础部件。这些部件的组合方式非常多（有人分析了8 075个通用字，发现有250种组合方式），所以汉字的结构也就复杂多样了。

4. 具有超时空性

从时间维度上说，古今汉字字音的差别很大，但由于字义的变化比较小，而且两千年来字形相当稳定，没有太大变化，所以先秦两汉的古书今天一般人还能部分看懂。如果古书是用拼音文字写的，现代人就根本无法理解了。从空间维度上说,我国地域辽阔,不同地方语音差别很大,彼此不能交谈,然而,一旦写成汉字,就能互相理解。

5. 具有实用性

汉字的实用性主要表现在以下方面。第一,排列组合方便灵活。汉字既可横向从左向右排列,也可以横向从右向左排列,还可以纵向排列,从而使汉字适用于不同的场合和用途。第二,信息量大,便于理解。汉字是表意文字,可以见形知义,便于理解;汉字识记速度快,用纸量小(说明汉字信息量大)。有人研究发现,识别一个日本假名的时间是 0.3 秒,识别一个汉字的时间是 0.1 秒。联合国 6 种工作语言(汉语、英语、法语、俄语、阿拉伯语与西班牙语)形成的文件中,汉字文本最薄。第三,适合电脑声控操作。汉字发音音调清晰,便于声控计算机识别。在此基础上又有许多技术创新,如汉字语音输入系统、汉字语音转换系统等。

6. 具有艺术性

汉字在其发展历史过程中,形成了不同的构形,具有很高的欣赏价值,因此汉字本身就是一种艺术。汉字书法作为一种书写艺术,让汉字有了"生命"和"情感"。不同风格的书写,让人感受到作者的精神和个性,得到美的享受;在宋体字基础上发展起来的现代美术字,或工整大方,或活泼秀美,或清秀文雅,或简洁明快,或厚重有力……充分展示了汉字的艺术魅力。而汉字的印章艺术,通过书法、刀法、布局、字体的综合运用,散发着古朴精美的艺术特色。此外,用汉字写成的骈文、律诗中的对仗、古诗词的环读、回文、巧读等,都体现了汉字极高的艺术性。

三、汉字文化

汉字蕴藏着丰富浩繁的中华文化,包含了中华文化的智慧。在我们的文字里,凝聚着中华民族的人文精神、传统美德和传统哲学智慧。在汉字王国里,你能体会到中国人共有的仁爱与重礼,感受到中国人的浪漫与写意;通过汉字背后的故事,你能与遥远的中华民族祖先进行穿越时空的对话。

第五章　汉字与汉字文化

（一）汉字中的人文精神

汉字有着浓郁的人文精神。汉字中的人文精神是指汉字强调人的地位与价值，同时也强调人与客观世界的和谐统一。我们可以从以下几个方面体会到汉字的人文精神。

汉字是从人的视角出发观察并构建出来的。许慎在《说文解字·叙》中明确地说明了汉字构形的基本方向，就是"仰则观象于天，俯则观法于地，视鸟兽之文与地之宜"（仰头上观，察看天空的现象；俯首下视，细看大地的规律；观察鸟兽花纹同大地的合宜）。从这里我们可以看出，无论是天上的"象"，还是地上的"法"，又或是"鸟兽"，都需要从人的视角来观察，以人作为出发点来构建汉字。这种造字的视角彰显了人的地位与价值，体现了人文精神。

汉字中有许多字采用以人示物的方式来构形，也就是取象于人，用来表示人以外的事物。例如"大"字，其甲骨文的写法为"大"，字形像一个成年的大人，用表示具有"大"这个特点的"人"表示一般事物的"大"。如"天"字（甲骨文为"天"，小篆为"天"），《说文·一部》解释为"天，颠也，至高无上"（天是巅峰，没有比天更高的了）。《说文·页部》则释义为"颠，顶也"（天是顶点）。"天""颠""顶"的本义都指人的头顶，后来用指人头部的"天"表示自然界的天空。再如，"长"是长头发的"人"；"戍"是扛着戈的"人"；"并"是两个"人"并排；"坐"是两个"人"坐在地上；"女"是一个双手垂在胸前毕恭毕敬的"人"；"保"的本义是抚养，后引申为保护的意思，在甲骨文和金文中，"保"的字形都是旁边一个大人护养着一个孩子；"休息"的"休"，字形是一个人靠着一棵树；"企望"的"企"字形是一个人踮起脚尖直立的姿态。这些汉字都和"人"（甲骨文为"人"，小篆为"人"）有关，"人"字形直接入字。有些汉字以人体的部位入字。如以"目"为形的"眉"（甲骨文为"眉"，小篆为"眉"）字，像人眼上有眉毛；再如"看"（小篆为"看"）字，手放在眼睛上表示向远处看；以"耳"为形的如"闻"字，在甲骨文中"闻"字像人竖起耳朵听（闻）；以"手"为形的如"受"字，在甲骨文中"受"（受）

字是上下两只手表示给予和接受。这种造字的方式体现了人与客观世界的和谐统一，体现了人文精神。

据调查，在《现代汉语通用字表》通用的7 000字中，以"人"为偏旁的达250多个，"女"为偏旁的达130多个，以"口"为偏旁的达300多个，以"手"为偏旁的达280多个，以"心"为偏旁的达190多个，以"言"为偏旁的达150多个。这些数据让我们体会到"人"的地位与价值，感受到浓浓的人文精神。

（二）汉字中的传统哲学智慧

汉字中蕴藏着传统的哲学智慧，体现了中国传统的哲学观，与儒家的"以人为本"和"中庸"，道家的"道法自然""天人合一"和朴素的辩证思想是契合的。

汉字构形中蕴含着"天人合一"哲学思想，汉字既指人体的部位、特点和行为，同时也可以用来指物。也就是说，字属于人，也属于物。例如"首"字，本义是指人头，它也可以用之指器物的把柄或带头者，如"部首"的"首"。"元"字本义也是指人的"头"，后来"元"字引申为事情的开头或开端。

汉字体现出《道德经》中"道法自然"的哲学观。早期的汉字是对自然界的直接模仿。例如在甲骨文中，"日（☉）""山（⛰）""水（〲）"是对自然界事物形状的直接模仿，"牛（Ψ）"模仿牛的角，还有"龟、马、鱼、羊、鸟、虫、水、火、木、口、田、川"都是对自然界客观事物的模仿。

再如，"因"字（甲骨文为"⿎"，小篆为"囚"）。《说文解字》说："因，就也。从囗，大。"（"因"与"就"相通，有听从、跟随的意思。从囗，从大）"因"是会意字，它的造字原理是：人的活动是周围环境变化的原因。古人在与大自然斗争的过程中，他们的生活环境发生了变化。古人认识到，是人的行动产生了结果，人是自然的产物，在利用和改造自然环境的同时，也要顺应自然规律才能生存和发展。

中庸思想在汉字中体现得淋漓尽致。从字体的演变过程来看，从甲骨文、金文、篆书、楷书、草书、行书，汉字的字体逐渐向匀称、整齐、方正发展，楷书作为通用时间最长的字体，字形方正，笔画平直，这正好体现了中庸思想。

从汉字书法艺术的完整性与准确性特点中也能看到中庸思想的影子。书法艺术强调不温不火，过犹不及，书法风格虽柔美却无媚态，虽刚健却无霸气。此外，书法中的笔墨要精深洗练，不能太单薄浅俗。

（三）汉字中的传统美德

汉字也带有中华民族的传统美德色彩。例如"孝顺"的"孝"字最早见于商代，金文写为"𣥂"，像一个孩子搀扶老人，《说文解字》中说："孝，善事父母者，从老省，从子。子承老也。"（孝是好好善待父母。从老一辈做起，到你这一辈再做起。子继承老一辈的孝心）"孝"字的本义为尽心尽力地奉养父母。中国人讲究"百善孝为先"（孝敬父母是各种美德中占第一位的）。又如"俭以养德"（节俭有助于养成质朴勤劳的德操）的"俭"（小篆为"㑒"）字，左边是一个侧身站立的人，右边上半部分是一张倒立的嘴，右边下半部分是两个一模一样的人张着嘴说话，表示人前人后言行一致。《说文解字》中解释"俭"为"俭，约也"，可见"俭"字的本义就是对自己加以约束，后引申为节约、节省、不浪费、不放纵。"崇俭戒奢"是中华民族的传统美德，墨子说："俭节则昌，淫佚则亡。"（皇帝勤俭节约，国家就能繁荣昌盛；皇帝要是每天过着淫乱奢侈的生活，国家就会灭亡）诸葛亮在《诫子书》中有"静以修身，俭以养德"（以静思反省来使自己尽善尽美，以俭朴节约财物来培养自己高尚的品德）的观点，老子在《道德经》中有"一曰慈，二曰俭，三曰不敢为天下先"（第一是慈爱，第二是节俭，第三是不敢处在众人之先）。从这些例子中我们可以感受到，汉字蕴藏着中华民族的传统美德。

（四）汉字中的传统习俗

汉字也记录了中华民族的传统习俗，其中有不少习俗在继承中发展，直至今日还在日常生活中活跃着。

春节期间贴"福"字的习俗，是我国民间文化活动中一项重要的风俗。

《说文解字》中说："福，佑也，从示，畐声。"（福是恩佑的意思，从示部，发畐声）甲骨文中"福"字的写法就像双手捧酒的样子，表现出祭祀神灵，乞求祖先庇佑的含义。人们认为"贴福字""迎福神"可以招来好福气，新的一年就能幸福如愿。所以每逢新春佳节，家家户户都会张贴用红纸写的"福"字。这与"福"字"乞求祖先庇佑"的内涵是相吻合的。民间还有倒贴"福"字的习俗，寓意为"福到家门"。

汉字也记录了大量古代婚姻习俗的信息。徐中舒先生在《甲骨文字典》中说："上古有掠夺妇女以为配偶之习俗，是为掠夺婚姻。"这个旧俗在"妻"字中有所体现。"妻"字甲骨文写为" "，左部是一只手，字形整体像用手抢夺女子。后来，"妻"字用于表示女子长发的部件变成了"十"，又插入发中，就变成了今天的"妻"字。"娶亲"的"娶"，早期文献为"取"，"取"字的本义是"抢夺"。"娶亲"旧俗"劫夺婚"。后来劫夺婚不再流行，就在"取"的基础上加了"女"字。"婚"字原本写作"昏"，男女结亲是为"婚"，是因为古时结亲通常是在黄昏举行。

汉字还记录了人们的祭祀习俗。祭祀是中国古代政治和社会生活中的大事，是传统文化的重要组成部分，祭祀的各种习俗在汉字中也有反映。例如"祭"字的本义是"杀生以礼拜鬼神"。《说文解字》中说："祭，祭祀也。从示，以手持肉。"（祭是祭祀，从示部，用手拿着肉）"祭"字的甲骨文字形为" "，表示的是用手拿着一块鲜血淋漓的肉，放在祭台上进行拜祭。从"祭"字我们可以想象当时的祭祀习俗——人们用生肉来祭神。古时人们在祭祀时，除了向神灵献出礼物，还要辅以一定的言辞，祭祀时会有人专门负责在嘴里念念有词。我们可以从"祝"字得以证明。《说文解字》说："祭主赞词者。从示，从人口。"（祭祀时主赞词的人，从示部，从人口）"祝"就是祭祀的时候负责向神灵祷告祈福的人。"祝"字的甲骨文为" "，像一个人跪在祭台前，张大嘴巴向神灵祷告的样子。

第六章
中国古代文学

一、中国古代文学在中国文化中的地位与作用

（一）中国古代文学在中国文化中的地位

中国古代文学拥有 3 000 多年不曾中断的发展历程，在上古时期，文学就已经是百姓文化活动的一项内容，它最初以歌谣和神话的形式展现出来。中国古代文学与中国文化历史联系密切，前者需要在后者的背景之下讨论才更具价值。这是因为，中国古代文学本身即为中国文化中的一部分，中国文学是由中国文化创造衍生出的直接产物。中国古代文学凭借其生动且形象的方式展现出中国文化的基本精神，显现着中国人民情绪表达的基本特征。中国古代文学拥有自己特有的发展脉络，像唐代诗歌中对于本时代书画的描写刻画、结合了禅宗思想创作的宋代诗歌等，都契合朝代的文化背景，无论是诗歌、古典散文、戏曲，抑或是小说，这些内容大多都可以追溯历史，也能观察到它们在创作上的不断发展，这足以彰显中国古代文学的博大精深。中国文学伴随着中国历史文化的演进而不断前进，不同时代有着不一样的文学样式。中国古代文学以古代文字为载体，连接着文化，更是在中国文化中充满着生机活力，具备历久弥新的魅力。所以说中华民族的先人在时代文化背景下进行文学创作，中国古代文学就始终是中国文化中的一项重要组成内容。

（二）中国古代文学在中国文化中的作用

中国古代文学是数不胜数的前人所留下的智慧结晶，背后更是有中华传统文化作为支撑。文化传统与文学历史二者相互影响，共同传播发展。中国古代文学存在着"一代有一代之所盛"的特殊现象，文学艺术在每一个时代达成的巅峰成就难以被后人所超越。因此，中国古代文学需要我们将文学作品放置在当时的历史背景中进行解读，不同时代背景的文学作品都有其独特的历史烙印。通过阅读各式各样的文学作品，我们可以从中窥视千百年前古人的生活阅历，了解他们的思想、精神、文化等方面的积淀。正所谓"以史为鉴，可以知兴替"，它是个人层面上一生的生活感悟，是人文领域发展的探索记载，更是中华民族不断向前迈进的引路石。中国古代文学能够让我们发掘出中国优秀文化传统中的民族精神、时代精神，从而引导中华儿女培育正确的世界观、人生观、价值观。中国古代文学容纳了传统文化的精华内容，是传统文化中较易让现代人所接受的一种形式，同时也是全世界各国民众了解中国传统文化的一个可靠渠道。

二、中国古代文学精粹

（一）先秦的《诗经》与《楚辞》

1.《诗经》

《诗经》是我国第一部诗歌总集，是众多作者在辽阔地域下进行文学创作并经历漫长过程的积淀形成的文化成果，是我国古代现实主义文学的经典作品集，它的思想性和艺术性在中国，甚至是在世界都有极高的价值。《诗经》共收录了305篇诗，别名《诗三百》，它和《书》《礼》《乐》《易》《春秋》合称为"六经"，《诗经》分为风、雅、颂三大类。风包含15个不同地方的民间歌谣；雅分为大雅和小雅，其中的很多作品是由贵族或官吏完成的，是贵族或者朝廷宴饮的时候所使用的乐歌；颂多用于宗庙祭祀。

《诗经》的内容非常丰富，它可以作为一面镜子反映出当时的社会生活，其中的风和小雅中包含着最有价值、最真实的内容。这些诗歌凭借鲜明生动的形象、优美典雅的语言以及澎湃强烈的情感描绘出劳动人民一年四季的辛勤劳动,揭露出统治者在奴隶制度上剥削、压迫劳动人民的情景,讽刺了统治者的黑暗统治,与此同时也歌颂了劳动人民,还有一部分内容是描写青年男女的爱情;句式大多是四言,兼有长短句,自然变化又有错综复杂之美;词汇也非常丰富,叠字和联绵词的使用令诗歌更具表现力,如"关关雎鸠,在河之洲。窈窕淑女,君子好逑"(相和鸣叫的雎鸠,在河中的小洲栖息。贤良美丽的女子,是君子的好配偶)。《诗经》回环复沓的章法使得诗歌充满音乐的节奏美,形成了一唱三叹的艺术效果。

2.《楚辞》

"楚辞"是由屈原创造的一种新型诗体,兴于战国时期。"楚辞"具有鲜明的楚国地域色彩,汉成帝即位后,西汉文学家刘向将宋玉、屈原等人的作品和汉代仿写的作品汇编成册,即《楚辞》。楚辞首开中国浪漫主义诗歌的先河,对后世的诗歌创作、散文创作具有深远的影响。总体上中国古代文学中的意象多样、构思奇特、辞藻华美等诗歌特点都可以追溯于《楚辞》。

楚辞的代表诗人屈原是我国历史上一位具有重要影响力的浪漫主义诗人,《离骚》是他的代表作品。全诗一共373句,共2 490字,蕴含着屈原悲惨的人生际遇、崇高美好的理想以及忠君报国的热情,这是他将自己的生命熔铸而成的史诗大作。

《离骚》是诗人思想品格的集中反映,不仅深深地扎根于现实,同时也富有幻想色彩,诗歌中增添了大量古代神话和传说。屈原凭借丰富多彩的幻想,架起了理想和现实之间的桥梁,创造出一个奇特瑰丽的世界。基于《诗经》中所运用的比兴手法,屈原笔下的比兴手法有了进一步的发展,屈原赋予了花草树木、鸟兽虫鱼等自然事物以人的特征,充满了生命气息。"香草美人"这一意象便是屈原提出来的,指的是高尚的品德以及忠君爱国的思想,诗中的"惟草木之零落兮,恐美人之迟暮"(想到草木在不断地飘零凋谢,不由担忧着美人也会日益苍老)就很好地体现出这个定义。《离骚》一诗实现了思想性和艺术性的高度融合。

(二)汉赋

赋是在汉朝文坛兴起的一种介于诗歌和散文之间的文体,特点是韵散结合,专事铺叙,既有诗歌的整齐句式,又有散文的行文气势。历来说到赋,多是把汉赋视为正宗。著写汉赋的作家有很多，名声出众的还要数"汉赋四大家"，分别是西汉的司马相如、扬雄以及东汉的班固、张衡。

汉赋可分为骚赋、大赋、小赋。其中，大赋是汉赋的代表，它的创作手法影响着后来的诗词、戏剧以及小说。汉大赋一般由三部分组成：开头为"序"，交代文本人物问对的因由，以此引出下文；中间部分为正文，多是主客之间夸耀京都的壮丽、城苑的精美或者是极力描绘贵族们打猎歌舞的欢乐时光；结尾则是反映出作者的思想倾向，通常以一方对另一方拜服作结。汉大赋的篇幅较长，多在千字以上，语言的特点是辞藻丰富、铺张扬厉。内容题材多涉及描写城苑、京都、宫殿、山川等壮丽阔大的事物，以及展示帝王贵族们的政治、祭祀、军事、打猎等活动。汉赋往往以歌功颂德为思想主旨，宣扬国家的声威，歌颂帝王功德，也有对帝王的政治决策和他们的骄淫生活进行讽谏的部分，但通常是"劝百讽一"，意思是文本中鼓励部分的比例远远大于讽谏部分。

（三）唐诗

唐诗是我国古典诗歌发展的高峰，在中国浩瀚的文学长河中具有不可替代的地位。唐诗的数量成千上万，诗歌形式百花齐放，流派风格多样，这是其他朝代都无法与之相比的。唐诗的繁荣昌盛有多个原因：一是经济的快速发展，生产力得到了提高；二是政权对思想文化交流的兼容并包的态度；三是人才选拔制度的完善，科举选拔制促进了文化的发展；四是前人的诗歌文化积淀。唐诗的发展具有较为明显的阶段性，一般可以分为初唐、盛唐、中唐、晚唐。目前普遍认为唐诗的发展高潮在于盛唐和中唐。

1. 初唐诗坛

初唐时期的诗坛，基本上还被前代的宫廷诗所影响，多数诗人过分追求诗歌的华丽辞藻和形式，而轻视了诗歌的内容以及思想风骨，如绮丽婉媚的"上官体"便被当时的诗人所追捧。此时的王勃、杨炯、卢照邻、骆宾王被称为初唐四杰，他们锐意创新，一改当前诗歌创作的靡靡之风，并取得了一定成就。陈子昂凭借《登幽州台歌》享誉于世，张若虚的《春江花月夜》被誉为"孤篇盖全唐"，他还留下了《代答闺梦还》，虽然张若虚只有两首诗传世，但这两首诗都成为唐朝最具代表性的诗作。

2. 盛唐诗坛

盛唐五十余年，出现了众多诗派，如山水、田园诗派和边塞诗派。田园诗派专注描绘清新自然的田园，勾勒出轻渺淡远的意境，体现作者不与世俗同流合污、葆有内心品德的高尚情操。如孟浩然、王维，他们都是唐代创作了大量山水、田园诗的诗人。孟浩然的田园诗作品往往都能在平常宁静的环境表达自己的闲适心情以及自己对生活的美好向往，如《过故人庄》中的"故人具鸡黍，邀我至田家"（老朋友准备好了丰盛的饭菜，邀请我到他的田居里做客）。而王维的山水诗作品中的山川江河形象鲜明，气韵灵动，往往能描绘出一幅清幽明净的图景，苏轼评价其为"诗中有画，画中有诗"。如《山居秋暝》中的"明月松间照，清泉石上流"（明亮的月光映照在幽静的松林间，清澈的泉水在山间石头上淙淙流动）。

边塞诗派专注描绘奇伟瑰丽、宏伟壮阔的边塞自然景色，抒发自己愿意驰骋疆场、渴望建功立业的雄心壮志，表现出大唐帝国的繁荣昌盛以及唐代文人奋发向上的精神状态。像高适的《燕歌行》、岑参的《白雪歌送武判官归京》、王昌龄的《从军行》《出塞》等都是边塞诗作品。高适的边塞诗雄壮悲沉，如"战士军前半死生，美人帐下犹歌舞"（战士拼斗军阵前半数死去半生还，美人却在营帐中还是歌来还是舞），既流露出作者想要在边塞建功立业的壮志豪情，也表达出他对于边将骄奢淫逸、不恤士卒而使得前线战事失利的愤慨之情。岑参的边塞诗和高适的作品相比，岑参诗作的奇伟色彩会非常明显，如"忽如一夜春风来，千树万树梨花开"（忽然间宛如一夜春风吹来，好像是千树万树梨花盛开）。在岑参的笔下，边塞中的雪也是奇丽的，表现出浪漫主义的特点。

李白和杜甫是盛唐诗坛中极其耀眼的两位诗人，为中国古典诗歌史诗留下了宝贵的文化资源。

李白的壮年正当唐代昌盛之际，他文采极高，作品产出也多，诗歌题材多样，风格也多变，不仅有像《梦游天姥吟留别》《蜀道难》这样充满奇特色彩、用字精妙的诗作，也有如《静夜思》般言简意赅、意蕴悠长之作。李白是继屈原之后的又一杰出的浪漫主义诗人，他的诗歌重视抒发自己的主观感情，热情奔放，感情浓烈，大量运用想象和夸张的表现手法，文风清逸流畅。李白胸怀天下苍生，也渴望自己能在政治舞台上一展拳脚，希望能被赏识而得到重用，但他不趋炎附势、不愿意迎合权贵而屡遭排挤，为官之路十分坎坷。他有一句"安能摧眉折腰事权贵，使我不得开心颜"（岂能卑躬屈膝去侍奉权贵，让我不能够有舒心快意的笑颜）便是他不与世俗同流合污的真实写照。《行路难·其一》"长风破浪会有时，直挂云帆济沧海"（我相信总会有乘风破浪到来的时候，到时定要扬起船帆横渡沧海）一句突出表现了诗人对于追求理想的执着之心以及对人生前途充满了乐观的豪迈气概。

  杜甫主要生活在唐朝由巅峰往下走的年代，在颠沛流离、四海为家的困窘生活中，他深切地体会到黎民百姓生活的艰难，对百姓饱含同情，是一位有着家国情怀、心系黎民百姓的伟大诗人。他有着崇高的责任担当，他的诗风和李白的浪漫主义诗风有着明显的区别，杜甫优秀诗作的最大特色便是现实主义诗风，杜甫善于选择抓取典型人物、典型事件来进行叙事或描写，巧妙炼字，达到了"语不惊人死不休"的地步。杜甫擅长写作各种体裁的作品，加之风格多样，为后世的诗人留下了珍贵的诗作宝藏。安史之乱发生后，人民深受苦难，罪恶的战争在国土爆发，统治集团的残酷更增添了百姓的苦楚，大唐盛世的繁华一去不复返，杜甫以"三吏三别"，即《新安吏》《石壕吏》《潼关吏》《新婚别》《无家别》《垂老别》叙写出安史之乱百姓的百态，见证了大唐的没落之始。他的诗歌以沉郁顿挫为感情基调，语言精练，真实反映出社会现实生活，因此也有"诗史"之称，他本人也被称为"诗圣"。杜甫以忧国忧民为己任，无论是否关乎自己的切身利益，只要是涉及百姓，他都会表示出崇高的担当，如《茅屋为秋风所破歌》描绘了秋夜屋漏、风雨交加的困窘情景，真实地记录了草屋生活的一个小片段。结尾心生感慨，以自己的切身体会，由己及人，进一步把自己的困窘抛在一旁，设想出大庇天下寒士的万间房屋，表达出杜甫同情百姓、忧国忧民的思想感情。类似的诗句还有《春望》中的"感时花溅泪，恨别鸟惊心"（有感于战败的战局，看到花开而潸然泪下，内心充满了惆怅怨恨，听到鸟鸣而胆战心惊）等。

3. 中晚唐诗坛

中晚唐诗坛形成了两大流派，一是以元稹、白居易为代表的新乐府诗派；二是以韩愈、孟郊为代表的韩孟诗派。

新乐府诗派以新题写时事，美刺现实，白居易提出了"文章合为时而著，歌诗合为事而作"（文章应该为时事而著作，诗歌应该为现实而创作），白居易存诗有3 000多首，是唐代所存诗歌最多的一位诗人。他将自己的诗作分为讽喻、感伤、闲适、杂律四类。白居易诗歌艺术成就最高的是他的感伤诗，《长恨歌》和《琵琶行》是其中的佼佼者。《长恨歌》描写了唐明皇和杨贵妃的凄美爱情故事，情节曲折、跌宕起伏，语言流畅优美，融情于诗，别开生面。《琵琶行》描写了一位长安歌女人老珠黄后流落天涯的凄惨生活，同时也寄托了白居易官场不顺被贬的失意愁绪。白居易的诗歌语言平易近人、通俗易懂、淳朴自然，下到民间、上到宫廷都享有名声。

韩孟诗派诗风奇崛险怪，艺术表现力独树一帜。其诗歌所描绘的世界是怪异的、变形的，题材形象奇特、色彩诡谲，用字用词也"险"，注重造语炼字，常用生僻字、造拗句、押险韵，这是过去从未有过的风格，与盛唐诗歌所追求的阔大积极的诗境和同时期的元白诗派追求的平白务实截然不同。此外，韩愈的创作审美观念也很独特，"以丑为美"，不在约定俗成之美的框架中表现美，而是以怪奇为美，以光怪陆离为美。

晚唐时期藩镇割据，宦官弄权，朝廷朋党争斗的现象十分普遍，政治局面乱作一团，该时期的诗歌内容相较之前少了一些实质内容，诗歌更多的是抒发诗人自我的情思。在晚唐的诗人中，被称为"小李杜"的李商隐和杜牧两位最为出名。杜牧有自己的政治理想，但是由于刚直不阿的秉性被其他官僚排挤，官场上不得志。他的七绝诗艺术成就很高，他善于运用简约的形式来勾勒优美的诗歌画面，以此来抒发自我的情思，其中的咏史类和写景类作品较为出众。如咏史类的《赤壁》，描绘的图景看似平淡，实为不平，沙里埋藏着断戟，点出此地的悠长历史，暗含岁月流逝、物是人非之感；后两句则是将周瑜在赤壁之战的胜利归因于偶然的东风，借助史事来抒发自己内心的抑郁不平之气。

李商隐擅长七律和七绝，抒情细腻缠绵，构思新奇，风格秾丽，善于发掘内心深处的思想，着眼于历史典故、经验教训来讥讽时事。他所作的多篇无题诗广为人知，传诵度高。无题诗大多以男女相爱为题材，意境缥缈，辞藻精丽，读来只觉得荡气回肠。如"相见时难别亦难，东风无力百花残"（相见很难，离别更难，在这东风无力、百花凋谢的时候更难了）、"沧海月明珠有泪，蓝田日暖玉生烟"（大海里映照的明月像是眼泪化作的珍珠，只有在彼时彼地的蓝田才能生成像是生烟似的好玉）等。

（四）宋词

词来源于民间，在唐朝开始流传，在两宋时期达到高峰。两宋出现了数不胜数的词人以及各种风格的词派，后世难以为继。词，即歌词，曾被称为"曲子词"，词是一种可以伴曲而唱的诗体，曲子有其一定的音律和节奏，而这些音律、节奏的总和便是词调。词和调之间的关系可以是"按词制调"，也可以是"依调填词"，曲调便被称为词牌，其通常会依据词的不同内容来制定。词牌是一首词的词调名称，如《卜算子·咏梅》，"卜算子"是词牌名，"咏梅"则是词的标题，一般来说，词牌通常也决定了词的平仄规律。一首词通常会分为两段，从上往下分别称为上片、下片或者是上阕、下阕。多数词的句式长短是不均的，押韵也会有变化，二字、三字、四字、五字、七字等句式都有。

1. 北宋词坛

北宋前期的词是由之前的花间词发展起来的，内容多关乎女子的服饰装扮、体态容貌，辞藻华丽、色彩缤纷、题材窄小。晏殊、晏几道和欧阳修是北宋初期词坛的3位著名词人。晏殊少年得志，一生都爱好文学，他的词作主要抒发歌乐宴饮时以及惋惜时光匆匆流逝的愁绪，词风典雅清丽，音调和谐。他的《浣溪沙·一曲新词酒一杯》是广为传诵的名篇。晏几道是晏殊的第七子，与晏殊合称为"二晏"，他的词作多描绘青楼歌女，沿袭了花间词的稠丽词风，大写男女之情。欧阳修作为当时的文坛领袖，虽然也涉及相思爱情的题材，但是他转向深入刻画内心，反映出诗人的思想感情，是对词的传统题材以及表现手法的突破，积极影响着词的发展。

柳永在宋词发展中占据重要地位，他以毕生精力作词，他的词作主题集中在描绘城市风光以及歌妓生活，受到了当时文人雅士的蔑视嘲讽，但是却受到了歌妓和市民的追捧。他的词作语言通俗浅显，音节朗朗上口，在结构方法上善于层层铺叙，构思巧妙。他创作出了大量的慢词，为慢词的发展做出了不可磨灭的贡献。慢词是一种按照慢调来填写的词，节奏较为舒缓，字数较多。《雨霖铃》《望海潮》等作品都是柳永非常出色的慢词。

苏轼是宋代文学杰出的代表之一，他的创作涉及诗、词、散文，在这些方面苏轼都取得了很高的成就。苏轼的词独树一帜，他被公认为是豪放词派的开创人。苏轼在柳永词体改革的基础上再一次对词体进行了改革，扩大了词的表现功能。他在词作中融入了自己对人生的理性思考和积极乐观的信念，开拓了词境，提高了词的文学地位，改变了词的发展方向。苏轼的代表词作有《蝶恋花·密州上元》《水调歌头·明月几时有》等。

2. 南宋词坛

南宋有一位中国文学史上最重要的女性文学家，她就是李清照，号易安居士。李清照出身于书香门第，生活条件优渥，她从小就在良好的家庭环境中阅读学习，为她未来的文学创作打下了坚实的基础。她的前期词作多写其日常生活，后来，金兵入据中原，她也因此被迫在南方流亡，困窘孤苦，后期词作的风格情调充满了感伤，但成就最高的也是她的后期词作，如《声声慢》"寻寻觅觅，冷冷清清，凄凄惨惨戚戚"（苦苦地寻寻觅觅，却只见冷冷清清，怎不让人凄惨悲戚）。层层的铺叠渲染，表现了她寂寞愁苦的心境。李清照被归为婉约词派诗人一列，她的词作风格婉转柔和，语言清新，于平淡中见浓烈，在宋代词坛上独树一帜，词作又被称作"易安体"。

南宋后期的辛弃疾也是一位杰出的词人，他胸怀天下，渴望朝廷能够收复失地，向朝廷提出了诸多建议，但是朝廷不予采纳，其他官僚还对他进行打压排挤，使他没有办法施展自己的政治才能。因此他只能把一腔热血寄托于词作抒发出来，辛弃疾创作主题多是抗金复国，他继承了苏轼豪放一派的词风，风格沉雄豪迈，善于化用典故，扩大了词境，其中不乏像《永遇乐·登京口北固亭怀古》这样悲叹英雄失路、壮志未酬的优秀词作。

（五）元曲

元代正统诗文逐渐衰落，新兴戏曲繁荣发展，元曲是元代文学创作的主流。元曲是由原来的"蕃曲""胡乐"发展而来，它起初在民间广泛传播，被当时的人们称作是"街市小令"或"村坊小调"。在元朝入主中原取代宋朝以后，元曲也就在大都（即今北京）和临安（即今杭州）为中心的较为发达的地区流传开来。元曲不仅是文人士子抒怀咏志的工具，而且也为当时的民间百姓提供了一种新颖的、接地气的、喜闻乐见的艺术形式。

元曲的格律要求十分严密，它每一个曲牌的字数、句式以及平仄方面都有其固定的格式要求，但它也保留了一定的灵活性，允许在固定的格式中加上衬字，某些曲牌还可以增，甚至连韵脚也允许平仄通押。元曲分为散曲和杂剧两类，而散曲又可细分为小令和套数两种。在元代，南方还有另外的一种戏曲形式——南戏，它是经由南方音乐和南方语言相融合的戏曲样式，最初流行于浙江温州一带，因此南戏也被叫作温州杂剧或者是永嘉杂剧，《琵琶记》便是一篇优秀的南戏著作。

杂剧是元代文学创作的主体，同时也是元代文学创作的代表。当时优秀的元杂剧作家创造出了一批广为流传的作品，至今仍在民间流传。当时最为出名的"元曲四大家"，即关汉卿、马致远、白朴、郑光祖。他们的代表作品分别是《窦娥冤》《汉宫秋》《梧桐雨》《倩女离魂》。

《窦娥冤》讲述了一个"冤案"，窦娥在小时候就成了别人的童养媳，在她的丈夫去世以后，无赖张驴儿想要霸占窦娥，给蔡婆下毒，要挟窦娥嫁给他，却没想到蔡婆把下了药的羊肚汤给了张驴儿的父亲喝，导致其当场毒发身亡。张驴儿怀恨在心，以此事到官府诬告窦娥，官府对窦娥和蔡婆进行了严刑逼供，窦娥不想蔡婆承受苦楚，主动含冤承认是自己下的毒，招了供。贪官知府便给窦娥判决斩首示众。窦娥在行刑前许下三桩誓愿：血溅白绫、六月降雪、当地大旱三年。誓愿在窦娥死后一一实现。窦娥以鬼魂的形态现身向通过科举考试后得任廉访使的父亲陈述此事，最后窦父重审此案，为窦娥申冤。《窦娥冤》的人物个性十分鲜明，语言通俗易懂、朴实生动。

《汉宫秋》讲的是西汉元帝受到匈奴威胁，将自己的爱妃王昭君送出边塞和亲以换取边境和平的故事。汉元帝因想充实自己的后宫从民间选美。王昭君是一个十足的美人，但她不肯贿赂宫廷画师毛延寿，而被毛延寿记恨在心，特意在图画上画丑，因此她在入宫后独处冷宫，不得见龙颜。汉元帝偶然见到了昭君，十分喜爱，便封她为明妃，要将毛延寿斩首。毛延寿逃至匈奴边境，让单于向汉王索要美貌的昭君为妻。元帝虽然也舍不得将昭君送出去和亲，但昭君愿意为民族大义而牺牲自己。单于得到王昭君后十分愉悦，率兵离开。王昭君放不下家乡的土地，在两地交界处的黑龙江里投水逝去。本文抒发了作者极力反对民族压迫的思想感情，因此，这个剧本富有现实意义。

《梧桐雨》叙写了安史之乱前后唐明皇与杨贵妃的凄美爱情。因为感情深刻，贵妃与明皇在长生殿对星互相发誓，愿生生世世为夫妇。但好景不长，安禄山谋反的消息传到，明皇带着贵妃匆忙出逃。驻扎到马嵬驿时，军队出现了骚动，龙武将军陈玄礼逼迫明皇诛杀杨国忠与杨贵妃，杨贵妃最后被缢死。军队得到了满意的处置，便继续保护明皇的安全。肃宗收复京都后，太上皇（明皇）对贵妃追思不已。在一个晚上，明皇在梦里和贵妃相会，却被梧桐雨所惊醒，更是感到惆怅万分。《梧桐雨》中的语言十分华美，有诗词的韵味在里头，且融入了深切的情感，令人动容。

《倩女离魂》讲述了张倩女与王文举的爱情故事。他们曾在父辈的商讨下指腹为婚，王文举长大后，想要履行当初长辈指腹为婚的约定。倩女的母亲嫌弃文举还没有考取到功名而不让两人成婚，文举只得只身一人上京赴考。此时的倩女对文举充满了忧思而卧病在床，神奇的是倩女的魂魄飘然离体，追赶上了文举，并和文举共同进京。后来文举状元及第，衣锦还乡，倩女魂魄回到了她的肉体当中，最后文举和倩女终于完婚。《倩女离魂》中的爱情故事浪漫主义色彩极浓。文章叙写了女子被封建礼教压制的痛苦，一方面，倩女的魂魄象征着女性对爱情的憧憬与追求；另一方面，在魂魄离开肉体的阶段，此时的她魂魄冲破了封建礼教的压制，但她仍然担心文举会不会另娶高门，肉体也还在受着忧思的苦楚。

(六) 明清小说

明代小说是在宋元时期的说话艺术的基础上得以发展而形成的文学成果，也是从明代开始，小说的文学形式已经开始展示出它本身的文学价值以及它对于社会的影响力。到了明代中叶以后，一些有着进步思想的文人对小说表示出足够的关注，他们从理论的层面上给予了小说高度的评价，这就意味着小说打破了正统诗文的垄断地位，取得了能与唐诗、宋词、元曲相提并论的文学地位。

1. 明代"四大奇书"

"四大奇书"是明代小说创作具有重要影响力的作品,"四大奇书"即《三国演义》《水浒传》《西游记》《金瓶梅》四本小说,这些小说也影响着后来的历史演义、英雄传奇小说、神魔小说和世情小说等创作流派的发展。

《三国演义》全书以黄巾起义为叙述起点,以西晋统一结尾,描绘了公元184年到280年间将近一个世纪的历史画卷。小说以魏蜀两国之间的矛盾为中心,以魏蜀吴三国之间的矛盾斗争为主线来展开故事情节,形成了一个宏伟阔大又精密严谨的结构。《三国演义》为古典小说贡献了诸多个性鲜明的人物形象,在人物塑造的层面上可以说是取得了很高的成就。而在对人物进行描述时,作者运用了夸张、烘托、对比等手法来表现人物的性格特点,也显示出作者极高的语言艺术造诣。

《水浒传》是施耐庵在明初时创作的一部章回体小说,是我国文学史上第一部描述农民起义的小说,整本书围绕着"官逼民反"这一主线展开故事情节:一群不堪忍受暴政欺凌所以才揭竿而起的"好汉"被逼上梁山,直至最后接受了朝廷的招安而昭示着这一次起义的失败。小说成功塑造出一个又一个性格鲜明的英雄人物,这是这部小说具有光辉艺术成就的重要因素。对于同一个人物,在不同的环境中,作者根据他们当时的经历以及身份的不同来表现他们不一样的性格特点,因此所描绘出来的人物更能给人以真实感,是有血有肉的。《水浒传》的文本语言具有口语化的特点,通俗易懂。

《西游记》是吴承恩在明朝中叶完成的一部中国神话小说,它是中国神话小说中的佼佼者。《西游记》的基本艺术特征是小说文本里充满了浓郁的浪漫主义色彩,作者幻想出一个脱离常规的超自然世界,在这个世界里,神话人物、人物所使用的法宝以及人物身处的环境大多能从现实中找到原型,可以说是基于现实的状态下,给予这些事物更多的可能性。在各式各样的神魔形象的塑造上,既表现他们和普通人不一样的神性和动物属性,又能从这些形象中找出人物各自的独特个性。像是孙悟空,他灵活机敏、顽皮好动,带有猴子的特点;另一方面,孙悟空神通广大,会"七十二变",有"火眼金睛",还有神器"定海神针",既有现实世界的基础又有不存在于现实世界中的奇妙想象,使得作品既有瑰丽的幻想色彩又带有细节的真实性。

《金瓶梅》是我国第一部由文人独创的长篇小说,被称为四大奇书之首,署名为兰陵笑笑生。全书从土豪恶霸西门庆的发迹到最后的家族衰败为中心线,从多个方面描绘了上自封建权贵、下至市井无赖所构成的一个黑暗世界。作者出色地塑造出具有鲜明特色的人物形象,像是"害死人还要看出殡"的狠毒地痞西门庆以及泼辣淫荡的潘金莲等,这些人物都描写得十分生动,入木三分。作者把复杂的故事情节有序地整合起来,语言明快简约、活泼生动,展现了作者卓越的文学功底。

2. 清代小说

到了清代,小说创作更是得到了进一步的发展,登上了又一个高峰,和明代小说相比,清代小说和社会政治的关系更加紧密,蒲松龄的《聊斋志异》已经到达了中国文言短篇小说的顶峰,被誉为中国文言短篇小说之王,集志怪、传奇之大成。吴敬梓的《儒林外史》是现实主义讽刺小说的典范。曹雪芹的《红楼梦》则是达到了中国古典小说的巅峰。

《聊斋志异》里有许多故事歌颂了爱情,反对了封建礼教对青年男女恋爱的压迫,也有揭露腐败黑暗的社会政治对平民百姓的残酷压迫,以及批判腐朽的科举制度对读书人的戕(qiāng)害。蒲松龄运用自己丰富的想象力构建出曲折离奇的故事情节,文中有较多篇幅在描写狐魅花妖以及幽冥世界,又以狐鬼幻化的人物为多,他们有着人类的思想感情,也有着人类的言行举止,但他们也有人所没有的神奇魔法。这种"人"和"非人"的结合给人以生活的真实感受,同时也营造出一个迷幻虚妄的艺术氛围,在创作风格上实现了浪漫主义和现实主义的结合。在语言层面上,蒲松龄在运用文言的同时也吸收了当时的方言口语,使得文章通俗易懂。

《儒林外史》里有一批认为"学而优则仕"的读书人,他们把读书当成敲门砖,为了功名,为了财富,他们可以忘我地读书,可以从孩童时期考到年迈,只有一个目标,那就是要考取功名,光宗耀祖;书里还描写了一些贪官污吏,为了从百姓身上搜刮民脂以满足自己的私利,他们不惜牺牲百姓,却还高谈着"三年清知府,十万雪花银"。以封建社会中的知识分子作为主要的描写对象，以批判腐朽扭曲的科举制度为中心，对利欲熏心的文人士子、昏聩的官僚、卑鄙虚伪的名士以及整个封建礼教制度下灵魂扭曲的人民百姓等进行了抨击和讽刺。作者擅长借助故事中的典型情节，尖锐直接地揭露出社会矛盾。文本语言准确独到、生动形象，讽刺效果出众。《儒林外史》由多个单元共同组成，其中的每一个单元彼此之间可以联系起来，但它们又可以单独存在，这样特殊的长篇结构对后世的小说创作也有一定的影响。

《红楼梦》以贾、史、王、薛四大家族由盛到衰的过程为背景，以贾宝玉和林黛玉之间的爱情悲剧为主线，但它完全打破了才子佳人的固定创作模式，不仅写出了宝玉、黛玉之间的爱情悲剧，更以他们的爱情悲剧串联起了四大家族的兴衰，向腐朽黑暗的封建制度敲响了一记警钟。宝玉是小说的核心人物，他不喜欢阅读圣贤经典，也不走寻常读书人的仕途道路；他不看重长幼嫡庶，也反对传统的男尊女卑的观念，在当时可以说是一个"异类"。林黛玉由于自身性格的敏感多思以及寄居于贾府的处境从来不会规劝宝玉要功成名就，这也是他们感情和谐的最重要的基础，因此说他们之间的爱情区别于传统的才子佳人模式。但封建礼教绝对不会允许跳脱于控制范围内的自由恋爱，更不用说是带有叛逆性质的爱情了，因此宝玉和黛玉的爱情注定以悲剧收尾。作品还描写了贾府里的各种日常事件，刻画出各式各样的人物形象，同时也展现出人与人之间的复杂关系。此外，作者还深入人物的内心世界，根据他们的身份以及社会背景来描摹他们的性格特点，从而让读者更为直观地感受到封建社会政治、经济、精神文化等方方面面的整体形象，充分暴露出封建社会制度的黑暗腐朽。作者善于结合人物的社会背景，通过细节和言语描写从多个角度来描绘人物形象，《红楼梦》虽然以爱情为主线，但却以家族兴衰的整个过程为背景，反映出整个社会的崩塌，将其中的各种矛盾穿插起来，形成了一个和谐的整体。

第七章
中国古代科技

一、中国古代科技的发展历程

在漫长的古代文明进程中,中华民族在科技领域群星璀璨,中国古代科技在相当长的历史时期居于世界领先地位。总的来说,中国古代科技经历了以下五个演变时期。

（一）萌芽期

人类从诞生之日起,便在历史长河中找寻着未来的方向。几百万年前,刚刚能够直立行走、生活在黄河和长江流域的类人猿,为了生存的需要开始制造工具。而作为大自然中的个体,为了求得生存,华夏儿女也在与自然界进行着斗争。为了改善生活水平和提高生命质量,人类在同自然界的斗争中获取了不胜枚举的发现,而工具的产生为人类开启了一扇通往科技文明的大门,这便是中国人科技发明创造的开端。

（二）成形期

春秋战国时期是我国古代科技文化初步形成体系的时期。伟大的科学家们都专注于自己的研究领域,为后世留下了极其宝贵的精神财富。到了秦汉时期,国家统一,生产发展,促使中国古代科技进一步发展,这一时期更是奠定了中国古代科技在世界上的领先地位。中国古代第一部比较完整的历书《太初历》就是当时世界上最先进的历法之一。另外,我国关于太阳黑子记录的出现时间比欧洲早了1 700年。这一时期，中国发明、改进和外传了造纸术，对世界文明发展做出了巨大的贡献。

（三）发展期

魏晋南北朝时期，中国科技发展的特点可以总结为承上启下，继往开来，科技成就突出。如祖冲之的圆周率推算、贾思勰的《齐民要术》、郦道元的《水经注》等都是中国古代科技飞速发展的表现。隋唐时期，科技已经领先于世界，出现了空前的繁荣，雕版印刷术和火药被发明，僧一行制定了比较成熟的历法《大衍历》，还首次测量了地球子午线的长度，同时期还出现了《唐本草》《千金方》《四部医典》等药物著作。

（四）兴盛期

宋元时期是我国古代科技发展的高峰，这主要归结于封建经济、农业的进一步发展，它们的进一步发展也促进了天文历法的进步，产生了"十二气历"和《授时历》。同时，文化的繁荣促进了活字印刷术的发明，这比欧洲早了400多年，海外贸易的发展推动了指南针的应用，民族政权并立，战争不断，也促进了火药武器的发明和改进。

（五）衰微期

明清时期，商品经济发展，君主专制空前强化，封建社会矛盾日益尖锐，中国传统科技仍然走在世界前列，出现了《本草纲目》《农政全书》《天工开物》等总结性的科学巨著，但与欧洲自然科学成就相比，已逐渐落后于西方。

二、中国古代四大发明

中国古代最具代表性的科技成就莫过于造纸术、印刷术、指南针和火药了，我们往往称之为中国古代四大发明。它们对中国古代政治、经济、文化的发展起到了重要的推动作用，也对世界文明发展史产生了巨大的影响。

（一）造纸术

在纸发明以前，人们把文字刻在乌龟或野兽骨头上。后来人们开始用刀刻，或用天然漆、墨写在木片和竹片上，但是制成的书都特别笨重。到了春秋战国后期，人们开始用丝织的绢来写字。这种"帛书"虽然方便，但价格太贵，一般人根本用不起。经过长期的探索和实践，人们终于发现了用蚕丝、麻绳头、破布、旧渔网等废旧麻料可制成植物纤维纸。1957年，在陕西省西安市灞桥出土了迄今为止世界上最早的植物纤维纸，经考证其为汉武帝时期的遗物。

东汉宫廷掌管御用手工作坊的官员蔡伦总结了西汉以来的造纸经验，改进了造纸术。他利用树皮、碎布、麻头、旧渔网等原料，经过挫、捣、炒、烘等工艺，制出了优质纸张，后来受到皇帝的称赞，因此也称为"蔡侯纸"。到了魏晋南北朝时期，不仅出现了用藤皮、桑皮做原料的纸，还发明了活动的竹帘捞纸的新设备，并在加工制造技术上加强了碱液蒸煮和舂捣，改进了纸的质量。一批名纸也开始产生，如安徽皖南用树皮和稻草制造的宣纸，江西、福建的连史纸、手边纸、表蕊纸，贵州、云南的皮纸等，都是著名的纸张。

宋应星所著的《天工开物》详细叙述了当时造竹纸的工艺过程：在芒种前后登山砍竹，截短至1.7～2.3米长；在塘水中浸沤100天，加工捶洗后，脱去表壳和粗皮；再用石灰化汁涂浆放在桶中蒸煮8昼夜，歇火一日，去掉杂质，再放回坑里发酵后，用石碾碾碎；然后加水成纸浆，放在槽里，用竹帘子绷在木框上，从纸浆面上荡过去，竹帘上便留下一层纤维；把竹帘铺在压榨器上，取下竹帘，这层湿纸便落了下来。湿纸积了厚厚的一堆，把水压出，再烘干，切成一定的尺寸，这就成了成品纸。

在3至5世纪，中国的造纸术先后传入越南、朝鲜、日本等东亚国家。公元751年，高仙芝率唐朝军队与阿拉伯人打仗，由于战争失利，许多士兵被俘，就这样，中国的造纸术就传授给了阿拉伯人，阿拉伯人又将其带到埃及、摩洛哥、西班牙以及欧洲的其他地区。到16世纪，纸张已流行于全欧洲，彻底取代了传统的羊皮和埃及莎草等，成为全世界通用的文字书写材料。

（二）印刷术

纸推广应用以后，手工抄书的问题日益突出。受古代印章盖印和拓印碑石技术的启迪，中国诞生了最初的雕版印刷术。其仿照印章的制作方法，选便于雕刻的梨木、枣木，将文字反写雕刻在上面，然后将墨刷在雕版上，白纸覆盖，施力轻压，而后揭起纸张，就印成了一页白纸黑字的书。现存最早的有明确纪年的印刷物，是在甘肃敦煌千佛洞发现的一本唐代印制的《金刚经》，它不仅是世界上现存最早的雕版印本书籍，也是世界上第一部有插图的刻印本。

雕版印刷术的发明虽然是一个大的进步，但木版画印出书后，除了再版就不再有用，要印刷别的书，就得从头刻起。因此，雕版印刷术费时费材费力，局限性很大。正是在这一情形下，宋代的布衣毕昇发明了活字印刷术。他用胶泥制成泥活字，一粒胶泥刻一字，经过火烧变硬。事先准备好一块铁板，将松香、蜡以及纸灰等混合在一起放在铁板上。铁板上再放一铁框，在铁框里排满泥活字，排满一框后即放在火上加热，松香、蜡、纸灰遇热融化，冷却后便将一板泥活字都粘在一起。再用一块平板将泥活字压平，一版印完，将铁板放在火上加热，松香和蜡熔化后即可取下泥活字，以备再用。为了提高效率，还可以将两块版面交替使用，一版印刷，另一版排字。第一版印完，第二版又已排好，印刷速度相当快。同时又准备好几套泥活字，可以重复使用。活字印刷技术的发明改善了雕版印刷的不足，大大促进了古代文化的传播和发展。

元代著名科学家王祯创制了木活字，他先把字样糊在板上雕刻，字和字之间稍微隔开，雕成以后，用细齿小锯把字一个个锯下来，切成四方形。再拿小裁刀四面修理，使得每个活字都合乎标准，大小高低相同。然后分门别类，排在一只可以转动的像圆桌面那样的排字盘上。每个字编了号码，由一个人看着文章喊字的号码，检字的人便根据号码把字检出来，因为字盘是转动的，所以检字的人用不着来回走动。一篇文章的字检齐后，就把木字嵌在木框内，行与行之间嵌进竹片，把字扎紧，校对以后，就刷上墨汁开始印刷。这种印刷方法，印三五本显不出简便多少，如果印上几百本、上千本，就显得快多了。而在王祯以后，已经有人用金属材料制成活字。

中国的印刷术在唐代传到日本，大约在12世纪前后，雕版印刷术传到波斯以及埃及，由此西传到了欧洲。活字印刷术最初于14世纪传到了朝鲜，朝鲜在木活字基础上创制了铜活字。15世纪，欧洲开始有了活字印刷。活字印刷的推广,使得文化与思想的传播进入了一个新的阶段,人类的历史也由此进入了新的一页。

(三)火药

所谓火药是指将硝石、硫黄和木炭三种物质按一定的比例混合在一起,这种混合物只要遇上火或撞击,就立刻起化学变化,所产生的氧化还原反应迅猛进行,放出高热,同时产生大量气体。如果把它包裹在密封的容器里,燃烧时,由于体积增大到原来体积的一千倍,就会产生强烈的爆炸,从而产生爆破、伤人的效果。

火药的发明起源于炼丹术。在中国历史上,古人热衷于炼制吃了能长生不老的"仙丹",出现了一批以求仙、炼丹为业的"方士"。仙丹虽然没有炼出,但在这一过程中却得到了很多意外的收获。在长期炼丹过程中,方士们发现硫黄着火后容易飞升,于是他们采用了名叫"伏火"的方法,就是通过和某些其他易燃物质混合加热或发生某种程度的燃烧,使其变性。最晚在唐代,人们在硫黄伏火的多次实验中已经认识到,点燃硝石、硫黄、木炭的混合物会发生异常激烈的燃烧,因此需要采取措施控制反应速度,防止爆炸。唐初孙思邈《孙真人丹经》一书中载有混合硫黄、硝石各100克,再加上炭化了的皂角三个的"伏硫黄法",这是现在发现的最早的有文字记载的火药配方,说明当时人们已经初步掌握了火药的配方,并有意识地利用这类混合物的燃烧和爆炸性能。

火药发明后不久就被用于军事目的。北宋年间,据说是士兵出身的唐福创制了世界上第一支"火药火箭",同时还制成了"霹雳炮""轰天雷"等多种爆炸性火器。到了南宋时,出现了管状火器,现代枪炮就是由管状火器逐步演变发展而来的。明代也发明了多种"多发火箭",如同时发射10支箭的"火弩流星箭",发射32支箭的"一窝蜂",最多可发射100支箭的"百虎齐奔箭"等。除此以外,在明代,类似地雷、水雷和炸弹这些火药武器都已经创造出来并用于军事,这些武器当时在世界上都是遥遥领先的。

中国的火药和火药武器首先传入阿拉伯,再辗转传入欧洲。正是由于火药在世界上尤其是在欧洲各国的传播,导致了作战方法的变革,世界由冷兵器时代进入到热兵器时代,进而给整个世界的发展带来了深远的影响。

（四）指南针

磁石的发现是发明指南针的基础。秦始皇统一中国后，建起了一座富丽堂皇的大宫殿——"阿房宫"，据说为了防御刺客，"阿房宫"的北门是用磁石建造的。假若有人身穿铁甲、手执大刀闯进去，经过磁石门的时候便会被吸住。这表明两千年前的中国可能已经发现并使用天然磁石。由于地球本身就是一块大磁石，它的磁极差不多就在地球的南北极点，磁石的磁极和地球的磁极相互吸引，磁石就一头向南一头向北，所以把细绳系在一根棒状的磁石中间并悬空，摆动磁石，当它自己停下来时，一定有一头指向北方，另一头指向南方。当我们有意识地这样做并用来指示方向时，指南针就产生了。东汉王充在《论衡》中还具体说明了古代指南器司南的形状：它是一个磁石琢成的勺状物，底部圆滑，当把其放在铜制的平盘上时，静止的时候，勺柄即可指出南北方向。

但是天然磁石用起来并不方便，也不够灵敏和准确。到了宋代，人们发现铜、铁等金属在磁石上摩擦后同样有磁性，人造磁化物开始发明和用于制作指南针。其中，指南鱼是用薄铁叶裁成鱼形，然后利用地磁场磁化使它带有磁性，在行军需要的时候，把它浮在水面，铁叶鱼就能指南，但是这种方法所获得的磁性比较弱，实用价值比较小。另一种指向仪器就是指南针，它是用天然磁石摩擦钢针制得的人工磁石。把这种钢针放在碗边甚至手上，它可自由转动，最后指向南方。也有人把指南针穿上几段灯芯草浮在水上，叫水上浮针。宋朝还有人用木头刻成鱼和龟，肚里装上磁石，把鱼浮在水里，或把鱼、龟顶在一根竹钉上面，使得它们可以自由转动，鱼头或龟尾总是指向南方。这时，人们对磁石的性质还有一个重要的发现：指南针虽然指南，但却稍稍偏东，即在地球磁极与南北两极间有一个夹角，这就是所谓的"磁偏角"，各地的磁偏角还不完全一样。随着时代的发展，指南针发展成为目前仍在使用的罗盘。

指南针主要应用于航海，明初航海家郑和七下西洋，20多年间访问了30多个国家，在世界航海史上写下了光辉的一页。公元12世纪，指南针传到阿拉伯，然后经阿拉伯传到欧洲，由此各国的海上交通与远洋贸易进入了一个崭新的时代。

三、中国古代科技的其他伟大成就

中国古代在科学技术的各个领域和部门中，都创造了辉煌的历史和卓越的成就，对整个人类文明做出了不可估量的贡献。鉴于篇幅，无法一一备述，因此从中选取有代表性的几方面加以介绍。

（一）天文

1. 《石氏星经》

《石氏星经》由我国古代天文学家石申所著，是我国也是世界上最早的天文学著作，但原书在宋代以后已经失传。今天我们看到的《石氏星经》是根据汉代的《史记》《汉书》以及唐代的天文学著作《开元占经》里所摘录的一些片段拼凑而成的。这本天文学著作主要介绍了春秋战国时期对于五大行星的观测结果，作者通过观测发现了火星和金星的逆行，还测得了金、木二星的会合周期长度，测定了火星和木星的恒星周期。除此以外，书中还提到了石氏星表——世界上最古老的星表之一。所谓星表是由测量出的若干恒星的坐标汇编而成，而石氏星表就记录了二十八宿距星和其他一些恒星共 150 颗的赤道坐标位置。这些重大发现奠定了我国古代天文学的基本理论框架，是一个重要的里程碑。

2. 《授时历》

《授时历》由元朝郭守敬与王恂、杨恭懿、许衡等人共同编写完成，是我国古代最优秀也是实际实施时间最长的一部天文历法，从元末颁布实行直到清朝中期，共实施了 364 年。他们通过对前代 40 多部天文历法著作的细致研究，推算出一年有 365.2425 天，与地球绕太阳一圈的时间仅差 26 秒，与现在实行的公历所采用的平均年的长度是一样的。书中还废除了前代采用的上元积年以及采用复杂分数表示天文资料的办法，而是精简了计算方法，大大提高了准确度。在计算方法上，《授时历》采用 3 次差分的内插法来计算太阳、月亮的不均匀运动。同时，还运用了类似球面三角法的数学方法计算黄道和赤道之间的宿度转化以及太阳视赤纬的转化。

3. 浑天仪

浑天仪是东汉张衡所创,它是浑仪和浑象二者合一的总称。浑仪是测量天体球面坐标的一种仪器,它模仿肉眼所见的天球形状。把仪器制成多个同心圆环,整体看犹如一个圆球,然后通过可绕中心旋转的窥管观测天体。而浑象最早为西汉耿寿昌所创,是古代用来演示天象的仪表。张衡对其进行了改造,制成了浑天仪。它的构造是一个大圆球,上面刻画或镶嵌了星宿、赤道、黄道、恒稳圈、恒显圈等天象标志,类似于今天的天球仪。浑天仪能够把天象变化形象地演示出来,人们可以从浑天仪上面观察到日月星辰运行的现象,可以说它几乎囊括了当时所有先进的天文学知识,代表了中国古代天文学发展的卓越成就。

4. 子午线的测量

所谓"子午线",指的是人们假设的一条通过地球南北两极的经线,测定出子午线的长度,就可以测知地球的大小。唐代僧一行在全国选取了13个观测点,其中最北端的观测点在今天蒙古国的乌兰巴托西南,最南端的观测点则在今天的越南中部。通过艰巨而严谨的实测工作,一行推翻了过去一直沿用的"日影千里差一寸"的错误结论,得出"三百五十一里八十步,而极差一度"的新结论,指出子午线一弧度的距离为129.22公里,而现代用精密仪器测量的结果是111.2公里,虽然两者差异比较大,但是作为世界上对子午线长度的第一次实地测量,一行的这项成就在中国以及世界天文学发展史上都有着重大的意义。

(二) 地理

1. 制图六体

被称为"中国科学制图学之父"的著名地理学家、制图理论家裴秀,编制了世界上最早的历史地图集《禹贡地域图》,提出了著名的"制图六体",第一次明确建立了中国古代地图的绘制理论。"制图六体"是指绘制地图时必须遵守的六项基本原则,即分率(比例尺)、准望(方位)、道里(距离)、高下(地势起伏)、方邪(倾斜角度)、迂直(河流、道路的曲直)。这种编制地图的方法一直影响着清代以前中国传统的制图学,具有划时代意义。

2. 《水经注》

北魏时期，中国出现了一部宏大的地理著作——郦道元的《水经注》，它的出现给我国后来的地理学发展带来了深刻的影响。全书共40卷，是对三国时期《水经》一书所做的注释，所以称为《水经注》，它与《三国志注》《世说新语注》《文选注》并称"四大名注"。它以《水经》所记137条水道为纲，将其支流等增补发展为1 252条，并详细记载了这些河流相关的郡县、城市、物产、风俗、传说、历史等。其所含内容大体可分为以下三个方面：一是在自然地理方面，所记大小河流，从河流的发源到入海，凡是干流、支流、河谷宽度、河床深度、水量和水位季节变化，含沙量、冰期以及沿河所经的伏流、瀑布、急流、滩濑、湖泊等都广泛搜罗，详细记载。同时，对河流流经各地的地貌也有详细描述，仅山岳、丘阜、地名等就记载了近2 000处。二是在人文地理方面，所记的县级城市和其他城邑共2 800座，古都10座，除此以外，小于城邑的聚落包括镇、乡、亭、里、聚、村、墟、戍、坞、堡等10类，共约1 000处。三是在交通地理方面，包括水运和陆路交通均有记载，其中仅桥梁就记有100座左右，津渡也近100处。

3. 《徐霞客游记》

徐霞客是中国著名的地理学家、旅行家和探险家，被称为"千古奇人"，他用30余年出游名山大川，行踪南至云贵、两广，北至燕晋，遍及16个省区。在游览途中，他所写的名山游记以及遗留的60余万字游记资料在他死后由他人整理成《徐霞客游记》。游记中，徐霞客对所经各地的地理、水文、地质、植物等情况都有详细记载，特别是对喀斯特地貌的考察和描述，堪称世界第一。他记载了峰林、石芽、溶洞、石笋、地下河、地下湖、洞穴瀑布等20多种岩溶地貌特征，并将它们分别予以定名和分类，所记载的地表岩溶地貌类型和数量之多，当时在世界范围内是绝无仅有的。

（三）数学

1. 《九章算术》

《九章算术》是中国古代最有名的一本数学著作，奠定了中国数学的基础。这部经典出现在先秦时期，内容经过长期的积累，集中国秦汉以前数学之大成，经由汉张苍、耿寿昌等人删补、修订，于公元1世纪前后辑为定本。其内容十分丰富，系统总结了中国古代战国、秦、汉时期的数学成就。全书共分为九章，合计 246 个与生产、生活实践联系密切的数学问题，分别为方田、粟米、衰分、少广、商功、均输、盈不足、方程、勾股。其中前六章以所要解决的实际问题的类型而得名，后三章则以数学方法和领域而得名。这些数学问题涉及土地测算、谷物交换、测量、水利、土方工程、赋税徭役等古代社会、经济、军事文化领域，构成了中国古代数学的主要内容框架，因而具备很高的史料价值。

2. 算筹

算筹是中国古代数学的演算工具，形状近似棍子。根据古代文献记载，西汉时期的算筹是直径大约为 0.23 厘米、长约 13.86 厘米的圆形竹棍，一套有 271 枚。到了隋朝，开始有三棱形和四棱形两种算筹，据说这样是为了区别正数与负数。为了区别正数和负数，也有用不同颜色的算筹来表达的办法，如红筹表示正数，黑筹表示负数。算筹的制作材料多种多样，最普通的是木质或竹质，后来有了铁质的、骨质的、玉质的甚至象牙质的算筹，这些精致的算筹用同样精致的算袋或算子筒装上。这些算筹的实物已在陕西、湖南、江苏、河北等省发现多批，其中年代最久远的是 1971 年在陕西千阳出土的西汉宣帝时期的骨制算筹。

3. 算盘

流传至今的算盘也是中国人的发明。古人从汉代起就有了穿珠记数的习惯，经过长期的发展，北宋时具有现代形式与功能的算盘可能已经出现，人们在北宋时期张择端所画的著名的《清明上河图》中就找到了算盘的图像。从明代开始，古老的算筹、沙盘开始失传，珠算盘成为最流行和通用的计算工具。珠算盘的发明使得珠算术得到全面推广，算筹的加、减、乘、除运算方法随之逐渐转变为珠算术的四则运算方法，同时也逐渐产生了我们至今耳熟能详的珠算运算口诀。明代时，珠算还能用于开方、解高次方程等复杂的运算。珠算不仅在中国境内成为最便捷快速的计算方式，还先后传播到日本、朝鲜以及东南亚各国，甚至远传至美洲。即便在电脑与计算器广泛使用的今天，珠算盘仍有相当大的存在空间，被人们视作"不会出麻烦的计算器"。

（四）医学

1. 医学著作

《黄帝内经》是中国最早的系统性医学巨著，将医学理论和临床实践相结合，奠定了中国古代医学的典范和基础。其名虽称黄帝，但这部书并非出自黄帝之手，事实上它所记述的既非一时之言，也非出自一人之手，而是许多医学家长期共同实践的成果。全书分为《素问》和《灵枢》两部分，共18卷，162篇。其内容包括现代被称为人体解剖、生理、病理、病因、诊断的医学基础理论，兼述针灸、经络、卫生保健等多方面的知识。

《伤寒杂病论》是东汉末张仲景所撰，它确立了中医学辨证论治的思想，后来几经战乱散佚、编次，该书被一分为二，成为《伤寒论》和《金匮要略》二书。《伤寒论》全书共10卷，以六经辨证为纲，以方剂辨证为法，是一部论治外感热病的专著，成为第一部理论与实践并重，理、法、方、药有机结合的临床医学用书。而《金匮要略》全书共25篇，以内科为主，涉及外科和妇科，对各种杂病的因、证、脉、治均有介绍，是奠定中国临床医学基础的重要古籍之一。

《本草纲目》是明代医药学家李时珍的著作。全书共190万字，计52卷，分16部（水、火、土、金石、草、谷、菜、果、木、服器、虫、鳞、介、禽、兽、人），62类，共收药物1 892种，附方11 096则，插图1 160幅，历时30多年才写成。李时珍对每一种药物都记录下了名称、产地、形态、采集方法、药物的性味和功用、炮制过程等，还对药物进行了分类，首先为纲，其次为目，再次是药名、产地、形色、药用等，除了对药物一一鉴别和考证，纠正了古书中的许多错误，李时珍还搜集许多新药物。因此，《本草纲目》是一部既带有总结性又富有创造性的著作，它对后世医学影响也很大，还传至日本、朝鲜、越南等国。

2. 外科学

中国古代的外科技术在世界上同样先进，据文献记载，战国时代的名医扁鹊就已应用了麻醉剂。东汉末年的外科医学鼻祖华佗发明了"麻沸散"，他曾使用自己发明的麻醉剂"麻沸散"成功地做过胃肠缝合类的外科手术，开创了在世界上最早施行全身麻醉后进行外科手术的先例，他还提倡体育运动，首创模仿五种动物动作的保健操"五禽戏"。中国对骨折和脱臼的治疗也具有独特的技术，唐代就已有了治疗骨折和脱臼的专书《仙授理伤续断秘方》，它对整复技术、治疗技术等提出了十大步骤，其中一些治疗方法至今仍在使用。除此以外，唐代王焘所著的《外台秘要》中已经提到用金针拨除眼疾"白内障"的治疗方法，其分别论述了先天性白内障和外伤性白内障，开列了药方，并记载有金针拨障的手术，现代外科正是在这一古代医疗技术的基础上才创造了"针拨套出术"。

3. 针灸疗法

针灸就是针法和灸法，对病人身体某一部位用针刺或用火的温热烧烤，是中医独特的针疗体系。早在新石器时代就已经出现了砭石疗法，周代出现了针灸用针。现存最早的系统的针灸学专著是晋代皇甫谧的《针灸甲乙经》，里面共记有穴位654个。隋唐时孙思邈曾绘制大型彩色针灸挂图，明确地标出了人体十二经脉的位置。宋代王惟一监制了针灸铜人并修编了《铜人腧穴针灸图说》，还制成了模仿人体的铜人供学习、练习针灸使用，这反映了中国古代针灸疗法已达到相当高的水平。秦汉以后，针灸疗法传到朝鲜、日本、东南亚和中亚各国，宋元以后又被介绍到欧洲一些国家，至今仍为欧、亚许多国家所采用。

（五）农业

1. 农具

大约在春秋战国时期，中国已开始有了铁犁牛耕，但大面积推广铁犁牛耕还是在汉代，特别是搜粟都尉赵过为推广代田法，发明了新式农具耦（ǒu）犁和耧车。根据文献记载，驾驭耦犁，要用"二牛三人"，根据考古发现，当时的犁头重量一般都在7.5千克以上，一头牛难以牵引，因此，耦耕大致是两头牛联合一起共同拉一犁（即俗语所称的"二牛抬杠"），一人在前牵牛，一人在后扶犁，第三人负责压辕以控制犁头，调节耕地的深浅。赵过的这一方法甚至在近代中国偏远少数民族地区还能找到它的遗存。除此以外，赵过还发明了耧车（也称耧犁）。它是用畜力牵引的条播器，能一次完成开沟、播种、覆土三道工序。耧车有两个或三个固定在机架上的耧脚，耧脚承接耧斗，耧斗里装种子，一牛牵引，一人将之。使用这种播种机，可使播种深度一致，行距一致，种子分布比较均匀，出苗比较整齐，又由于这种播种机具备开沟下种、覆土的功能，大大提高了播种效率。

2. 农学著作

《齐民要术》一书内容丰富，包罗万象，农、林、牧、副、渔各个方面无不涉及，而且实用性强。该书正文部分共有10卷，92篇，11万余字。全书不仅系统总结了北魏以前的农业生产技术，而且通过调查研究，对当时黄河中下游地区劳动人民创造的新经验新成就加以全面的总结。与此同时，还对当时南方及其他地区的农业技术进行了总结和描述。

《农政全书》不是如一般农书仅局限于介绍农业生产技术，而是站在更高的角度，视野涉及农业的各个方面，包括发展农业有关的社会环境、政治措施等，高度概括了中国的传统农学，探讨了发展农业的有利社会条件。该书最大的成就是对当时农业科技成就的归纳和描述，如对棉花的栽培管理技术、种植制度等，其对种植时间、种子处理、防寒措施、施肥技术，直至纺纱织布技术均有详尽记述。

宋代陈旉所著的《农书》是一部非常重要的农业著作，也是现存第一部反映宋代江南水田农桑生产的综合性农书。该书写成于南宋绍兴十九年，陈旉这一年已73岁高龄，因此《农书》是其一生的心血。自宋代以来，中国的经济重心逐渐转移到江南地区，著作中记录了这一过程中江南农业技术的进步。全书分上、中、下3卷，共1.2万余字。上卷是全书的主体，主要讲述土地经营规划与水稻栽培技术。中卷主要强调牛对农业的重要性，具体记述了水牛的饲养、管理、役用和疾病防治。下卷为蚕桑专卷，专门论述蚕桑生产中的科学技术。

（六）化学

1. 炼丹技术

当封建社会发展到一定阶段，生产力有了一定程度的提高，统治阶级的物质享受大大增加时，帝王和贵族们便自然而然地产生出"长生不死"和"多财多富"的欲望，希望长生不死，来延续他们万世万代的基业，因此衍生出一批致力于炼丹的"方士"。根据史书记载，梁武帝萧衍和汉武帝一样追求长生不老，就让当时的道教大家陶弘景替他炼丹，陶弘景于是移居到茅山积金岭专心于炼丹事业。在炼丹过程中，陶弘景发现了人工制造的粗水银与天然的纯水银的区别，更明确地提出了水银能够与金、银两种金属形成合金，他还找到了硝石的鉴别方法，使得我国成为世界上最早提取、鉴别、利用硝石的国家。这种不自觉地通过炼丹的初步合流，促进了原始化学制药的发展，也为之后火药的发明创造了条件。

2. 造酒技术

在最开始的时候，人们储存粮食时因设备简陋而使得粮食受潮发酵，有时吃剩的食物因搁置也发酵，引起糖化，产生酒精，这就是天然的酒。当人们有意识地通过让粮食发酵来获取酒浆时，酿酒技术便开始出现了。历代以来，酿酒技术不断地得到改进，酿酒方法也越来越多。宋元时期的酒业十分发达，造酒业的发展促进了酿造技术的进步。我们称中国古代造酒技术为"五齐六必"。"五齐"说的是原料发酵的五个阶段：发酵开始时，产生二氧化碳气体，把部分的谷物冲到液面上来，是"泛齐"阶段；逐渐有薄薄的酒味了，是"醴（lǐ）齐"阶段；气泡很多，还发出一些声音，是"盎齐"阶段；颜色改变，由黄到红，是"醍齐"阶段；气泡停止，发酵完成，糟粕下沉，是"沉齐"阶段。正确完成这五个阶段是造出好酒的保证。而"六必"是指秫稻必齐，曲蘖必时，湛炽必洁，水泉必香，陶器必良，火齐必得。除此以外，用曲来酿酒是我国特有的酿酒技术，19世纪90年代还被欧洲所借鉴，在酒精工业上建立起了著名的淀粉发酵法。

纵观中国古代的科技发明，无可置疑，中国科技水平曾经遥遥领先世界，李约瑟也曾经提出："中国的这些发明和发现往往远超过同时代的欧洲，特别是在15世纪之前更是如此。"但是随着社会的发展，中国古代科技水平并没有随着时代向前迈进，这一问题确实值得我们深思。在当今经济全球化和知识经济的大背景下，各个国家都在进行综合国力竞争，而综合国力竞争的核心之一就是科技实力竞争，中国曾经拥有过辉煌灿烂的古代科技文明，我们的祖先在古代曾取得过创造性和先进性的科技成就，这表明我们的国家、我们的民族是一个富有创造力的集体，我们应该弘扬先辈们勇于创新积极开拓的精神，促进我国科技产业的发展，开创中华民族伟大的创新之路。

第八章
中国传统教育

一、中国文化背景下的教育本真

教育是随着人类社会的产生而逐渐发展起来的社会活动,中国传统教育发轫于中国传统文化,中国传统教育是中国文化传承的基本路径。要了解中国文化传承的历史脉络,就必须了解中国传统教育的发展;要理解中国教育传统,就不可不了解中国传统文化对中国传统教育的影响。中国文化有优秀的内核,也有封建的糟粕,需要运用历史唯物主义的方法加以研究和区别,以取其精华,去其糟粕,为今天实现教育现代化服务。

(一)中国传统教育发展的基本脉络

在原始社会,由于生产力低下,知识积累简单,还未有文字,教育活动是在具体的生产劳动和宗教、艺术等社会集体生活中完成的,由年长有德者对所有青少年平等施行的言传身教。《尸子君治篇》有一段关于原始氏族社会生活实况的记载:"燧人氏之世,天下多水,故教民以渔;宓(fú)羲之世,天下多兽,故教以猎"(燧人氏的时代,天下多水,所以教民以渔;伏羲的时代,天下多野兽,所以教他们打猎)。这体现了远古教育是与渔、猎等谋生技术的传播与应用结合在一起的。

随着生产力的提高,生产资料出现剩余,一些人可以脱离生产生活从事脑力活动,出现了专门的学校,主要为王公贵族子弟服务,教育内容也日益脱离生产生活，而生产技能和经验则依然在具体的劳动中，经父子或师徒制进行传承，教育对象、教育内容和教育形式体现了明确的阶级性。

中国有文献记载的传统教育可追溯到虞舜时期，发展至今已经有数千年的历史。中华文明到了商代已经有了一定的文化积累，形成了成熟的文字系统，出土的商代甲骨文及《礼记·明堂位》都提到"殷人设右学为大学，左学为小学，而作乐于瞽宗"，教育的对象主要为贵族子弟，教授内容以文武、礼仪、乐舞等为主，在天文、历法方面也多有涉及，由巫师、乐师或政府官员充当教师。

西周时期，官办学校包括国学和乡学两类。国学又分大学和小学两级。《礼记·王制》记载："小学在公宫南之左，大学在郊，天子曰辟雍，诸侯曰泮宫"（小学在公宫南面的左边，大学在郊区，天子的叫辟雍，诸侯的叫泮宫）。西周前期，因战事频繁，学校教育以武事为主，而西周后期政权较为稳定，开始重视文化教育，以贵族教育为主。当时的大学学习以礼、乐、射、书为主，而小学则多学六艺基础知识。从出土文物看，西周初期的《大盂鼎》记载："女妹辰又大服，余佳即朕小学，女勿克余乃辟一人"（你年纪很轻时父亲就死了，继承了父亲的官职，我要你进入我的小学）。

东周春秋战国时期，周王室式微，社会动荡，孔子开启了私学教育典范，各家也著书立说、开门办学，探索各种治国之道和培养人才。各诸侯国求才若渴、兴办教育，公私学并进，促使学术繁盛，成为世界轴心时代东方文化高峰。

秦始皇统一中国后开始加强思想统治，据《史记·儒林列传》："及至秦之季世，焚诗书，坑术士，六艺从此缺焉"（到了秦朝末年，焚烧《诗》《书》，坑杀术士，六艺从此缺了）。汉武帝时依董仲舒所提"罢黜百家，独尊儒术"以稳固社会秩序，确立了儒家文化的主导地位。隋唐确立科举制，"学而优则仕"成为教育目标，经世致用的儒家文化成为中国教育的核心内容，一直延续至清末。

1840年鸦片战争使得中国不得不睁眼看世界，洋务运动举办西学堂，引入洋教师、洋教材，派出留学生，零星引进西学之技，探索救国图存之路，清政府迫于形势压力废科举、立学堂。民国时期确立了近现代国民教育体系，五四运动对中国传统文化进行了全面批判，全面学习欧美的新式教育得到迅速发展，其间也有乡建学派尝试探索中国传统乡村教育改革。中华人民共和国成立以后转向学习苏联，普及教育与成人扫盲并行，"文革"以来的"破四旧"运动等对中国传统教育的糟粕进一步荡涤。改革开放后中国教育在走向世界的现代化过程中摇摆前行。随着国力的不断提升，文化自信逐渐确立，对中国传统教育和传统文化进行再认识日益成为当代中国特色现代化的重要议题。

（二）中国传统文化中的教育本真

1. 探索中国传统教育本真的意义

习近平总书记指出："优秀传统文化是一个国家、一个民族传承和发展的根本，如果丢掉了，就割断了精神命脉。"探索中华优秀传统文化的教育本真，既让我们知道中国人从哪里来、如何走过上下五千年而绵延不绝，又让我们了解传统教育如何将中华优秀文化的精华内核发展成为中华民族的凝聚力，更让我们思考如何在当代教育中传承并发扬中华优秀文化，使其成为中华民族伟大复兴的重要支撑，为世界文明进步贡献更多中国智慧。

2. 中国传统文化中教育本真的探源

（1）何谓中国传统教育

教育的定义多种多样，一般指影响人的身心的社会活动，狭义指学校教育。中国最早将"教""育"二字连用始见于《孟子·尽心上》关于君子三乐的表述："得天下英才而教育之。"东汉许慎《说文解字》的解释是："教，上所施，下所效也"（年长者或教师怎么做，年轻者或学生跟着仿效）；"育，养子使作善也"（养育子女使其做好的事情）。中国传统教育以儒家重视人的教育为基础而逐渐发展完善，正如钱穆所言：儒家教义，主要在教人如何为人。在中国文化体系中，教育负起了其他民族所有宗教的责任，人人都要接受为人的教育。西方往往将儒家视为儒教。

（2）何谓教育本真

"本真"，就是"立本求真"。"立本"语出《中庸》"立天下之大本，知天地之化育"（树立天下的根本法则，深谙天地化育万物的道理）和《论语》"君子务本，本立而道生"（君子专心致力于根本的事务，根本建立了，

"道"也就产生了)。立本,就是要确立道德至上的理念,做道德崇高的人,即崇尚美德,追求至善。"求真",语出陶行知"千教万教教人求真,千学万学学做真人"。求真,就是要认识世界,探索规律,崇尚科学,坚持真理,追求真、善、美。立本是求真的归宿,求真为了立本;求真是立本的径由,求真才能立本。探求中国传统文化中的教育本真,就是探求绵延不断的中国传统教育中具有强大生命力的真正内核,回归教育本义认识传统教育中促进人的个性化和社会化、遵循师生身心发展规律和教育发展规律的价值。

3. 教育本真在中国传统文化中的体现

从中国传统教育的发展历程看,教育本真在中国传统文化中体现为多个方面。

一是重视传统文化中关于人性的自然本真。中国传统教育强调道法自然、天人合一、人贵于物,推崇真善美统一的理想人格。

二是追求人类和谐的社会本真。中国传统教育提倡讲仁爱、重民本、守诚信、崇正义、尚和合、求大同、奔富强的群己和谐的社会价值追求。

三是倡导发挥人的主观能动性、积极入世的行为本真。中国传统教育贯穿着家国情怀、忧患意识、自强不息、厚德载物、义重于利的思想,鼓励"穷则独善其身,达则兼善天下",主动参与社会、服务社会。

四是激发"日新又日新"的动力本真。《易传》"日新之谓盛德,生生之谓易"和《大学》"苟日新,日日新,又日新",革故鼎新、守成创新是中华民族及其文化发展的内在精神动力,是中华文化博采众家之长而不断扬弃发展的内驱力。

二、 中国传统教育的基本特征

关于中国传统教育的基本特征,众说纷纭,在此依据现代教育学科框架梳理为以下内容。

(一) 中国传统教育的价值特征

1. 社会系统观,即大教育观

中国传统教育强调教育是整个社会大系统中的一个子系统,许多教育问题实质上是社会问题，必须把它置于整个社会系统中加以考察和解决。如儒家提出"建国君民，教学为先"（建立国家管理民众，应把教育放在优先位置）、"君子如欲化民成俗，其必由学乎"（国家管理者想要教化百姓，并形成好的风俗，就一定要重视设学施教），认定教育的社会功能一是培养国家所需人才，二是形成社会道德风尚。

2. 德智辩证观，即对立统一观

中国传统教育强调把道德教育放在首要地位，但同时也不忽视知识教育的作用。董仲舒提出"仁而不智，则爱而不别也；智而不仁，则智而不为也"（只有仁德而无智慧，那么在施爱于人时不知分辨好坏；智慧而无仁德，则智慧也没有什么用处），强调德育要通过智育来进行，智育主要为德育服务。

3. 身心内在观，即人的主体观

中国传统教育强调启发人的内在道德自觉性、心性。儒、释、道都重主体性。儒家进而加以特殊的规定，提倡教育要启发人的内心自觉，教育人如何"做人"，通过在家庭、学校和日常生活之中"自我修养"直到"自我完善"，鼓励自我求取在人伦秩序与宇宙秩序中的和谐，在"同天人""合内外""天人合一"之中得到一种最高的理智的幸福，得到"做人"的乐趣。

（二）中国传统教育的内容特征

中国传统教育的基本内容，创始于周公，初成于孔子，确立于汉唐，深化于宋，元明清将理学窄化为科举应试上的官方教条。总体而言，均为以"三纲五常"为核心的男性等级社会所需，女性则通过家庭教育学习女红、女学等的内容。

孔子在鲁国招收弟子讲学，以《诗经》《尚书》《周礼》《乐经》《周易》《春秋》六经为教材，同时也传授"六艺"（礼、乐、射、御、书、数），思想品德修养被贯穿在各种学科中讲授，强调"立于礼，成于乐"。

中国在千百年的发展中形成了传统教育的内容体系，儿童期的蒙学教育非常注重开学礼，包括正衣冠、行拜师礼、净手净心、朱砂开智等内容，具体学习《弟子规》《三字经》《百家姓》《千字文》《治家格言》《幼学琼林》《声律启蒙》等蒙书及书、画、琴、棋等技能。每学期的课程和教学进度，依学生的年龄和入学的早晚而定，以日考、月考、季考分等第、行赏罚。中高级教育研读四书（《孟子》《中庸》《大学》《论语》）五经（《诗》《书》《礼》《易》《春秋》）等经典。唐宋以来进一步强调经世致用之学。宋代胡瑗设立经义、治事两斋，经义讲求人生大道，治事则各就才性所近，各治一事，又兼治一事，如治民讲武、堰水历算等。中国传统学校都重视儒学等通识内容，实际上亦重专业教育，如天文、历法、刑律、医药等，但具体的生产技术技能则不受重视。"士之致远，先器识而后文艺"（读书人想要有远大的前途，首先要看他的器度和才识，然后再看文章）。中国传统教育不提倡通才而提倡通德通识，通德属于仁，通识属于智。其人具有通德通识，乃为上品人，称大器，能成大业，斯为大人。若其人不具通德通识，只是小器，营小事，为下品人。

（三）中国传统教育的师道特征

中国传统教育理想与教育精神，既不全重在知识传授与专业训练上，更不重在服从法令上，其所重在师道上，故称"经师易得，人师难求"。"德高为师"，"学高为范"，教师必先自己能尽性成德，才能教人尽性成德。孔子被称为"至圣先师"，因其人品人格最高，学冠天下，为人师之道的典范。

韩愈《师说》中说："师者，所以传道授业解惑也。"人各有业，但不能离道以为业。人事复杂，利害分歧使人迷惑难解，需要有人来解其惑。所以传道者必当授之业而解其惑，而授业解惑即是传道。虽历代皆有官学，私学一直繁盛，一般最重为师者。中国人重师道其实即是重人道，教育寓于生活之中，有德之君子可为榜样，好学之人可主动寻求多个老师。孔子云："三人行，必有我师焉。"孟子说："圣人，百世之师也，伯夷、柳下惠是也"（圣人，百世流芳，永为人师，说的是伯夷、柳下惠这样的人）。伯夷、柳下惠并不从事教育工作，但因其身正可引百世之下闻风仿效，故为百世师。历朝在野名师各立精庐，学徒不远千里登门求教，亦有人遍访各地名师。佛、道的传播，更在以师聚徒。天子之师，东西而立，都体现师徒式关系。中国传统教育重在人与人之间传道，不拘形式地进行教育，本质上是一种私门教育、自由教育、社会教育与成人教育。

(四) 中国传统教育的制度特征

古代学校有官学和私学之分,教育制度主要指官办学校教育制度。中国古代官学制度从夏、商、周到元、明、清,经历了从初建到逐步完善、解体的过程。

1. 学校制度初成

夏商时期,学校教育制度初步建立。相传舜时,设庠为教,分下庠、上庠。儿童7岁入下庠,庶老为师,15岁入上庠,国老为师。《孟子·滕文公上》中说:"夏曰校,殷曰序,周曰庠,学则三代共之"(夏、商、周三代的学校分别叫校、序、庠,学习的内容是相同的)。

西周时期实行分封制,初步建立教育制度,学校分"国学"和"乡学"两类,官学均不收费。"国学"指设在王都和诸侯国都城里的学校,是大贵族子弟学校。"乡学"按地方行政划区设立,是一般贵族子弟的学校。学校教育划分为大学和小学两级,小学教育的内容主要包括识字、六艺等知识,大学教育的内容主要是修身、治国、平天下等相关知识。当时贵族子弟8岁入小学,15岁入大学,小学7年,大学9年或更长,一般近30岁才完成学业,才有资格参与治理国家。

战国时期,社会发生了急剧变化,周天子实力下降,诸侯逐鹿中原,中国开始由奴隶制向封建制转变。这时西周官学制度瓦解,学在四夷,私学兴起影响和推动了当时公室养士制度的发展,最为典型的是齐国的稷下学宫,以教育与学术研究、政策咨询相结合为办学原则,以黄老之学兼容并包各学派,提倡百家争鸣的学风,孟子和荀子就在此任职,学宫议政等办学特点对封建官学的确立与发展产生了深远影响。

秦始皇以法家治国崛起统一中国,实行中央集权制,推动了车同轨、书同文、礼同仪等一系列一统天下的改革。为进一步统一思想,"焚书坑儒"、禁办私学,过去的学校遭到严重破坏,但秦始皇命令天下百姓"以吏为师""以法令为学"。这一"吏师制度"一直延续到汉初。

2. 儒家正统的学校制度的确立

汉初实行分封和中央集权并存的国家制度,为尽快恢复战争的社会消耗、巩固政权,统治者推崇黄老的休养生息,各家思想有所恢复。汉武帝后汉朝国力繁盛，文功武略均需人才，初步建立起较为完整的教育制度。汉代官学分中央与地方两个层次。中央官学为大学性质的太学；地方官学按行政区域在郡、国设学，县、邑设校，乡、聚（村）设庠、序，形成了从中央到地方的封建学校系统。在教育内容上独尊儒术，确立了维护天子国家的政治、社会、人伦秩序的儒家文化的正统地位，逐渐发展为经学体系，汉灵帝立石经统一经典为教材。作为最高学府的太学，设五经博士为教官，西汉太学生称为"博士弟子"，东汉时称为"太学生"或"诸生"，一般是年龄18岁以上的贵族子弟，正式生有官俸，地方选送的特别生费用自给，依时节有"田假"和"授衣假"。太学的教学内容以儒家经典为主，强调自修，其中《论语》《孝经》是"公共必修课"，五经是"专业选修课"，一般博士弟子每人研习一经，成绩优异者可直接为官。地方官学中，中学性质的学校各设置经师一人，小学性质的庠、序各设置孝经师一人。地方官学不受辖于中央官学，其办学条件远低于太学，一般无固定的课程设置，也不进行经常性教学，只在一年中抽出某段时间，由教师讲授自己所熟悉的经。东汉末期开办的鸿都门学被认为是世界上最早的文学艺术专门大学。总体而言，汉代中央官学管理松散，地方官学尚未形成真正的系统。

魏晋南北朝时期，战乱频繁，儒学衰落，道学再兴，佛教进入中国。因门阀体系注重出身，"九品中正"取士制度对人才培养造成冲击，这一时期教育衰微。主要变化是西晋时期在太学之外，又设国子学，专收五品以上官员子弟，而太学成为六品以下官员子弟学校。后世直属中央的最高学府就由原来的太学变为国子学、太学并存，而国子学地位更高。

3. 科举制度的完善

隋朝开始设置国子寺作为中央教育行政机构，下辖五学，即国子学、太学、四门学、书学、律学，并设置进士科，确立科举制为人才选拔机制，学校教育开始了以服务科举制度为中心任务的转向。

唐承隋制，中央设国子监管理学校教育，下设国子学、太学、四门学、律学、书学、算学六学，另有弘文馆、崇文馆二馆。国子学有学生300人，收三品以上官员子弟；太学学生500人，收五品以上子弟；四门学学生1 300人，其中500人为七品以上子弟，800人为庶人中的优异者。以上三者以儒家经典为学习内容，学制都为9年。书学以书法为学习内容，学生30人，收八品以下子弟和庶人中善书者，学制9年；算学以数学为学习内容，学制11年，学生30人；律学以律令为学习内容，学制6年，学生50人，其招生范围都同书学，学生入学年龄一般为14~19岁，各校学生如果能通三经或五经，经考试合格，可送尚书省录用为官；如果想继续深造，则四门生可补太学，太学生可补国子学。

唐代地方官学主要有府学、州学、县学三级学校，县以下又有乡学、市镇学和里学。府州县学校的程度相当于中学，县以下各学校相当于小学，均由长史直接掌管，并统辖于国子监，教育内容以经学为中心。与前代相比，唐代教育管理制度更完备，各级学校均有师生名额、招生对象、学习内容等详细规定，学生入学均需交束脩之礼。此时创造了专业教育这一新的教学形式。科举一年一考，通常分为地方上的乡试、中央的省试与殿试，其第一名分别为解元、省元、状元，有秀才、明经、俊士、进士、明法（法律）、明字、明算（数学）等科，武则天时增设武举。中国高度发达的文化教育吸引了朝鲜、日本等国的大批学生前来中国留学。

宋代官学制度基本承袭唐代。国子监所属有国子学、太学、律学、书学、算学、医学，后又增设武学、军监学、画学等，对入学人员出身的限制较唐代宽松一些。地方官学则有州学和县学。官学无须交学费，学生免赋税徭役，政府为"孤寒士子"提供免费食宿。宋代统治者重视地方学校，故州、县两级学校较为普遍，甚至在广州为外国人设立"番学"。宋代是中国文化进一步繁荣时期，国家治理较为宽松，活字印刷的普及、文人治国都促使了教育的发展，科举从两年改为三年一试，王安石改以经义、论、策取士。书院这种新型私立高等学校大量涌现，推动了宋明理学的发展。私学为收费教育，社会捐助学校风气较盛，或有学田收入，故收费不高，家贫者还可以劳务抵学债。书院多注重学生的自学和讨论，各有成套的规章制度、多种多样的分科和独特的学风，对当时的人才培养、学术学派的发展甚至政治和社会风尚都有重要影响。

总括而言，中国学校教育并非各级各类学校衔接一致的学制体系，各级教育无严格的入学标准和明确的学时、年级、课程、毕业、升学要求，"秋季入学""春季入学"和"冬季入学"均有,仅以科举考试作为升学与人才选拔机制。科举制通过国家统一考试,一则可以选贤用能;二则将公私立学校统筹起来,将更多社会资源调动起来办学,有利于政府用较少的财力培养、选拔更多人才;三则使"学而优则仕"成为读书人的目标,科举指挥棒统一了教育内容和社会思想;四则社会底层有才能者通过科举有机会进入社会上层为官,打破了以血缘、家庭出身、财富等阶级固化机制,扩大了人才资源,利于社会稳定。科举制被西方认为是现代文官制度的起源。

4. 中国传统教育的衰落

元代建立统一的多民族国家,实行蒙汉分治,改单一武力为兼采尊孔和推行理学的"汉法"来维护统治,仿行科举制度,只是将蒙古人与色目人为一组,汉人、南人为一组,前者考试较宽松。元代确定了国学、乡学、书院和社学几个层次的学校,其中大力推广乡村小学,要求五十为一社,每社立一学校,奠定了乡塾的基础。

明清时期,为进行思想控制,产生了文字狱,压缩了科举考试内容和教育内容,学校教育基本沦为科举考试的附庸。中央官学不再分国子学和太学,也没有唐宋时期那么多的专科学校。这时中央办学校就以国子监为名,其职能也大大缩小了。明代国子监有南京、北京两监,清代只有北京一监。

明清国子监长官为祭酒,副长官为司业,均从翰林中选拔。明代国子监学生统称监生,清代则分两类:由各方学校输送的叫贡生,由国子监直接招收的叫监生。国子监的课程主要是程朱理学阐释的四书五经和律令、书、数等。其中八股文是必修课。明代国子监学制为4年,清代改为3年。明清统治者对国子监学生思想控制极严,学生没有言论、结社和上书陈事的自由,故很少培养出优秀的人才。

明清地方官学有府、州、县学,府学教官称教授,州学称学正,县学称教谕,副职都称训导。学生是院试进学后的秀才,不是秀才不得入学,因此,地方学校实际成为秀才的管理机构。科举考试分为小考(郡试)、乡试(省试),中考者为举人,进京参加会试,通过者参加皇帝参与的殿试,一甲三人即状元、榜样、探花,称进士及第;二甲若干人,称进士出身;三甲若干人,称同进士出身。此时私学的乡校、村学或富家的家塾、宗祠办学日益普遍，还由地方官府或慈善人士开办义学（义塾），不收学费招收贫家子弟。

与西方文艺复兴、宗教改革和航海时代不断解放思想走向工业革命和社会变革的方向相反，明清科举以八股文取士使得学校教育毫无生气，虽然学校更普及了，却丧失了教育的职能。中国文化中"三纲五常"的负面因素如等级制的强化、愚忠愚孝的极端化、反人性的礼教、虚伪的形式主义等，通过僵化的教育与科举考试进一步扩大，成为中国发展的障碍。直至清末1904 年颁布《奏定学堂章程》（癸卯学制），开始"废科举、兴学堂"，到民国1912 年《国民教育法》和一些学校令（称统为壬子癸丑学制）仿日本引进西方各级各类学校衔接的学制，废弃封建忠君的宗旨，强调培养健全国民；剔除了读经内容，加强了科技科目，提出男女平等受教，后续一系列教育法规使中国逐步形成正规化、制度化的现代教育，但由于战乱频仍、地方割据及日本侵略，乡村中的传统私塾依然广泛存在，底层民众入学机会有限，直至中华人民共和国建立时，国民文盲率高达八成，此后才开始全面推广普及现代教育制度。

三、 中国古代教育家思想举要

在中国教育思想发展史上，不仅有《论语》等蕴藏着丰富教育资料的典籍，还有《学记》这类精深的教育专著，从老子、孔子、孟子到董仲舒、王充、嵇康、范镇、傅玄、颜之推、韩愈、胡瑗、程颢、程颐、张载、王安石，再到朱熹、程端礼、王守仁、王廷相、李贽、王夫之、颜元而至曾国藩、张之洞、沈葆桢、梁启超等，均对教育有精辟的见解，虽未形成独立、系统的教育理论，仍然是中国教育思想遗产中的瑰宝，现举要简述之。

（一）孔子的教育思想

战国鲁人孔子"诲人不倦"，弟子三千，贤者七十二人，其思想学说和他的事迹可从其弟子们记录集成的《论语》中生动体现出来，奠定了中国传统教育的基本底色。

1. 孔子的教育作用观

孔子非常重视教育的社会作用，他把教育、人口和财富作为立国的三大要素。同时也强调教育对人的促进作用，认为"学则不固"（加强学习可以防止固陋），进而主张"有教无类"，人人都可通过学习除固去蔽，把文化教育从"官学"的桎梏下解放出来，开放给平民。

2. 孔子的教育目的观

孔子提倡培养士成为"圣人"和"君子"这样理想的人才，从而改善春秋以来"天下无道"（人心对仁义道德的背离）的局面，要达到"至于道"的这种最高理想的社会。

3. 孔子的教育内容观

孔门四科分"德行、言语、政事、文学"四科，"行有余力，则以学文"，"好仁不好学，其蔽也愚"，以"文、行、忠、信"来教育学生，"文"指诗、书、礼、乐等典籍，后三者均属道德范畴。"文"教强调"克己复礼"，即以外修的礼教、内修的乐教克制个人不足而"使天下归仁"。"礼"主要是指传统的西周典章制度、风俗习惯，"仁"几乎包括了所有的道德品质。孔子要用上说下教来改良礼制、革新社会，稳定社会秩序。

4. 孔子的教学方法观

（1）性习相统

孔子认为："性相近也，习相远也"（人的天性本来非常接近，但是后天所处的环境和所受的教育不同，使人的性情相差较大）。强调人人都有相近的本质，这是为人的可能性；但成就理想人格程度在于后天"习"的不同。如不努力修为，则天性也不能显发。

（2）因材施教

《论语·先进篇》提到当子路和冉有分别问"闻斯行诸?"（听到了某种理论便要立即付诸行动吗?）孔子给了不同的回答：因子路逞强好胜、办事不周全，就劝他遇事多听取别人意见，三思而行；而冉有性格谦逊、办事犹豫不决，就鼓励他临事果断。孔子提倡"视其所以，观其所由，察其所安"（看一个人的所作所为，考察他处事的动机，了解他心安于什么事情），来全面认识人的异同，进而因人而异，因材施教。

(3) 启发式教学

这是孔子重要的教学思想之一。他说"不愤不启，不悱不发"：学生如果不经过思考并有所体会，想说却说不出来时，就不去开导他；如果不是经过冥思苦想而又想不通时，就不去启发他。

(4) 学、思、行合一

在学、思、行的关系上，孔子提倡三者合一。他说："学而不思则罔，思而不学则殆"（只学习而不思考则会迷茫，只凭空思考而不学习，就会疑惑不解），"知及之，仁不能守之，虽得之，必失之"（凭借聪明才智足以得到它，但仁德不能保持它，即使得到，也一定会丧失）。与西方教育不同，中国传统的"知"与"行"目的都不是为了获得对外在客观世界的认识，只是认识和躬行伦理道德以实现主体的道德人格。

（二）孟子的教育思想

孔子后儒分八派，《荀子·非十二子》把子思与孟子合为一，后人称为思孟学派，视为儒家正宗。战国后期的孟子对儒学的发展成为中国传统教育的重要基础。

1. 性善论

性善论是孟子教育思想的重要人性基础。孟子把人性归于天性，把道德归于人性，又把人性归于天赋。他认为，人性不是食色，而是"仁、义、礼、智"之类的人所固有的道德属性。人性的善是人类学习的结果，孟子肯定"人皆可以为尧舜"。

2. 孟子的教育作用与教育目的观

孟子提出："设为庠、序、学、校以教之。庠者，养也；校者，教也；序者，射也。夏曰校，殷曰序，周曰庠，学则三代共之，皆所以明人伦也。人伦明于上，小民亲于下"（要兴办"庠""序""学""校"来教育人民。"庠"是教养的意思，"校"是教导的意思，"序"是教射箭的意思。夏代叫"校"，商代叫"序"，周代叫"庠"；"学"这个名称，三代都这么叫。学习的目的都是为了让人明白人的伦常。诸侯、卿、大夫、士都明白了人的伦常，老百姓自然会亲密无间了）。教育的目的就在于培养"明人伦"的治人的"劳心者"。孟子把教育当作国政的根本，指出"善政不如善教之得民也"(良好的政治不如良好的教育更能获得民心)、"善政得民财，善教得民心"(好的政令得到百姓的财富，好的教育得到百姓的心)。具体来说，要以"人伦"为中心建立仁、义、礼、智、信"五常"道德体系，教育的作用就在于使人明了并实现这一切。

3. 孟子的道德教育观

孟子继承了孔子所提倡的"循序渐进""专心有恒""因材施教"以及"自省""反求诸己"(行动没有达到预期的效果，就应该反省，从自己身上找原因)、"忠恕""厚于责己"(尤其是做一个君子，重要的是要严格地要求和责备自己)、"知耻""过则勿惮改"(有了过错，就不要怕改正)、"杀身成仁"(为了正义而牺牲生命)等思想，提出了一系列道德教育的方法与内容。

（1）持志养气

"夫志，气之帅也；气，体之充也。夫志至焉，气次焉。故曰：持其志，无暴其气"(一个人的心志直接影响个人的气节，而气节是支撑一个身体的东西。因此一个人的心志是最重要的，而气节在心志的后面。所以说：只要坚持崇高的志向，就不会让气节出什么问题)。志，即人的志向，或信念与追求；持志，即坚持崇高的志向。一个人有了志向与追求，就会有相应的"气"——精神状态。人必须"尚志""善养吾浩然之气"，通过行善事来提升精神境界。

（2）存心养性

孟子认为存养的障碍来自人的耳目之欲，这些称为"小体"的感官不具备理性，易受外物引诱而入歧途。"养心莫善于寡欲"(修养内心的方法，没有比减少欲望更好的了)，要寡欲就须发挥人的"大体"，即理性思维的作用。

（3）动心忍性

孟子有一段名言："天将降大任于斯人也，必先苦其心志，劳其筋骨，饿其体肤，空乏其身，行拂乱其所为，所以动心忍性，曾益其所不能"(所以上天将要降落重大责任在这样的人身上，一定要先使他的内心痛苦，使他的筋骨劳累，使他经受饥饿，以致肌肤消瘦，使他受贫困之苦，使他做的事颠倒错乱，总不如意，通过那些困难来使他的内心警觉，使他的性格坚定，增加他不具备的才能）。从中可以看出，孟子强调人的聪明才智得之于艰苦的磨炼。

(4) 反求诸己

孟子主张当一个人的行动未得到对方相应的反应时应先从自己身上找原因，时时反思改进。他说："爱人不亲，反其仁；治人不治，反其智，礼人不答，反其敬。行有不得，皆反求诸己"（关爱别人，别人却不亲近，你就应该反省自己的仁爱够不够；管理别人却没有管好，就应该反省自己的才智够不够；待人以礼却得不到礼貌的回答，就应该反省自己够不够恭维）。"爱人者，人恒爱之；敬人者，人恒敬之"，好好对人一般就会得到别人相应的回应。

(5) 知耻改过

孟子说，"人不可以无耻"（做人要适可而止，要懂得分寸，就算无耻你也得要有个尺度）；"不耻不若人，何若人有？"（不把赶不上别人看作羞耻，怎么能赶上别人呢？）。孟子认为不以不如人为耻，怎么会改过为人呢？知耻才能恢复和发扬其善端，知耻才能改过迁善。

(三) 朱熹的教育思想

朱熹将佛、道糅合进儒学，是理学的集大成者，毕生讲学、设学育才，主持修复白鹿洞书院，一生培养的学生多达几千人。其编撰的《四书章句集注》《近思录》《小学》《大学章句序》等为后世学校教育的基本教材，而《白鹿洞书院揭示》成为南宋以后书院和各地方官学共同遵守的学规，《学校贡举私议》《读书之要》《童蒙须知》等均为办学指导用书。

1. "存天理，灭人欲"的教育作用

朱熹将人性分为"气质之性"和"天命之性"。"天命之性"是浑然至厚、完美无缺的，"气质之性"是有善有恶的。"天理"和"人欲"是两相对立的。教育的作用就是"变化气质"，使人"明人伦""明明德"，以实现"存天理，灭人欲"的根本任务，严厉抨击当时以科举为目的的学校教育，要求改革科举，整顿学校。

2. 循序渐进的教育阶段

朱熹将一个人的教育分为"小学"和"大学"两个衔接的阶段。8~15岁入小学，任务是培养"圣贤坯璞"，以"教事"为主，让儿童在日常生活中通过具体行事，懂得基本的伦理道德规范，首创以《须知》《学则》来培养儿童的道德行为习惯。15岁以后为大学教育，通过自学和观点交流来"教理"，重在研究"事物之所以然"，以培养对国家有用的人才。

3. 格物致知的认识论

《礼记·大学》提到"格物、致知、诚意、正心、修身、齐家、治国、平天下"，"欲诚其意者，先致其知；致知在格物。物格而后知至，知至而后意诚"，朱熹认为"格物致知"就是研究事物而获得知识、道理，提出"格物穷理"，就是格物来探究国治天下平之人生大道。

4. 朱子读书法

朱熹强调"为学之道，莫先于穷理；穷理之要，必在于读书"，对如何读书提出了许多精辟的见解，统称为"朱子读书法"。第一，循序渐进。读书应按一定的次序，安排读书计划。第二，熟读精思。第三，虚心涵泳。指读书时要虚怀若谷、细心玩味。第四，切己体察。第五，着紧用力。第六，居敬持志。就是注意力集中，树立远大的目标并长期坚持。

（四）王守仁的教育思想

王守仁，明代著名哲学家、政治家、军事家、教育家，以其内圣外王的心学著称于世。自号阳明子，后世多称之为王阳明、阳明学派，留有记录其言论的《传习录》《大学问》《阳明全书》等著作。他先在官署居所讲学，先后修复濂溪书院等6所书院，集门人于白鹿洞书院讲学，设稽山书院。

1. "学为圣人"的教育目的

王阳明批评当时的统治阶级极度腐败、宦官邀宠专权，而程朱理学日益僵化变成了士人追求功名利禄的工具，寄望于培养圣人来移风易俗，认为"圣人之所以为圣，只是其心纯乎天理，而无人欲之杂"（圣明的人之所以圣明，是因为圣人心中全是天理，而无一毫人欲)，提倡经由教育唤醒良知良能，复明圣人境界。

2. "明人伦"的教育原则

王阳明提出"古圣贤之学,明伦而已""明伦之外无学也"(古时学习圣人的学识,需要明白人伦道德,道德之外则无须学习)、"学校之中,惟以成德为事"(在学校中,唯有以学习道德为中心)、"人伦本于天伦而立"(人伦道德是为了上天秩序之道而立足的),因此人伦具有最高的规范作用。

3. "学以去其昏蔽"的方法论

王阳明认为每个人的本心是纯乎天理的,道德沦丧是因为个体受到了外物私欲的遮蔽。需要"学以去其昏蔽","只在此心去人欲、存天理上用功便是。心外无理,心即是理,此心光明即是天理"(只在心中去除人的欲念,在道德上努力学习。心里存在着道德,内心正大光明就是天理),恢复被物欲遮蔽的本心良知的途径就是致良知的教育,"是故致良知之外无学矣"(所以除了本心良知的教育之外,没有其他途径能与之相比),而"知之真切笃实处,即是行;行之明觉精察处,即是知"(对事物的认识要知道真切落到实处的地方,就是行;人的实际行为要知道精细观察的地方,就是知),提倡独立思考、知行合一,才能达到致良知的境界,达到至善的本体。

4. 王阳明的教学方法

王阳明一生无时无地都在讲学施教,他痛恨当时刻板的教学方法,强调因材施教、点化善诱和教学相长等方法。

(1)因材施教

王阳明对孔子的因材施教有所继承和发展:"君子养心之学,如良医治病,随其虚实寒热而斟酌补泄之,要在去病而已。初无一定之方,必使人人服之也"(君子修养身心学习,犹如好的医生治病,会根据其实际的虚寒体质而有所斟酌地进行减少或者补给,这样就能够去除疾病。最初没有确定的药方,如果有则肯定让每个人服用好的药方)。用治病需要对症下药来比喻因材施教的重要性。

(2)点化善诱

王阳明通过点化善诱解答弟子的困惑具有举一反三的教育功效。《钱德洪录》中有如下记载:

洪又言:"今日要见人品高下最易"(如今看到的人品高低太容易了)。先生曰:"何以见之?"对曰:"先生譬如泰山在前,有不知仰者,须是无目人"(老师如泰山一样就在面前,却有人不知道去敬仰,可见他们目中无人)。先生曰:"泰山不如平地大,平地有何可见?"他提出一连串相反的看法,使学生认识到自己的自大心理,使"在座者莫不悚惧"。

(3)教学相长

教学相长最早出现在《学记》里。王阳明认为师生之间就应该要相互批评,从而达到责善改过。"凡攻我之失者,皆我师也"(攻击我过失的人都是我的老师),教学的过程是一个师生互动、相互启发的过程。

第九章
中国传统艺术

一、中国传统艺术概览

中国传统艺术十分绚烂，传统书法、美术、戏曲、音乐等经过几千年的积累，蕴藏着五千年文明古国深邃的文化底蕴。中国传统艺术是历代中国画家、书法家、作曲家等对中国人、社会和环境的理解，也是反映中国社会历史生活的一幅文化画卷。

（一）中国传统艺术的起源与发展

中国的各类艺术经历了长期而跌宕起伏的变化和发展，它们以其辉煌的审美风格和形式占据了一个时代的顶点和高峰，而各个时代的文化和艺术成就也都充分地体现出了那个时代的文化特征。

中国传统艺术的起源大致可以追溯到远古时期，距今 100 万年前的旧石器时代的磨制石器已经具备了质朴和谐的艺术美。新石器时代的原始歌舞、彩陶、黑陶等，已经有了相当的成就，中国艺术由此正式开启了美的历程。

夏、商、西周是我国的奴隶制时代，奴隶主将各种青铜器当作盛宴的器具摆放，并存置于宗庙里供奉祭祀其祖先。这些古代青铜陶瓷造型庄严灵动、种类繁多，有礼器、重器、葬器等，其制造工艺达到炉火纯青、近乎完美的程度，具有很高的欣赏价值，极富文化底蕴。这一时期也是我国书法艺术的起源，甲骨文是我国最早的可识文字。甲骨文又叫契文，从文字价值来看，甲骨文极具用笔、章法等书法要旨，字里行间蕴藏着独特的艺术美感，有很强的艺术欣赏价值。

春秋战国时期，奴隶制走向衰落。"季氏八佾（yì）舞于庭"（季氏用天子的舞蹈阵容在自己的庭院中表演舞蹈）僭（jiàn）越周礼，"郑卫之音"逐渐取代雅乐，礼乐制度走向解体，这是一个礼崩乐坏的时代。这一时期也有不少音乐作品，如屈原的《九歌》是南方民歌的代表与巫文化的典型音乐作品，荀况的《成相篇》是下层劳动人民讽刺时政、表达民意的歌谣。春秋战国时期的绘画正处在由萌芽向成熟过渡的阶段，构图和技法虽幼稚，但已有对透视画法的尝试。那时绘画常用来表现政治观点和哲理，相传楚国诗人屈原看到这些大型壁画，联系自身的不幸，写成《天问》。春秋战国的漆画以黑、朱两色为基调，多种色彩相间其中，丝织品上的纹样丰富多彩，这些作品都有非常高的绘画艺术价值。

秦汉至宋元时期是我国古代艺术全面发展和旺盛的时期。

秦朝的艺术震撼世界。在雕塑艺术方面，秦皇陵兵马俑极尽生气、风骨和精神，千百个形神具备的官兵形象充满个性特征，表现了秦军气吞山河的磅礴气派，被称为"世界第八大奇迹"。书法方面，秦隶标志着古文字发展的最后阶段，是由古汉字向现代使用的楷书过渡的字体，为汉字的成熟奠定了基础。绘画方面，秦朝的壁画展现了时代的风采，如洛阳白马寺门前的壁画，是佛教壁画的开端和萌芽。

汉代的建筑、绘画、书法、音乐颇有成就。西汉的长乐宫、未央宫、建章宫等高大型宫殿规模之大，极尽雄浑威严之气势。汉代建筑追求壮丽之美，有"非壮丽无以重威，君子不壮不威"建筑理念，体现重威思想，宫殿和庙宇建筑设计真正达到了华靡伟大的地步。汉代是中国绘画史上的第一个高潮时期，《龙凤仕女图》是中国最早的绘画作品之一，宫殿壁画内容多是圣贤、功臣或神仙。这一时期的书法艺术达到了全盛时期，隶书在东汉进入了鼎盛时期，草书发展为较为成熟的字体，楷书和行书也开始萌芽。汉乐府成立于汉武帝时期，负责收集各地民间音乐，这些诗歌被称为"乐府诗"。许多千古流传的名句都出自《乐府诗》，《孔雀东南飞》《木兰诗》并称"乐府双璧"，乐府诗的地位可与《诗经》《楚辞》鼎足而立。

魏晋南北朝是中华各民族相互交融的时代，音乐、舞蹈带有明显的民族融合色彩，如《兰陵王入阵曲》《城舞》，其中《兰陵王入阵曲》影响了后世戏剧发展。这一时期佛教盛行，绘画带有宗教的色彩，因佛教广泛传播而修筑的石窟寺遍布各地，例如山西大同的云冈石窟、河南洛阳的龙门石窟，都成为闻名世界的艺术宝库。

隋唐时期是中国封建社会的鼎盛时期。书法艺术高度繁荣，诞生了许多著名的书法流派，如颜真卿的楷书，张旭、怀素的草书，各成一体。绘画创作达到新的高度，中原风格和西域风格相互融合、影响，产生许多受欢迎的样式，人物画占主要地位，展现全新的风格，且宗教绘画向世俗化转变。音乐方面则吸收了西域和外来音乐的精华，创作出了各种优美典雅的作品。

宋元时期，我国的商品经济飞速发展，由唐代沿袭而来的坊市制度被彻底废除之后，城市中出现了勾栏和瓦舍，将各种娱乐表演集中在一起，这促使了市民文化的繁荣，也诞生了早期的戏曲形式"南戏"。元代，北方形成"北杂剧"，这是一种融合了各种表演艺术形式而成的一种戏剧形式。其在内容上不仅丰富了久已在传统民间传唱的故事，而且广泛地反映了当时的社会现实，成为广大人民群众最喜爱的文艺形式之一。宋代的书画艺术因历朝皇帝的喜爱而繁荣，成就斐然，尤以山水画为最。元代文人仕途坎坷，文人以书入画，抒发愁情。

明清时期进入封建社会末期，君主专制达到顶点，艺术创作被压制，但也产生了各个领域的艺术精品。明清的宫廷建筑和园林艺术享誉世界，例如圆明园融会了中西建筑艺术，极具时代特色。城市经济继续发展，市民阶层更为壮大，戏曲不断地吸收融合。清代四大徽班入京，不断交流融合，创造了京剧，京剧被视为中国国粹，位列中国戏曲"三鼎甲"之榜首，是世界非物质文化遗产之一。除此之外，明清的瓷器，如明代的白釉、青花瓷，清代的素三彩、五彩、珐琅彩等都是闻名世界的精品。

（二）中国传统艺术的基本特征

1. 气韵生动——中国传统艺术的生命性

"气"在中国少数民族传统文化中一直占据十分重要的意义和地位，不但中医讲"气"，气功讲"气"，戏剧表演讲"气"，绘画和书法也都需要精心地去运"气"。中国古代传统艺术美学中的"气韵",极富民族特点。"气韵生动"已经逐渐成为中国绘画艺术创作的一个总原则,要求山川、花鸟、人物都必须有律动感,书法艺术更是如此。而建筑艺术中"气韵生动"则讲究环境气场的和畅,如陵墓、宫殿等建筑设计就需要"看风水",合乎气韵的结构才能促使子孙昌荣、国运兴旺。

2. 虚实相生——中国传统艺术的审美性

中国传统艺术中的"虚实相生"是中国古人在文学艺术的实践中探索总结出来的。"实"与"虚"相对,与"有""无"相通。实,是指艺术形象中具体可感的部分;虚,是指艺术形象中无形的部分,或由欣赏者补充联想和想象的部分。古往今来,中国各类艺术家运用"虚实相生"法在绘画、书法、音乐等领域创造了许多佳作。中国绘画多是白底,以"留白"作为"虚"的手段,讲究分黑布白,黑是实,白是虚也可以是实。中国书法的空灵美靠空白体现,但并不局限于空白本身,它同样离不开线条的造型。中国的传统音乐也讲究"此时无声胜有声","曲终收拨当心画,四弦一声如裂帛,东船西舫悄无言,唯见江心秋月白"(一曲终了,她对准琴弦中心划拨;四弦一声轰鸣好像撕裂了布帛。东船西舫的人们都静悄悄地聆听;只见江心之中映着白色的秋月影)的音乐效果。

3. 高妙意境——中国传统艺术的情致意趣

与西方传统艺术注重再现、逼真、具象的"美"不同,中国传统艺术讲究的是神韵和意境之美。意象,是艺术家借以达意之形象,如"枯藤老树昏鸦,小桥流水人家,古道西风瘦马,夕阳西下,断肠人在天涯",就有很多个意象展现在我们面前,生动形象,极具画面感。意境,由象出境,讲究整体与虚化,如"偶来中峰宿,闲坐见真境。寂寂孤月心,亭亭圆泉影"。此句便是一种内心境界的虚化,看不到实体,是心灵的一种反映和感悟。中国古代艺术家在创作时,会突破有限的客观对象,关注无限的人生与自然。一幅画、一首诗、一阕琴曲中的意境,就是艺术家体会到的大千世界。

二、中国主要传统艺术成就例举

（一）书法

1. 中国书法艺术概述

中国书法是一门古老的汉字书写艺术，有着独特的艺术形式。从字面上看，书法是指书写的法度，但书法不仅关注书写理论，还讲求美感。书法的中心是审美，要求把字写得美，写出神采，要求在书写技巧的基础上，融入书法家的审美情趣和个性气质。通过"书写"汉字来表情达意，寄寓性情的书法，是中华文化和艺术的核心体现。

汉字书法以汉字为载体，其形体由点画、结构、章法三者组成。点画是书法的最基本要素，写好点画与用笔有很大的关系，古人对点画有"点如高山坠石""横如千里阵云""竖有悬针与垂露之别"的要求。每一个汉字的结构都有大致的样式，但无定式，好的结字会妙趣横生，给人带来无限的美妙享受。写一幅作品之前，先要对作品的内容、字数的多少了然于心，落款的位置要进行大致规划，这就是章法，也是书法的关键。

2. 中国书法演变

书法字体经历了五个演化阶段，即"篆书""隶书""草书""楷书""行书"。每个时代有不同的书写工具和书法流派，中国书法呈现出百花齐放、异彩纷呈的局面。

殷商时代，人们好饮酒、敬鬼神，王室在行事前会先占卜，并请专门的刻录师将占卜结果记录在龟骨或兽骨上，于是就有了甲骨文。甲骨文从结字、章法、用笔三方面发展，奠定了中国书法的基础。

周代以后，社会生产力发展，社会生活日趋复杂，文字数量增加。记录方式以铭铸为主，记录材料从兽骨变成了钟鼎铜器、兵器和钱币，这样的铭文称为金文。金文在结字、章法上更加规范，制字时又精于雕琢，因而大大提升了其观赏性。

秦统一后，推行"书同文"政策。代表秦书法艺术最高成就的是李斯，他在秦国原有书体的基础上加以省改，创制了全国通用文字——小篆。同大篆相比，小篆具有字体修长、线条均匀的特征，写起来比较便捷，为历代书法家所喜爱。

隶书萌芽于战国，创立于秦代，到了汉代，汉字的形式发生了极大的变化。处于隶属地位的隶书开始取代篆书，成为汉字的主要形式。与小篆相较而言，隶书变圆转为方折，笔画更为精简，结构更加固定，以后的草书、行书、楷书均来源于隶书。

草书产生于秦汉之际，是汉代人们为了简便快捷地书写而形成的一种书体。汉代对于书法的另一大贡献是创造了章草。章草是由草书和隶书相融而成的比较雅致的草体，章草比今草有规矩和法度，保留了隶书的笔法的行迹，上下独立而不连写。

魏晋之后，楷书、行书、草书一跃而成为主体，隶书退居次要地位，篆书则逐渐被人所遗忘。在隶书向楷书演变的过程中，不得不提的一位大家便是钟繇，他被后人称为楷书的鼻祖。钟繇将隶书扁平型转变为方正型，从笔法上取缔隶书的蚕头燕尾，一种崭新的笔法脱颖而出。

行书最早是由东汉书法家刘德升所创，现在，刘的书法已无法得见。行书分为行楷和草楷，是介于楷书和草书之间的字体。行书不像草书那样潦草，也不像楷书那么整齐端正，实用性和艺术性都较高。

3. 著名书法家的代表性作品

（1）"二王"书法

中国书法史上，行书的第一大家当属魏晋南北朝时期的王羲之。他最初师从著名女书法家卫铄（shuò）学习书法，卫铄师出钟繇，因此王羲之也继承了钟繇的楷法，同时又改变了钟繇的笔法。他的行书作品《兰亭集序》被誉为"天下第一行书"，完美地体现了行书自由率真的特点，即使有重复的字，构体也不一样，如全篇有20多个"之"字，面貌与章法皆殊。王氏家族另一位书法家是王献之，与其父王羲之并称"二王"，在全面继承父亲技法与风格的基础上，创造性提出了"破体"，打破了楷与草的界限，书者可以根据自己的爱好和特长自由创作，解脱特定字体的束缚，王献之传世行书有《中秋帖》《鸭头丸帖》等。

(2)"虞欧褚薛"与"颜柳张素"

唐代书法的最大特点是追求法度,由于草书与行书写得自由洒脱,不易辨认,楷书就成了科举考试的通用书体。初唐时期,书法家欧阳询、虞世南、褚遂良、薛稷将魏晋时期南北两种不同的楷体有机统一起来,并且创造了一种崭新的楷体。"虞欧褚薛"四人的书法风格不尽相同,各有特色。盛唐时期,书法家颜真卿将"虞欧褚薛"的风格综合起来,形成了楷书艺术的最高峰——"颜体"。在全面吸收前人的优点的同时,颜真卿又将自己大度刚正的人格融入书法,开创崭新书风。颜真卿以后,柳公权的楷书又形成了另一种风格,"柳体"成了后来汉字发展的基础,现代汉字的形体结构基本上脱骨于"柳体"。唐代书法另一成就是草书,其中,张旭和怀素的狂草最为出名,狂草几个字或者一行字都能连绵直下,一气呵成,犹如龙飞凤舞,"张素"二人将草书推向另一个新的高度。

(3)"苏黄米蔡"与"瘦金体"

北宋最负盛名的书法家是"苏黄米蔡",即苏轼、黄庭坚、米芾、蔡襄,书法史上把他们四人合称为"宋四家"。他们的书法作品集中体现了唐代追求法度向宋代追求意趣的书法风格的转变。在中国书法史上还出现了一种特殊的书体——"瘦金体"。瘦金体是北宋的宋徽宗所创,其硬瘦锋利,笔法转折分明,别具一体。

(4)赵孟頫与明清诸家

开创在画上题字的是赵孟頫,他与苏轼一样是一位不可多得的"全才",他力倡"复古"且长时间专研"二王"与"颜柳"的书法,综合各家优点自成一体。明代书法工整但呆板,形成"台阁体",明中叶以后,祝允明、董其昌开始了对个性的追求。明末清初,出现了一批中国书法史上最具浪漫色彩的书法家如徐渭、张瑞图等,他们冲破局限,创作出许多有新意又奇特的作品。清晚期书坛呈现出百花齐放的景象,也是中国古代书法大发展、大终结的时期。

(二)绘画

1. 中国传统绘画概述

我国古代绘画艺术源远流长,早在原始时代就出现了丰富的岩画和陶画。

周代以后，绘画成就主要体现在青铜器的纹饰上，独立的绘画艺术日益繁荣，我国目前发现的最早的具有独立意义的绘画作品是《人物龙凤帛画》。

汉魏时期，绘画艺术得到进一步发展。绘画的种类不断增多，据文献和考古挖掘发现，多种绘画形式在当时已经出现，如帛画、壁画、漆画、木刻画及画像砖等。

隋唐时期，我国的绘画艺术达到全面繁荣。隋朝到唐初，世俗人物画迅速发展，多为描述帝王和贵族生活，随着佛教的传入与传播，宗教绘画也得到发展。山水画从人物画中脱离出来，独立成科，青绿山水画在唐宋时期一直占主导地位。我国的水墨画自唐代王维开始发展，山水画家用水墨渲染来代替青绿描绘，形成了"水墨美"的艺术格调。中唐时期，鸟兽禽画也开始发端，边鸾正是中晚唐花鸟画时代的天才画师，被称为"花鸟画之祖"。这一时期，中国画的三大体裁——人物、山水、花鸟日趋成熟并迅速发展。

宋元时期，绘画渐趋老成，宋代的文人多喜爱作画，这些由文人和士大夫所作的画被称为"文人画"，画中流露浓烈的文人思想，注重抒展个人情意。宋代宫廷画家和由宫廷设置的画院所作的画"院体画"也是这一时期绘画的特点，这类作品为迎合帝王宫廷需要，多以花鸟、山水、宫廷生活及宗教内容为题材，以宋徽宗赵佶的花鸟画最具成就。宋代还出现了反映市民生活的风俗画，生动记录了宋代城市面貌和当时社会各阶层人民的生活状况。

明清时期，绘画艺术出现了平民化的趋势，体现了接近世俗生活的倾向。在花鸟画方面，明中叶画家徐渭把写意花鸟画推向了抒发内心情志的新境界，其作品成为花鸟画发展中的里程碑。在文人士大夫醉心于山水与花鸟画时，陈洪绶的人物画独具风格，为人物画带来"中兴"。清代"扬州八怪"是当时最有影响力的文人画派之一，他们的共同特点是愤世嫉俗，画题以花卉为主，也画山水、人物，高度发挥了即景抒情的创造意志。此外，清末的小说戏曲的插图等多重绘画形式也繁荣发展起来了。

2. 中国传统绘画撷英

（1）墨骨传神的传统人物画

道释画是以表现道教、佛教为内容的绘画门类。从魏晋南北朝至隋唐时期，道释画极为繁盛，顾恺之、吴道子、曹仲达等都是精于道释画的大师。"画圣"吴道子所绘的《送子天王图》深受隋唐佛教壁画的影响，在色彩的选择上喜用红、绿、黄等鲜艳华丽的颜色，画中的人物身穿华美的服装，十分高贵与庄严。在光线的运用上，次要人物与主要人物用光协调，突出了圣婴、摩耶夫人等的主体地位。

仕女画是人物画中以女性形象为描绘对象的绘画，最早发端于魏晋南北朝，所描绘的女子主要是古代的贤德妇女和神话中的仙女。唐代是仕女画的兴盛时期，唐代画家热衷于描绘贵族妇女的生活情调，宋以后的仕女图关注的对象向下层妇女迁移了。在仕女图的发展过程中，顾恺之被誉为"中国绘画始祖"，他的传世作品《洛神赋图》开创了中国传统绘画长卷的长河，相传是顾恺之在读曹植《洛神赋》时有感而作，他将不同地点与时间发生的事情都放在同一个卷轴中，一气贯通，增强了作品的感染力。

风俗画以社会风俗习惯为题材，始于魏晋，兴于宋代，到北宋后期以及南宋，风俗画达到一个鼎盛时期。北宋张择端所作的《清明上河图》不仅仅是象征古代绘画艺术的杰出作品，更是研究我国古代文化、经济、政治、历史的重要依据。它生动地记录了北宋的城市面貌和当时社会各阶层人民的生活状况，被誉为"中华第一神品"。全图大致分为郊外春光、汴河场景、城内街市三部分，主要表现的是劳动者和小市民，画家十分细致地刻画出身份不同的每一位人物，各具特色，令人叹为观止。

（2）林泉高致的传统山水画

青绿山水画以矿物质石青、石绿等作为其主色，在古代绘画史上也占有很高的地位。隋代的展子虔创立了"青绿山水"这种绘画艺术形式，堪称当今青绿山水画的先驱和鼻祖。我国现存最早的一幅青绿山水画作品就是展子虔的《游春图》，该画用青绿的着色技巧描绘了当时贵族的生活情景。从此，山水不再只是一幅人物肖像画的背景，而具有了独立的地位。唐代"大小李将军"李思训和李昭道在充分继承隋代的着色山水画艺术传统和油墨画法的基础上，形成了"青绿为质，金碧为纹"的青绿山水画派。李昭道的《明皇幸蜀图》所描绘的画面就是安史之乱时唐玄宗入蜀地避难这一历史题材，画家画出了春天的各种景色，表现了蜀道的艰险，构图雄奇、明丽生动。

水墨山水画是中国画的一个分支，主要是由文人画发展起来的。水墨画发端于唐代，宋元之后，由于文人画的兴起，倡导写意的水墨山水画逐渐成为中国画的主流。据史界考证，中国泼墨山水画的鼻祖是唐代天才艺术家王维，他的传世作品《雪溪图》中，雪景寒江、小桥人家极富禅趣。王维将禅的精神融入山水画，追求"笔意清润""水墨渲淡"的笔墨技巧，对水墨山水画来说是做出了开创性的贡献。

（3）富贵野逸的传统花鸟画

以飞禽走兽为创作内容的花鸟画，在五代时期出现了"黄家富贵，徐熙野逸"两种风格流派。以黄筌为代表的"黄体"注重真实感，题材多是宫廷中的奇花怪石、珍奇异兽，他的《珍禽图》可以看出富贵而不柔媚，精致却不纤弱的造诣。北宋时期的花鸟画受黄筌画派的影响，表现出"黄家富贵"的气派，宋徽宗赵佶的《芙蓉锦鸡图》中花鸟、锦鸡、飞蝶纤巧富丽，刻画细腻，有皇家华贵气派。此外，许多画家都成了专攻某一题材的大师，如薛稷擅长画鹤，曹霸精于画马，韩幹画的马有"唐马"之称，韩滉擅画牛，他的《五牛图》将牛的健壮沉稳与憨实可爱刻画得惟妙惟肖。

以花卉竹石为创作内容的花鸟画，随着北宋文人画逐渐成熟，加上受到禅宗的影响，水墨花卉逐渐成为画家寄托情感、修身养性的艺术作品。梅、兰、竹、菊逐渐成为文人画中的常见题材。宋代文同以画墨竹著称，他爱竹达到了"竹如我，我如竹"的境界，《墨竹图》是他的传世佳作，构图极具动感，给人一种潇洒飘逸的美感。除了墨竹外，也有专画墨梅、墨兰的，如扬无咎就以画墨梅著称，赵孟坚则以墨兰名世。

（三）音乐

1. 中国传统音乐探源

乐舞艺术在原始社会就已出现，在远古时代，乐与舞是相互交融的，音乐和舞蹈统称为"乐"。先秦时期，我国音乐艺术最突出的特点就是歌、乐、舞一体，商代巫风盛行，出现了专门负责祭祀的巫和觋。春秋战国时期，周代的音乐高度发达，涉及生活多个方面，出现了许多音乐家，如伯牙、孔丘等。西周灭亡后，出现"礼崩乐坏"的情况，雅乐走向衰落，民间音乐出现空前繁荣的景象。秦汉时期，我国音乐开始多元化，有宫廷音乐、宗教音乐、文人音乐、民间音乐等。西汉时，国家还专设乐府来管理音乐。隋唐时期，中国的乐舞艺术达到了空前的大融合，燕乐是以传统音乐为主，吸收了少数民族音乐因素而形成的一种崭新音乐。在燕乐中最有代表性的就是唐代大曲，唐代大曲是器乐、声乐、舞蹈为一体的综合性艺术表演形式。宋元时期的音乐形式由歌舞转向戏曲，元代杂剧兴起，戏曲音乐在元代获得了较大的发展。明清时期，民歌异常活跃是这一时期音乐艺术的重要特点之一。

2. 中国传统乐理及乐器

在乐理方面，我国古人创立了五音阶体系，把音分为"宫、商、角、徵、羽"，类似现在简谱中的1、2、3、5、6。

在乐器方面，中国自古就是一个器乐艺术十分发达的国家。西周时期，依据制造材料将乐器分为八类，即金、石、丝、竹、匏、土、革、木，即"八音"，这是中国最早的乐器分类法，到春秋战国时，乐器种类增多，出现了规模较大的乐队组合，以编钟和鼓为主要乐器的"钟鼓之乐"就是常见的组合。秦汉隋唐时期是我国乐器发展史的鼎盛时期，琵琶是汉魏以来随"丝绸之路"传入的乐器，到隋唐时已成为各类音乐活动中的主要乐器。宋以后，随着说唱艺术和戏曲的诞生，一些古老乐器不断改进，还出现了一些新乐器，如奚琴，即现在二胡的前身。

3. 中国传统音乐分述

（1）古琴音乐

古琴是中国最古老的弹拨乐器，有3 000多年的历史，被誉为琴、棋、书、画"四艺"之首，在古代是地位很崇高的乐器。中国古代有一种主要在贵族、文人、士大夫中间流传的音乐，这就是古琴音乐，弹奏古琴成为他们抒情言志的重要方式和途径，是古人的基本修养之一。

历代文人雅士多有擅长琴歌者，他们边唱歌，边用琴伴奏。我国古代最优秀的古琴演奏家是战国时期的伯牙，他的音乐修养很高，即兴创作水平也非常高，琴曲《水仙操》即为伯牙所作。伯牙高山流水遇知音，他与钟子期这对知音传为佳话，现在的《高山流水》琴曲就是出于此。东汉的蔡邕和蔡琰父女都是当时著名的古琴家和作曲家，流传于世的作品"蔡氏五弄"就出自他们。

（2）宫廷音乐

宫廷音乐是指历代在宫廷各种仪式上演奏的音乐，按演奏场合划分，可以分为两种音乐，即群臣朝会办事的场所所奏之乐和皇帝与后妃生活起居的地方所奏之乐。中国古代宫廷音乐的规模以隋唐两代最为宏大，所设立的音乐机构有大乐署、鼓吹署、教坊、梨园，这些音乐机构训练严格，等级分明，社会地位和待遇各不相同。教坊和梨园教习俗曲和法曲，著名的《霓裳羽衣舞》就是唐朝大曲中的法曲精品，唐歌舞的集大成之作。相传唐玄宗亲自教梨园弟子演奏《霓裳羽衣舞》，由宫女歌唱，乐调优美，构思精妙，但"安史之乱"以后便失传了。

（3）宗教音乐

佛教音乐广泛存在中原汉族居民区，一部分是法事音乐或庙堂音乐，另一部分为民间佛乐或民间佛曲。所用的乐器有地区的差异，中国北方的佛教庙宇喜用吹管乐器，如管、笛、笙等；南方则在此基础上，添加了管弦乐器，如箫、琵琶、二胡等。各地所演奏的曲目也不同，与当地的民间传统乐曲有关。

道教音乐是道教进行法事仪式时，为神仙祝诞、降妖驱魔及超度亡灵时使用的音乐，依据法事活动内容的不同，所选用的经文和演奏曲也不同。例如正月初九是玉皇大帝诞辰，要演奏《玉皇本行集经》，上元节、中元节、下元节则要持诵《三元妙经》。道教音乐具有烘托气氛、增强信仰者对神仙世界的向往和对神仙的崇拜的作用，吸收了古代宫廷音乐和传统民间音乐的精华，形成了独特的艺术风格。

（四）戏曲

1. 戏曲的起源与形成

戏曲的起源最早可以追溯到上古时代的原始歌舞。从内容上来看，原始歌舞反映狩猎生活、农业生产、战争征伐，是戏曲发展最远的源头。我国出现最早的职业演员大致在西周后期，那些供统治者娱乐取笑的人，被称为"优"，"优"又分为"俳（pái）优"和"倡优"。这些艺人在当时地位低贱，却是我国早期滑稽艺术的创造者，戏曲中插科打诨的场面，与他们有着一定的关系。

戏曲的形成应追溯到秦汉时代，汉代加强了与西域文化的交融，一些西域民间技艺传入中原，加上宗教艺术的盛行，各种歌舞百戏繁荣发展。唐代的歌舞戏和参军戏有故事情节、人物对白和场面布置，这些艺术因素保留至今。

到了宋元时期戏曲才得以成型，北宋城市中的瓦舍将多种表演技艺集合在一起，提供了一个固定的演出场所，"宋杂剧"由此出现。宋金南北分治以后，留在北方金国的宋杂剧得以发展，称为"金院本"，受契丹、女真等少数民族艺术的影响，形成了自己的特点。宋高宗赵构建立南宋，迁都温州，许多艺人纷纷来到温州，"南戏"从宋杂剧中汲取养料，壮大了自己。成熟的戏曲要从元杂剧算起，它是在宋杂剧和金院本的直接影响下，融合各种表演艺术形成的一种戏剧形式，在唐宋以来的说唱文学、词曲、话本基础上，创造了成熟的文学剧本。

明清传奇是宋元南戏发展而成的戏曲形式。随着戏曲中心的南移，使用北方语言的元杂剧乐曲演出已无法适应南方观众的需求，一人演出的形式限制了其他角色的塑造，加上杂剧演出逐步进入宫廷狭小的圈子，元杂剧到了元末明初始告衰竭。南戏则吸收了北杂剧的长处逐渐形成了一种新的戏曲样式——传奇，传奇标志着我国戏曲比较完整的戏剧体系的形成。

2. 中国传统戏曲集萃

（1）清峭柔远的宋元南戏

宋元南戏起源于民间，题材多来源于民间传说、民间说唱、历史故事、宗教故事，也有取材于现实生活的真实故事。其中反映男子婚变，成功之后忘恩负义的戏文引人注目。《赵贞女与蔡二郎》《王魁负桂英》就是这样的作品，二者被称为"戏文之首"。很多戏文的题材反映了当时妇女的不幸，强烈谴责了那些道德败坏的人物。这些作品歌颂恋爱自由，提倡婚姻自主，大部分具有比较鲜明的反封建主题。还有一些作品描写了离乱中的男女在家庭关系遭破坏后的艰苦，反映当时妇女追求幸福生活的愿望，如高明的《琵琶记》，它改编自《赵贞女与蔡二郎》，将原本故事情节中蔡伯喈（jiē）的背亲弃妇变成了忠孝两全，将蔡伯喈做官再娶与蔡家的幸福对立起来，突出了"事亲"与"事君"的矛盾，对封建社会的罪恶多有揭露，也表达了对封建道德的不满，《琵琶记》象征着南戏的最高成就。

（2）劲切雄丽的元杂剧

元杂剧是在金院本的基础上，吸收了民间歌舞与当时流行于北方的诸宫调、说唱艺术的养料形成的。早期的元杂剧拥有众多剧作家和优秀剧作，著名作品如《西厢记》《窦娥冤》《单刀会》《梧桐雨》《赵氏孤儿》《墙头马上》等。这些作品揭露了社会的黑暗，反映了元代被压迫人民的愿望，提出了元代社会种种急需解决的问题。例如关汉卿的代表作《窦娥冤》，窦娥被张驴儿逼婚不成反诬告窦娥杀其父，昏官将窦娥处斩，窦娥感慨世道不公，发出"血染白绫、天降大雪、大旱三年"的冤怨，其父窦天章中第任高官，最终为女儿平冤昭雪。元杂剧还塑造了一批敢于反抗民族压迫的英雄人物，如岳家军、杨家将。还有描写爱情的题材，反映了当时广大青年男女的愿望，如王实甫的《西厢记》，书生张生与相国小姐崔莺莺，冲破封建的重重障碍，修成正果，表达了剧作家否定封建社会传统的包办婚姻形式。除此之外，前期元杂剧还有表达故国之思、宣扬宗教的内容。

（3）典雅华美的明清传奇

明清传奇作品数量庞大，对后来传奇剧作产生影响的要数梁辰鱼的《浣纱记》，它是根据明代传奇作品《吴越春秋》改编的。越王勾践在吴国当人质，听从越国大臣范蠡（lí）建议，送浣纱女西施侍奉吴王，磨灭其志，离间吴国君臣关系，三年后，越王被放回，君臣苦心经营，最后打败了越国。《浣纱记》开拓了昆仑腔移植入戏曲的先河。要求个性解放的作品层出不穷，如汤显祖的《牡丹亭》，它对封建礼教进行了批判，表达了内在的情感欲求，体现情与礼的冲突。标志着传奇创作走向高峰的是洪昇的《长生殿》与孔尚任的《桃花扇》，它们深刻地总结了王朝灭亡的经验教训，歌颂了民族爱国英雄，怒斥了昏君与佞臣，是我国古典戏曲的压卷之作。

第十章
中国传统服饰

一、中国传统服饰的主要特征与类型

中国老百姓说到有关吃穿用度的事情，往往用"衣食住行"来描述，而其中"衣"排在首位，说明"衣"在中国文明社会里占有重要的地位。中国传统服饰有着数千年的漫长发展历程，也积累了深厚的中华传统文化，在封建王朝的漫长更迭中，我们的传统服饰呈现出有别于他国的鲜明特征与类型。

（一）中国传统服饰的主要特征

1. 和谐统一、兼收并蓄

传统的"天人合一"观念，如服饰中的十二章纹，它们涉及十二种图案，不仅涵盖了天道、神圣、社稷、人伦等人类生活的各个方面，同时也体现了十二种美好的品行。十二章纹呈现了一个类似生态系统的大千世界，暗含着古人推崇的天人合一思想。这种观念促使中国人讲究整体的和谐。这种整体的和谐体现在服饰追求上就是注重服饰与社会环境的统一，注重服饰与社会的需要相契合。纵观整个封建王朝时代的分分合合，传统服饰所表现出与社会发展相统一的趋势始终未变。除此之外，兼收并蓄也是传统服饰发展过程中的鲜明特点。中国是一个多民族国家，每个民族都有其独特的服饰样式和服饰习惯，而不同民族之间的交流从未断歇，使得少数民族和汉族的服饰呈现了兼收并蓄的特点，如唐朝的胡服，就是汉族在与其他民族进行文化交流借鉴的基础上，吸收了胡服的服饰元素。

2. 官服民服、并行发展

官服和民服是中国传统服饰中的重要组成部分，成为古代服饰发展的两条主线。在古代，官服是政治统治的一部分，官服与许多朴素的民服相比，体现了明显的尊卑等级。做官的与平民百姓的服饰有着明显的区别，皇帝以及皇宫贵族的服饰处处散发着雍容华贵的气息，如历朝帝王都在服饰上用十二章纹彰显天子的最高等级和至高无上的权力。官服至清代逐渐发展成众多复杂与繁缛的样式，而民服同时也深受衣冠制度影响，平民需要遵守"礼"的规范，穿衣打扮需要恪守"上衣下裳"的服饰礼仪制度，遵循"上得以兼下，下不得以僭上"的原则。尽管民服不得僭越"礼"的界限，但是在不同的朝代，随着社会经济的不断发展，民服也在不断发展与变化，呈现出朴素、实用、多样的发展特点。

3. 传承发展、西服东渐

传承和借鉴其他民族服饰的内容一直以来都是我国传统服饰发展的重要模式。在古代，每次王朝更迭，服饰都会得到一定程度上的改革发展，而改革就是以前朝的服饰样式等为基础，再根据所建立朝代的政治、经济以及文化的需要来创新服饰样式，以此来适应朝代的发展，如战国时期的赵武灵王改革军服，把胡服用于军装，满足了士兵们轻装作战的需要。到了20世纪初，中国尝试学习西方先进的思想文化，大举"破旧封建思想，弘扬民主和科学"的旗帜，各种开放自由的思想不断涌现。这一阶段的服饰也受到崇尚自由等思想影响，进行了一定的改良，最为典型的就是旗袍。旗袍传承了基础样式而逐步改良发展成为"收腰低领"、展现人形体美的新样式。

(二) 中国传统服饰的主要类型

中国传统服饰经历了几千年的发展，有着各种各样的类型。中华民族典型的服饰，如汉服、唐装、旗袍和少数民族服饰等将在"中国传统服饰精要"一节进行说明，以下是对中国传统服饰中的官服、民服和胡服军装的介绍。

1. 等级森严的官服

在春秋战国时期，服饰逐渐成为区别人们身份等级的象征，冠服等级制度也趋于成熟。到了唐朝，朝廷对官服的等级划分更为细致，其中在对各级官员官服的颜色使用上有着严格的规定。黄色成为天子专属的颜色，黄色象征着至高无上的权力。因此，从唐高宗起，黄色成为庶民禁用的颜色。除此之外，唐朝对官级与官服颜色进行了严格划分，比如，三品以上官员官服为紫色，四品为深绯或者朱色，五品为浅绯色，六品为深绿色，七品为浅绿色，八品为深青色，九品为浅青色。在官员的饰品佩戴上也需要严格区分。比如三品以上的官员配饰是玉，四五品为金，六品为银，八九品为石头。唐朝还专门下诏严格禁止官员使用超越自己身份地位的服饰，要求官员服饰依照官级，上得通下，下不得僭上。

2. 朴素多样的民服

民服的种类有曲裾深衣、直裾深衣、襦裙、大袖宽衫、褙（bèi）子等。民服的种类多种多样，色调多以洁净、朴素为主。

深衣从春秋战国时期开始，一直流行到东汉时期。深衣结构为上衣、下裳，以腰节缝合成为一体。男女款式比较多，有宽松型、窄小型等。到了秦汉时期，深衣与先前有所区别，衣襟为曲线斜式。

到了东汉时期，直裾深衣开始流行。直裾深衣制作时需要将衣襟接长一段，穿着时折向背面，垂直而下，直至下摆。不管是曲裾深衣还是直裾深衣，显著的优点是穿着方便，既能包裹住身体，又便于活动，因此深受人们喜爱。深衣的颜色受到伦理思想的影响，一般父母都健在时，儿女可穿绿色；如果父存母亡，儿女需穿青色；如果父亡母存，儿女则需穿素色。

襦裙在战国时期就已经出现，它的样式为上襦下裙。一般上襦偏短，下身的裙子偏长，下至垂地。襦裙是古代妇女服饰中最为常见的服饰样式之一。

大袖宽衫流行于魏晋南北朝时期。该时期政治黑暗，魏取代汉，晋取代魏，造成了十分混乱的局面。在此背景下，玄学应运而生。玄学追求清静无为，漠视礼法。受到玄学的影响，上至名士、下至庶民都崇尚大袖宽衫。

到了宋朝，在平民中流行的服饰是"褙子"。褙子对襟是直领，袖子宽窄皆有，衣长一般及膝、过膝或至脚踝。褙子一直流行于平民百姓当中，因能展现典雅大方的姿态而深受宋朝百姓喜爱。

3. 轻便的胡服军装

春秋战国时期硝烟弥漫，原来周王朝建立的"礼治"制度逐渐瓦解，开始从奴隶社会向封建社会转变，经济发展迅速。社会的服饰观念也随之改变，主要体现在胡服的流行。胡服是古代汉人对西域和北方各族所穿的服装的总称，后泛指汉服之外的外族服装。战国时期的赵武灵王发现汉军队服装是笨重的长袍大袖，系带烦琐，干活打仗都非常不方便，而胡人的着装却十分简洁、干练，这种军装使胡人在对战中活动便利，行动敏捷，充分发挥了骑射的优势。胡服的特点是短衣、长裤、革靴，衣服修身而窄，尤为轻便。赵武灵王想让军人们学穿胡服，练习胡人的骑射技巧，因此提倡对先前繁缛的军装进行改革，把胡服用于军装。这就是服装历史上有名的"胡服骑射"事件。汉人军队穿上胡服、练习骑射不久，赵国军队果然日益强盛了起来。

二、中国传统服饰精要

中国传统服饰中的典型代表包括汉服、唐装、旗袍和一些有特色的少数民族的服饰。

（一）汉服

汉服又称汉衣冠、汉装和华服，全称是"汉民族传统服饰"。是从黄帝即位到明末清初，在汉族的主要居住区，以"华夏—汉"文化为背景，通过自然演化而形成的独特汉民族风貌，明显区别于其他民族的传统服装和配饰体系，是中国"衣冠上国""礼仪之邦""锦绣中华"的体现。

1. 汉服出现的背景

早在五千年前，华夏先民就出现了纺织业，后来，他们用麻布作为制作衣服的原料。纺织业的不断发展使得汉族逐渐探索出具有自身民族特色的服饰样式。据范晔的《后汉书·舆服志》记载，汉服在黄帝时期就已经开始出现，最终定型于周朝，后来通过历朝历代的改良，也受四书五经的思想影响而形成了完备的冠服体系，成为神道设教的一部分。

2. 汉服的整体特点

首先，汉族服饰几千年来的总体特点是平易自然，讲究天人合一。汉代的袍服最能体现这一风格，这种袍服的主要特点是宽袍、大袖，宽衣系带。从汉代的帛画和魏晋隋唐遗留下的一些人物画中可以看出，形制简单的汉装宽袍附着在不同体态的人物身上，顿时具有了一种鲜活的生命力，线条柔美流畅。宽大的袍服充分体现了汉民族柔静安逸、娴雅超脱和泰然自若的民族性格，以及平淡自然、含蓄委婉、典雅清新的审美情趣。其次是，五行思想自古以来影响着中国文化精神，其中的服饰色彩是最直观的体现。五行是金、土、木、火、水，与之对应的五色即白、黄、青、红、黑。这也是历代封建统治者通过色彩进行中央集权统治与区分等级管理的重要象征。如黄色是皇帝的专用色，象征最高统治地位，而地位较低的朝廷百官阶级则可用选用红色、紫色，平民百姓只能用青色、土色等杂色。再次，着装讲究礼仪。中华民族素有礼仪之邦的美誉，服饰的穿着处处需要体现礼。在我国传统文化当中，凡婚姻、丧葬、祭祀、朝见、聘问、会盟、节日等各种典礼对服饰均有严格的着装礼仪要求。礼仪即是服饰的生命。

3. 汉服的文化价值

汉服是汉民族传承与发展4 000多年传统文化的民族服装，是四书五经中的冠服系统，是从儒家经典，二十四史和其他经史子集中继承下来的礼仪文化的必要组成。汉服体系展现了华夏文明的等级文化、亲属文化、政治文化以及儒家的仁义思想。在中国古代的宗法文化背景下，服饰具有昭名分、辨等威、别贵贱的作用，人们需要根据吉礼、凶礼、宾礼、军礼、嘉礼等礼仪来穿戴相应的服饰，除去国家大事的礼仪，普通汉人的家礼包括冠、婚、丧、祭四礼。

汉服的结构设计也有着深厚的文化内涵。如"交领右衽（rèn）"的汉服结构设计，这种交领呈现的两条直线相交于衣中线左右，代表传统文化的对称学，显出独特的中正气韵，代表做人要不偏不倚的思想。如果说汉服表现了天人合一思想的话，交领即代表"天圆地方"中的"地方"，地即人道，即方与正。而袖子则是圆袂（mèi），即代表"天圆地方"中的"天圆"。这种天圆地方理念在汉服上的表现也是中国古代文化的一个体现。

4. 汉服的结构

汉服的主要结构包括领、缘、衽、袂、裾。领即衣服绕着脖子的部分，一般有交领、圆领等类型。缘即衣领、衣摆等处的镶边。衽即衣襟，传统的汉服衣襟为右衽。袂即衣袖，有宽袖和窄袖之分。裾即前襟，会有直裾、曲裾之分。

传统的汉服有上衣下裳、交领右衽、宽大袖子、系带和扣子等结构。

上衣下裳。在汉服的结构中，上衣和下衣原先保持着分离的形态。后来因为方便的需要，衣裳才慢慢连成一体。其中上衣有短襦、袄、衫等，下裳有裤装、襦裙等。其中襦裙是女子倾心的穿着，普通劳动人民往往上半身穿短衣，下半身穿长裤。

交领右衽。交领右衽是衣领与衣襟直接连接，衣襟在胸前呈交叉形状，左边的衣襟压住右边的衣襟，使汉服呈现出向右倾斜的效果。衽的左前襟掩向右腋系带，将右襟掩覆于内，称右衽，反之称左衽。交领右衽是汉服改良变革中稳定保持的样式，由于古代社会一向"以右为尊"，因此右衽一直是汉服系统中的鲜明特点，这种特点明显有别于其他民族的服饰。

宽大袖子。衣袖宽大而肥是汉服的突出特征，这种特征带有一种随意自然的文化传统，宽大的汉服能够让身体随意舒展，使汉服一直以宽大形态出现在大众的视野中。袖宽且长是汉服袖子类型的一个显著特点，这种特点显示出一种雍容典雅、飘逸灵动的风采。一直以来，汉服袖子的标准样式就是圆袂，从先秦至汉朝一直保持着这样的样式。

系带和扣子。以带为汉服的主要系缚物，不仅尊重了自然和谐与讲究文明礼仪的人文思想，还利用衣带制造出飘飘欲仙的动感美。汉服中的扣子，包括有扣和无扣两种情况。一般情况下，汉服是不用扣子的，即使有用扣子的，也是把扣子隐藏起来，不显露在外面而是用带子打个结来系住衣服。

（二）唐装

唐装即唐制汉服，为汉族服饰系统中的一种款式。中国传统服饰到了唐朝，有了新的发展特点，下文着重介绍唐朝时期的汉服服饰。其中对后世产生重要影响的唐代女装将详细介绍。

1. 唐装出现的背景

唐朝是中国封建王朝中最为繁华鼎盛的时期之一。在"贞观之治"和"开元盛世"的背景之下，此时汉民族对少数民族文化秉持的是兼容并包的态度，对外的经济文化交流日益频繁，整个国度在思想方面展现了极大的自由。在服饰方面，唐朝服饰文化内涵丰富，是兼收并蓄，成为中国传统服饰最为开放的时代。因此，有着鲜明特色的唐装应运而生。

2. 唐装的整体特点

唐装在唐朝的风格特征如下：第一，服饰宽大，奢靡艳丽。华丽奢侈的风格一直贯穿宫廷到民间，盛唐到晚唐；第二，服饰的功能齐全而细致。礼服、常服、公服等功能区分明确，服饰品种多；第三，等级特征明显。唐朝对服饰色彩、材料和样纹都有明确的等级划分。

3. 唐装的文化价值

唐装对后世影响最为深远的是其丰富了服饰的审美价值观。首先是对不同民族的服饰兼收并蓄。最能够体现的是胡汉交融，胡服汉化。上文提及胡服主要是赵武灵王引进军队改造使用，而唐朝对胡服的改造涉及的范围更广，逐渐蔓延到社会各个阶层，从帝王显贵到老百姓都偏爱胡服。胡服的基本特征是翻领、对襟和窄袖。而受其特征影响，唐装借鉴了它的翻领等设计，出现了类似设计的袍衫。通过考究出土的陶俑可以发现，唐朝妇女头戴脱帽（一种胡服常戴的帽子），身穿翻领窄袖袍。这些都能看出唐朝的服饰审美是兼收并蓄的。

其次是人们对妇女的服饰穿着持自由开放的态度，如男扮女装和穿半臂。在唐代，妇女自由的着装现象是较为普遍的。男装盛行，女子也可以自由选择男子的装束，如《旧唐书》就有记载：有的妇女穿着丈夫的衣服、靴衫。这种男扮女装的现象在礼法束缚的古代，甚是少见。除此之外，还有半臂装的流行。半臂是一种无领、半袖、对襟的短外衣。其特点是衣长至腰部以下，短袖宽口，肩袖平直，领口宽敞，胸前结带。在封建社会，广大妇女受到礼教的影响，遵循"笑不露齿，站不依门，行不露面"的规矩。在唐朝之所以能够穿着自由，是因为整个社会有着包容开放的风尚。

4. 唐装的服饰结构

唐朝女装主要流行的是襦裙装。其结构为上身一般为襦或衫，下身为裙装，有的还会搭配披帛。

首先是唐代的襦，襦是一种衣身狭窄短小的夹衣或者棉衣，这里认为短衣即襦。唐初期的襦较为紧身，袖子相对较窄，而盛唐之后的襦越来越宽松，中唐后期的袖子都倾向肥大。衫在唐朝是无袖单衣，可吸汗，有对襟及右衽大襟两种。春秋天可外穿衫，但是和类似短袖的衫不同，这种衫被称为半臂。唐朝时期的襦或衫的领型和以往的不太一样，除了有交领、方领、圆领之外，还有多种类型的翻领。翻领因对称的形式给人以庄重感。

其次是裙装。唐朝的裙子为多片裙。有学者考究裙装的造型一般以长方形的方片直裙为主，这种裙子的造型结构与人体的立体结构不是特别适应。唐初盛行紧身狭窄的服装结构，裙子则流行高腰或者束胸、贴臀的样式。这种造型能够显露人体的曲线美，又能展现一种绮丽洒脱的自由风度。这种多褶斜裙更能够与人体的立体结构相适应。

最后是披帛。披帛又被称为帔子、领巾、帔帛，是整个唐代妇女普遍使用的服饰搭配饰品。在唐代的敦煌壁画中都有记载。如在敦煌莫高窟中，有90多窟记载了五代于阗（tián）王后曹氏像等穿戴披帛，其中还刻画了披帛的各种样式和披戴的方式。除此之外，唐朝还有许多诗文涉及披帛。如温庭筠的词《女冠子·霞帔云发》里面就描写了女主人公彩霞般的披肩，即披帛。这里展现了唐装服饰中披帛的灵动作用。披帛的搭配能够美化妇女柔和轻盈的身姿，其发展正体现了中国传统服饰艺术以虚代实、动静相间的艺术风格。

（三）旗袍

关于旗袍的概念，包铭新在其著《中国旗袍》将旗袍定义为："旗袍的内涵要比旗人之袍或旗女之袍丰富得多。广义地说旗袍经历了清代旗女之袍、民国时期的新旗袍和当代时装旗袍三个时期的发展，其中以民国时期的新旗袍最为典型也最为重要。"本文的旗袍定义参照了上文所提及的"广义上的旗袍"。因此，后文着重介绍民国之后的旗袍。

1. 民国旗袍出现的背景

1919年的五四运动引发了许多先进的新思想，这种开放自由包容的新思想促成了中国在20年代初期社会呼吁改革传统旗袍的号召。传统旗袍一直被批判剪裁过于保守，造成了旗袍过宽过大，不能修身保暖的问题；要么有些过于紧小，阻碍血液的循环流动；因此旗袍的改良便是从曲线开始的。

2. 民国旗袍的演变

民国期间旗袍的改良经历了样式轮廓的修改，分别呈现了四个阶段的变化：宽松型—倒喇叭型—修身型—紧身型。清末的旗袍是十分宽松的，最突出的特征是袖子宽大，基本看不见手腕。到了民国初期，沿袭传统宽松型旗袍，其轮廓特点是轮廓平直，比较宽而大，与以往旗袍样式不同的是，它的结构为较短的袖子，手腕会外露，袖口呈喇叭形状，镶边的地方包括领、襟和下摆，长度大约到脚踝关节。

进入20世纪20年代，旗袍被逐步改良。修身型旗袍出现。修身型旗袍是从民国流行服饰短袄的结构借鉴改良而来。服饰研究者包铭新认为，1926年，长马甲同短袄合并，就有了民国新旗袍最初的款式。这种款式张爱玲也曾在《更衣记》中记录了下来："时装上也显出空前的天真，轻快，愉悦。喇叭管袖子飘飘欲仙，露出一大截玉腕。短袄腰部极为紧小。"这种短袄在袖子上选择了大胆的倒喇叭形状，这种设计的袖子使得女性的手腕外露。而这种偏短的上衣，腰部收紧而展示了女性的身体曲线，衣服的下摆不仅短，还呈现出一定的弧度，能够展示女性的臀部线条。而后的修身型旗袍就是在短袄的基础上进行改良。改良后的旗袍外在轮廓方面相比之前有一定变化，如旗袍的腰身开始变窄，袖口变小，色彩搭配上讲究清淡素雅。修身型旗袍扭转了以往旗袍"宽、肥、大"的传统审美，转而以干练为本，逐渐突出身体的基本线条，此时的旗袍对原来华丽复杂的装饰进行简化，更好地展现了人体的曲线感。

到了20世纪30年代，随着新思想的传播和审美风尚的西方化，旗袍向紧身型的立体造型转变。30年代旗袍有两个明显的特点，一是中西结合；二是灵活多变。中西结合体现在有些女性会搭配西式外套，而剪裁也紧跟西方审美潮流。收紧的腰身，稍低领的胸襟，突出了女性的胸部和细腰，整个旗袍的立体感更强，女性身材的线条感能够很好地被衬托出来。还有开衩设计更为灵活，不仅有些在两边开叉，还在前后进行开衩设计。修身型旗袍彻底摆脱了旧式旗袍的藩篱，成为有着中华传统服饰特点的"国服"。

3. 民国旗袍的文化价值

首先，民国旗袍展现了尊重人本意识的审美观。民国改良后的旗袍摒弃了漠视人本、重视图案而不强调人体曲线的审美思想，实质是不断展现人体美，发现女性魅力的过程。旗袍内部搭配短裤或者三角裤，穿丝袜，于开叉处露出双腿。有些叉开得比较高，有些还接近臀下，腰身又窄小，双腿给人以活泼灵动之感。这说明当时女性的衣着审美有了进一步的发展，整个文化环境是包容而开放的，是尊重人本意识的觉醒。民国旗袍逐步摆脱传统的尊卑等级风气，挣脱性别地位等方面的桎梏。穿旗袍引领了开放自由的社会风尚，成为女性们张扬个性的必备。

其次，旗袍是中华传统服饰的文化符号。旗袍经过改良，被人们看作典型的中国服饰。在民国时期的老上海，随处可见女性身着旗袍，展现自己妩媚多姿的一面。王家卫、李安、关锦鹏等电影导演都倾向于用旗袍来表现角色的内涵与典雅，努力地将仅仅具备服饰功能的旗袍转变为能代表中国文化符号的艺术产品，并输出到世界各国。而在国际社会上，彭丽媛经常穿旗袍展现中国文化，这是在向国际社会输出我们的服饰文化，展现我们民族的文化自信。

(四) 民族服饰

我国是一个多民族国家，中国少数民族传统服饰大多数以天然材料为制作原料，制作工艺一般为纯手工，精工细作，风格或纯然质朴，或华丽柔美。由于大多数少数民族聚居在内陆地区，受外来政治、文化的冲击较少，因此少数民族的服饰文化相对稳定地传承了下来，体现了他们独特的民族审美观念。下面选取了一些具有鲜明特色的少数民族服饰进行介绍。

1. 苗族服饰

苗族人口主要以小聚居大杂居的形式分布在海南、广西、贵州、湖南、湖北等几个省、自治区。其中最为集中的是贵州。苗族是一个有自己的语言而没有自己文字的民族，苗语属于汉藏语系苗瑶语族苗语支。苗族人能歌善舞，在飞歌、情歌、酒歌方面远负盛名。

苗族服饰样式众多，色彩丰富艳丽。其中苗族女性的服装样式有百余种，为民族服饰之最。一般苗族服饰上半身是短衣窄袖，下半身是长裙或者短裙，也有一些搭配裤子。全身服饰均饰图案，花纹五彩斑斓，上面一般是用刺绣、挑花、织锦、蜡染等手法进行装饰，十分讲究佩戴银饰，胸前的配饰一般是大银项圈和银锁，垂下银珠穗。头上的配饰一般有绢花、垂珠、簪子等，脚下常穿草编鞋。苗族人民多以居住地出产的原料作为服饰面料，其中棉、毛、麻等面料需要经过家庭手工精心编制而成。苗族的蜡染艺术工艺历史悠久，苗族人民进行蜡染时一般是将各种图案绘制在整块布上面，然后再进行下一步的工序。

2. 维吾尔族服饰

维吾尔族人口主要聚集在新疆维吾尔自治区，主要分布在天山以南，塔里木盆地周围的绿洲是维吾尔族的聚居中心，其中尤以喀什噶尔绿洲、和田绿洲以及阿克苏河和塔里木河流域的人口最为集中。"维吾尔"是民族自称，有"团结""联合""协助"之意。历史上相关汉文文献对这个族名的译写分别有"袁纥（hé）""回纥""回鹘（hú）""回部""缠回"。

维吾尔族传统男子一般穿着较长的外衣、长袍、短袄、腰巾等。这些服饰被统称为"袷（qiā）袢（pàn）"。袷袢上面有着黑、白、蓝等不同颜色的团花，多使用绸缎或布料制作。袷袢一般过膝、宽袖、无领、无扣，穿时在腰间扎一长带，还会在外搭配长袍，这种穿着比较注重宽松合体。维吾尔族妇女多穿裙装，颜色明亮艳丽，裙装款式多样，主要有长外衣、短外衣、长裤、衬衣等。传统的维吾尔族女性服饰为连衣裙和裤子，外面还会套上对襟背心。维吾尔族还十分擅长用花卉进行装饰，他们会在服饰的胸前、袖口、肩、裤脚等地方上刺绣一些花卉图案。维吾尔族女性佩戴的首饰花样繁多，包括耳环、戒指、项链、胸针、手镯等。他们还有一样十分具有特色的服饰：花帽。当地称"尕（gǎ）巴"，又称"小花帽"，除了用来御寒和防暑，还会在社交、探亲、节日聚会中佩戴。花帽的样式较多，纹样色彩鲜明、工艺精湛。

3. 白族服饰

白族主要分布在云南、贵州、湖南等省，其中以云南省的白族人口最多，主要聚居在云南省大理白族自治州。此外，四川省、重庆市等地也有分布。白族有自己的民族语言和文字，白语属汉藏语系藏缅语族彝语支。白族是一个聚居程度较高的民族，有民家、勒墨、那马三大支系，受汉文化影响较深。

白族服饰的突出特点是崇尚白色。男子多上身穿白色对襟衣，外面搭配外套坎肩，下半身为白色或者蓝色宽裤，肩上挂着绣花包。这种明亮的装饰表现出青年男子的活泼、大方、洒脱。白族女子服饰各地有所差异。大理一带的女子常穿白色上衣或蓝色、红色的领褂，下半身是蓝色宽裤，腰身系绣花飘带的短围腰，脚下着绣花鞋。绣鞋有三大类：船型绣花鞋、圆口绣花鞋、绣花凉鞋。白族妇女的头饰比较华丽，往往与其上身穿着相映成趣。不同地区的白族妇女所戴头饰有不同特点。大理的白族妇女皆戴头帕，未婚者编独辫盘于顶，辫上多缠红白绒线，左侧垂有红白绒线流苏；已婚者多挽发髻。大理白族中年妇女多穿蜡染镶边服饰，染或扎染花布为头帕。洱海东部地区妇女爱梳"凤点头"的发式，用丝网罩住，或绾上簪子，用绣花巾或黑布包头。剑川的青年女子则喜戴小帽或布满玉兔银泡的"鼓钉帽""鱼属帽"之类；鹤庆一带的白族妇女所戴帽子像个大圆盘，形状别致，给人以深刻的印象。各地妇女都爱佩戴耳坠，戴手钩镯。

4. 藏族服饰

藏族主要聚居在青藏高原地区，是青藏高原的原住民。主要分布在西藏自治区、青海省和四川省西部、云南迪庆、甘肃甘南等地区，是中国及南亚最古老的民族之一。他们是少有拥有自己语言和文字的少数民族，藏语属汉藏语系藏缅语族藏语支，分为藏、康、安多三种方言。

藏族服饰的基本特点是长袖、宽腰、长裙、长靴等。藏族人生活在海拔高，气候寒冷的地带。为了更好地适应高原生活，藏族男女都以穿长袍为主，长袍宽而大，穿这种结构肥大的长袍，夜间和衣而眠可以将长袍当作棉被抵御风寒；袍袖宽敞，臂膀伸缩自如，白天气温上升更可脱出一个臂膀，方便散热，调节体温。所以脱掉一只袖子的装束便形成了藏族服装特有的现象。藏袍布料一般是厚厚的毛呢，能更好地帮助御寒。

藏族女子服饰分为有袖和无袖两种，平时女子穿领子设计为斜边的衫，外罩无袖旗袍，腰间围着彩条长围腰，藏语称为"邦单"。头上裹头巾或者戴帽。藏族帽子样式多，最受欢迎的是金花帽。藏族穿靴子居多，靴底较高，有些还绣上各种花纹进行修饰，靴头有圆的、尖的、带钩的。鞋带是使用毛绒手工编织而成。靴的后部留有较长的开口，方便穿脱。藏族男女都讲究饰品的佩戴，女子的配饰有大耳环、金银手环、珠链、戒指等，材质多为银、金、珍珠、玛瑙。男子也有佩戴耳环、手镯的，而火镰、长剑则系在腰间。

藏族还有佛教服饰，藏族大部分人有宗教信仰，其中就有藏传佛教，又称"喇嘛教"，是佛教衍生出来的一个分支。其中又分有多个派系，不同派系服饰有所不同。如宁玛派僧侣戴红色僧帽，格鲁派僧侣戴黄色僧帽，噶举派僧侣穿白色的僧衣。藏族同胞特别重视"哈达"，把它看作是最珍贵的礼物。"哈达"多为雪白的织品，一般宽二三十厘米，长 1~2 米，用纱或丝绸织成，每有喜庆之事，或远客来临，或拜会尊长，或远行送别，都要献哈达以示敬意。除了白色的哈达，还有五彩哈达，颜色分别为蓝、白、黄、绿、红。其中蓝色代表蓝天，白色即白云，绿色即江河水，红色即空间护法神，黄色象征大地。五彩哈达是最珍贵的礼物，是用来献给菩萨和近亲时做彩箭用的，所以彩色哈达只有在特殊的场合才会使用。

第十一章
中国传统饮食

一、中华饮食文化的起源和发展

先秦典籍《礼记》中讲到"饮食男女，人之大欲存焉"；《孟子·告子上》中也讲"食色，性也"，即人生有两件最重要的事，一件是吃饭果腹，另一件便是生存繁衍。《史记·郦生陆贾列传》中说道："王者以民人为天，而民人以食为天。"这句话更早的时候由管仲说过，他说："王者以民为天，民以食为天，能知天之天者，斯可矣。"（对于统治者来说人民是最重要的，而对于人民来说吃饭是最重要的。能适应天的天人，这才行）他认为作为王者应该要知道百姓最需要的是什么，才能当好一个王。商周八政：一曰食，二曰货，三曰祀，四曰司空，五曰司徒，六曰司寇，七曰宾，八曰师。其中"食"为八政之首，可见饮食在人们生活中的重要性。

饮食文化是指食物原材料的开发和利用、食物的制作与创新和食物的生产与消费等过程中的科学艺术、民俗习惯以及与人生境界的关系等，即人们生产食物和饮食生活的各种方式、过程的总和。饮食文化是饮食活动发展到一定阶段的产物，标志着人们的饮食实践从原始部落进入到文明社会。而中华饮食文化是一种历史悠久、视野广阔、层次分明、角度多样、品味丰富的区域文化，是东方饮食文化的核心，也是中华民族在悠久历史中对食物开发、研制等方面不断积累和实践而形成的物质财富和精神财富。

(一) 中华饮食文化的内容与发展

1. 远古时期（夏商周）

在远古时期，已经有了多种多样的食物，于是人们将食物分为不同的种类，包括主食、肉类、蔬菜、水果等，这是我国现今食物结构分类的雏形。

我国进入农业社会后，人们就将各种谷物当作主食，统称五谷或六谷。五谷为稷、黍、麦、菽、麻；六谷较五谷而言多了一种：稻。古时还将作物称为百谷，并不是说有100种谷物，而是指多种谷物，这表明古时人们的主食已有多种之选。稷即现在的小米；黍是形似小米的黄米，质地较黏；麦分为大麦和小麦，古代称大麦为麰（móu），也叫麰麦；菽就是豆子，也是豆类的总称；麻有充饥的作用，所以也被称为五谷之一。许多古书中也记载过其他粮食的名称，例如粟、粱、禾、谷等。稻在中原地区的出现和种植比上述5种作物都要晚一些，大概起于周代，所以后世以六谷相称。

肉食是主要的能量来源，也是除主食之外的副食主体。一方面，北方长期游牧的生活习惯在进入农耕文明后不会迅速淡化；另一方面，在远古时期，野生物多，蔬植类较少，栽培技术尚不先进。肉食的主要来源是三牲，即牛、羊、豕（猪）。牛是主要的农业生产工具，《王制》中规定"诸侯无故不杀牛"，只有统治阶级才吃得起牛。羊是较为普遍的肉食，在羊肉中，羔羊的肉质鲜嫩，人们对羔羊肉的喜爱程度远大于成年羊。豕又叫彘（zhì），泛指一般的猪，豚是小猪，古人以羔豚并称来形容美味。历代达官贵人都极为重视口腹之欲，各种山珍海味都成为其盘中餐。蔬菜主要有葵、壶、韭、菲、芹等，这些蔬菜有些在今日仍在食用，有些因为口感或获取难度已经退出蔬菜范畴；瓜果有梅、杏、枣、桃、梨、木瓜等。

上古时期人们就已学会转化食物，把晒干的肉叫脯（fǔ），肉酱叫醢（hǎi）。上古也有醋，叫作醯（xī）。有了醯，就可制成酸菜、泡菜，叫作菹（zū），腌肉腌鱼也叫菹。在某种意义上，菹与醢相近。这种制作食物的方法不仅丰富了人们的饮食口味，也大大延长了食物的储存时间，使古人享用蔬菜时不会因气候或运输等因素受阻。

2. 中古时期（秦汉至隋唐）

秦汉时期，由于地域不同以及民族的区分，人们的日常饮食也呈现出多样化的特征。这些特征又随着时间的变幻、地域间的交流、民族的冲突和融合而变化，使得这一时期人们的饮食生活中带有浓厚的胡汉融合的色彩。例如彼时风行的胡饼，虽由来和命名颇有争议，但其形似现在的烧饼，且面饼上有芝麻，古人也称其为胡麻，所以有胡饼之称。唐代以前，北方面食都以胡饼为主。

据史书记载，汉代时期，汉武帝派遣张骞出使西域各国，我国引入了大量的食物，其中有葡萄、核桃、西瓜等水果，也有菠菜、胡萝卜、茴香、扁豆等蔬菜。与此同时，国内各地来往密切，南方盛产的甘蔗、荔枝、龙眼等作物也传入北方。西汉时期出现了一个明显的变化：不仅达官贵族能够吃牛羊肉，一般中等人家也可以吃肉喝酒，平民仍以素食为主，主要吃葱、韭等蔬菜。东汉时蔬菜已有20余种，其中不乏葱蒜和生姜等调味菜，说明当时的饮食已注意到了菜肴的调味性，去腥提鲜。与此同时，喝茶也开始流行。

魏晋南北朝时期充分体现了民族大融合，极大程度上带动了经济、文化的交融，从而促进了饮食文化的发展。秦汉之际，人们对蔬菜的食用价值有了深刻的了解，医书中也开始阐述蔬菜的食疗滋补作用。自此，烹饪的手法随着食物的丰盛而不断进步，开始注入文化内涵，逐渐成为一种技艺。

隋唐五代时期，随着经济的繁荣，食物的种类也不断增多。隋朝官员编写的《食经》中记载了许多珍贵的名菜，五代后蜀国编写的《食典》有上百卷之多，记录了当时高超的烹调技艺。唐代的食物制作水平与当今有极大的相似度，主食有饭、馒头、面条、粥等，辅之以许多杂粮。肉食为更多人民享用，动物的内脏等也被制作成各类美食。

3. 近古时期（宋元明清）

北宋时形成了北方主食以黍麦为主，南方主食以稻米为主的饮食差异。南宋初年，北方人南迁，南方人也开始食用面食，使得南北饮食差异逐渐缩小。到了宋元时期，不论是主食、面食或是肉类，种类增多的同时，烹饪技术也更加成熟，开始讲究色、香、味俱全的饮食文化。大城市都开了许多的食店来满足人们日益刁钻的口味，反映出当时人们对于饮食的极高要求。饺子便是宋元时期的产物，此时因其形得名"角儿"，元代的饺子多不用水煮，而是烤、烙、煎、炸，这与现代北方的饺子制作方法略有不同。如今，春节除夕夜合家团圆吃饺子,是任何山珍海味无法替代的重头大宴。

明清时期,商品经济发达,市集贸易兴盛,城市人口增多,人们的文化生活丰富多彩,满族特有的饮食文化与汉族传统习俗相融合,对饮食的发展也起到了促进作用。城市中的饭馆、酒馆、茶楼也比以前更多。此时期受儒家思想的深刻影响,开始重视饮食的礼仪规范。

清代饮食文化中最具影响力的当属满汉全席,这道由三百二十品菜肴组成的满人和汉人合聚的中华名宴,展现了我国古代饮食之丰富、制作之精巧、程序之复杂,也是中华民族大一统的体现,其中包括蒙古族食品、回族菜点、藏族水果,这使满汉全席成为五族共庆的盛宴。全席共分为六宴,其中包括了冷荤热肴一百九十六品,点心茶食一百二十四品,有时鲜海味和山珍异兽,合用全套粉彩万寿餐具,配以银具,用餐环境典雅隆重,还请名师奏古乐,沿典雅遗风,礼仪严谨庄重,承传统美德。全席结束,尽享中华烹饪之博大,饮食文化之繁荣。

(二) 中华饮食文化的理论基础

中华饮食文化之所以可以发扬光大,是有其相应的理论基础为支撑的。中华饮食文化的核心理念是以养为目的、以味为核心。中华饮食文化第一个理论基础是饮食疗疾,即根据不同的病症,选择具有不同作用的食物,或以食物为主,并适当配有其他药物,经烹调加工成各种食物以治疗疾病。第二个理论基础是饮食养生,指根据不同体质、年龄、性别等个体因素以及气候、地理等环境因素,选择适宜的食物以调节人体各项机能,滋养气血,强身健体,起到预防疾病的养生保健方法。前者是以食养病,后者是以食防病。第三个理论基础是本味主张,即注重原料的天然味性,研究食物原料的性质、功用以利人生。

《黄帝内经·素问》中说:"五谷为养,五果为助,五畜为益,五菜为充,气味合而服之,以补精益气。"(五谷能养人,五果能辅助养人,五畜对人有补益作用,五种蔬菜对人有充养作用,气和味相合服用了才能够补益精气)这其中便体现了饮食养生的道理。孔孟食道是孔子和孟子的饮食观点、思想、理论及其饮食生活实践所体现的基本风格与原则倾向。孔孟二人因相似的生活经历和思想,二者都倡导以养生为宗旨的简朴生活。孔子主张

"君子食无求饱，居无求安"（君子饮食不要求饱足，居住不要求舒适），可见孔子的饮食观点就是粗茶淡饭，食无过饱。

（三）中国饮食文化的特点

文化是人类长期生产生活的物质产品和精神产品，是人类社会特有的文明产物。饮食文化更是我国传统文化中独树一帜的内容，不仅有丰富的内涵，也有其相应独特的特点。

1. 区域性

早在商周时期，《诗经》《楚辞》等先秦诗文中对饮食的记述已经有了区域的差异。汉朝到唐朝，曾出现了"胡食""素食""北食""南食""川味"之分，"胡食"是指北方少数民族的饮食，多以牛羊肉和面食居多；"北食"多指中原地区的饮食；"南食"指江浙地区的菜色，也包括闽、皖、湘、鄂地区风味；"川味"则以辣食为主。随着经济文化的发展和饮食业的竞争，各地区饮食文化发展越来越具有明显的特征，以区域为界将饮食分派也有了雏形。

影响饮食文化区域性差异的因素包括人文因素和自然因素。地理环境、物产条件和气候因素也会影响人们的饮食习惯和口味。古时人们遵循"靠山吃山，靠海吃海"的生存法则，就地取材，在有限的环境下寻求最丰沛的食物，这不仅是因地制宜的变通，也是顺应自然的中式生存之道。我国东南沿海地区渔业发达，人们靠海生存；西北地区远离海洋，深居内陆，人们以牛羊肉和乳制品为生；中部平原地区地域平坦辽阔，河湖交错，适宜种植各类农作物，人们可选择的食物种类较多，但也形成了各地独有的饮食口味；西南气候潮湿，当地人以辣除湿；中原地区气候温和，物产丰富，人们口味清淡，味求食材本味。不同地域的人们严格遵循自然规律，寻求道法自然，在饮食文化中体现出非凡的智慧。

2. 广泛性

中华大地幅员辽阔，自然地理条件多样，任何一个国家都没有这样多潜在的食物原材料，但是人口众多，人均享有的食物数量极少，远古时代就有人们因为食物而引起战乱的例子，封建时期，让人们能够吃饱是历代管理者所烦恼的大事，也是关乎每一位百姓生计的大事。不论是为了谋求生活还是对美味的追求，人类已经做到了无所不吃，这一点便体现了人们饮食的广泛性，也造就了中华民族顽强的生存能力。

中国饮食文化的广泛性不仅是因为中国食物原料的丰富，也得益于中国人民的勤劳与智慧。处在上层社会的人们因为有了物质基础，就会想方设法满足口腹之欲，各种山珍海味便是最优选择；而平民百姓为了生存，也会想尽办法搜寻一切能吃的东西。自古以来，中国人就讲究吃得越丰富便越热闹、越有诚意。如果有客人到访，一定要准备一顿丰富的菜肴；逢年过节，一家人团聚在一起时，也会享用自己亲自下厨的团圆饭。如今人们可以远离自然就享用到各种山珍海味，感谢自然的同时，也要感谢那些通过劳动和智慧成就餐桌美味的人们，怀着对食物的感激与理解，在不断的尝试中寻求创新的灵感，而这些对味道的升华，久而久之就形成了文化的一部分，得以传承。

3. 稳定性

人们总是在与时间赛跑，整装启程，跋涉落脚，在哪里停下，就会在哪里支起灶火。但是无论走到哪里，家乡食物在我们心中的地位难以被外界因素所影响。饮食民俗在形成一种文化之后，代代相传，具有相对稳定性。我国地域辽阔，不仅体现在气候、自然环境和物产中，也形成了各区域不同的民族、宗教和习俗，在中国领域内形成了风格不尽一致的饮食文化区。尽管有不同，但是在同一区域内，人们总是会重复不变地把上一代从祖先那里继承下来的饮食习俗传递给下一代，这其中不仅是对食物的传承，也包含了人们对家乡情感的寄托。在近千年的饮食文化中，这些饮食特性虽各有不同，但是在历史传承中代代相同，所以变化相对缓慢。

4. 融合性

文化并没有十分严格的区域划分，虽然各区域的饮食文化具有其自身的稳定性，但区域间的饮食随着经济文化的发展也处在不断交流融合与变化之中。只要有人际活动，就会有文化的交流，饮食文化也处在不断交融中，古时官吏从宦、士子游学、罪犯流放，如今公私移民，贸易往来，都促进了饮食文化的交流。中国第一次大规模引进异域食物，是汉代张骞出使西域，带回了大量的西域食物，例如葡萄、石榴、大蒜、胡瓜，等等，极大丰富了中国饮食内容。第二次是在唐代,此时熬糖法从印度传入中国。第三次是明清时期,辣椒的传入丰富了中国人的饮食口味,也促进了我国菜系的发展。

(四)中国饮食民俗

1. 节庆食俗

我国的传统节日众多,几乎每一个传统节日都有相应的饮食活动。春节是我国最大的传统节日,也是习俗最多、时间最长、最为喜庆的节日。每当春节来临,最具代表性的习俗便是包饺子、吃年糕、吃团圆饭,年夜饭规模之大、菜品之多都是平时节庆无法比拟的,在外闯荡的游子无论多忙也要在除夕夜赶回家吃年夜饭。元宵节是一年中的第一个月圆之夜,元宵佳节,家家户户都要吃元宵,元宵也叫汤圆,寓意团团圆圆。端午节吃粽子是最具有时令性的食俗,广为流传的说法是为了纪念伟大诗人屈原,粽子因地域不同也有了南咸北甜之分。每年农历八月十五是传统的中秋节,吃月饼象征月圆和团圆之意,月饼也以京味、苏式、广式三大风味为代表。重阳节正值农历九月初九,"九"为阳数之最,故为"重阳",金秋九月,人们饮菊花酒,吃重阳糕,有"步步登高""久久长寿"之意。

2. 饮食习惯

我们如今对一日三餐已经习以为常,其实,古时很长时间内人们盛行一日两餐,第一顿饭叫朝食,第二顿饭叫餔(bū)食。古人于太阳在东南角时吃第一顿饭,此时叫食时,据推算是上午9点左右;第二顿饭一般是申时享用,下午4点左右。对于进餐时间,古人奉行"食不时不食",意思是不应在不该进餐的时间进食,否则就是一种越礼的行为或特别的犒赏。古时庄稼产量不高,做饭费时,所以盛行朝食多做一些,在餔食热一热吃。现在晋、冀、豫几省交界的山区还保留一日两餐的习惯,晚餐吃剩饭,且多为稀饭。

汉代以后,随着社会发展,粮食也逐渐丰富,一日两餐逐渐演变为一日三餐,并开始有了早、中、晚餐之分,利于生活,也利于生存。汉代称早饭为寒具,指早上起床洗漱后所用的小食。到了唐代,寒具有了点心之称。时至今日,我国有些地区仍把早饭称为早点,午饭称为"中饭"或者"过中"。

3. 饮食等级

先秦时，各阶层的饮食礼制已经相当完备，对等级有严格的规定。周代盛行的青铜器具——鼎便是人们身份的象征，"钟鸣鼎食"一词便用来形容古代贵族阶级饮食盛况，而下层人民则是"箪食瓢饮"的贫苦生活。而且不同身份的人也会使用不同数量的鼎，国君用九鼎，卿用七鼎，大夫用五鼎，士用一鼎或三鼎。各等级的人食有常式，不许越界，通常只有统治者或者贵族才能经常食肉，而平民百姓大多以素食谋生。

二、中华八大菜系

华夏大地地大物博，造就了不同的气候、地形、传统习俗和风土人情。聪明勤劳的中国人从来不会把食物只局限在一张菜单上。跨越5 000公里的距离，南甜北咸、西酸东辣，东南之人食水产，西北之人食陆禽，要统计中国的菜品数量、毫无争议地划分菜系，几乎是一件不可能完成的事，于是在长期的生产生活中，形成了各地区不同的饮食文化。

中国的地方菜丰富多样，自清代以来，就已经形成了鲁、川、粤、苏四大菜系。随着时间的推进，后又发展成鲁菜、川菜、粤菜、闽菜、苏菜、浙菜、湘菜、徽菜八大菜系，现在加上京、鄂两大菜系，组成了十大菜系。菜系的形成还与该地的政治、经济、文化及人口转移密切相关，例如川菜出自"天府之国"四川，淮扬盛产富足的盐商，湘菜和徽菜也与该省出了许多读书人有关。有人将八大菜系拟人化：苏菜、浙菜宛如清秀素静的江南女子；鲁菜、徽菜犹如古拙朴实的北方壮汉；粤菜、闽菜好比风流典雅的公子；川菜、湘菜就是才艺满身的江湖人士。八大菜系形象地表达了其各色风韵。

（一）鲁菜

鲁菜为八大菜系之首，发端于春秋战国的齐国和鲁国，形成于秦汉时期，也是黄河流域烹饪文化的代表菜系，集合了北方菜系的一系列特点，口味以咸鲜为主，是我国覆盖面最广的地方菜系，遍及京津冀和东三省。山东地处黄河下游，海河交汇处，境内山川纵横，物产丰富，食材新鲜，其粮食产量位居全国第三，被称为"世界三大菜园"之一。现今的鲁菜是由济南和胶东两地的地方菜演进而来的，可细分为济南风味菜、胶东风味菜、孔府风味菜和其他地区风味菜，其中济南菜为典型代表菜味。济南菜擅长爆、烧、炸、炒，其中以"糖醋黄河大鲤鱼""九转大肠""葱烧海参"等菜品最为出名。

鲁菜精于海味，善做海味，因近海而原料质地优良，调味讲求咸鲜味厚而纯正，用极少量调料佐味，突出食物本味，咸鲜为主，火候精湛，精于制汤，以盐提鲜，以汤壮鲜。

（二）川菜

川菜以我国川渝地区的菜肴为代表，发源地是古代的巴国和蜀国，在秦汉时期粗具规模，唐宋时发展迅速。巴国和蜀国早已有卤水、川椒等调味品，加上自贡是井盐之乡，这使川菜的调味品要比原料更特别。川菜口味麻辣为主，菜式多样，口味清鲜醇浓并重，善用麻辣调味，并在麻辣鲜香的基础上加上各种调料，衍生出许多复合口味，例如鱼香、咸鲜、辣子椒麻、怪味、酸辣诸味，代表菜品有"鱼香肉丝""宫保鸡丁""水煮肉片""夫妻肺片"等。

火锅可谓川菜的精华，在四川这个天府之国，有太多人说"没有什么烦恼是一顿火锅解决不了的"，人们围炉而坐，既享受多元、包容、纯粹的吃食，更是抱团取暖，见证喜怒哀乐、百态人生。四川菜离不开"三椒"：花椒、胡椒和辣椒。花椒和辣椒的相逢，不仅是味蕾和神经之间电光火石般的碰撞，也大大展现了川渝人包容豪迈的性格。

（三）粤菜

粤菜最早在西汉时期就有记载，于明清时迅速发展，其口味以鲜香为主。选料较广且精细，清而不淡，鲜而不俗，嫩而不生。广东拥有优良的地理位置，常年气候温和多雨，人们在夏秋时节口味清淡，冬春时则口味厚重。粤菜厨师擅长小炒，善做生猛海鲜，善于煲汤，满足各种口味人群的需求。随着20世纪对外贸易的迅速发展，粤菜还兼容许多西式做法，讲究菜品档次，逐渐走向国际。

广州菜是粤菜的主要组成部分，因菜式丰富而有"食在广州"之称。广州菜有三大特点：一是食材用料广泛，飞禽走兽均可作为食材用料；二是讲究食材的鲜活,现切现做,特别是海鲜制作,从捕杀到烹饪都像是在与时间赛跑;三是根据时节的变化享用不同的食材,夏秋清淡,春冬浓厚,尽管远离自然,也能在粤菜中通过食物和口味的变化找到四季轮转。在广东,饮食也可以是一种享受的过程,广东早茶,名扬海外,种类丰富而奢侈,平均消费时长都要在一个小时以上,"茶"只是陪衬,更重要的则是点心、菜品和粥品。广式茶点有干湿两种,干点最为精致。招牌虾饺,水晶饺皮包裹鲜嫩虾仁,饺皮柔韧,虾仁甜脆,糅合出鲜美的口感。

（四）苏菜

苏菜,也称江苏菜,始于南北朝时期,口味清淡为主。古有"帝王洲"之称的南京、"天堂"美誉的苏州及"富甲天下"的扬州,苏菜正是这三个地方的地方菜汇集而成,其中苏州和扬州菜最具有代表性。江苏名厨荟萃,菜品也独具特色,用料严谨,注重配色,讲究造型,四季有别。烹调技艺以炖、焖、煨著称;重视调汤,保持原汁,口味平和,善用蔬菜。其中淮扬菜讲究选料和刀工,擅长制汤;苏南菜口味偏甜,注重制酱油,善用香糟、黄酒调味。"盐水鸭""松鼠桂鱼"都是苏菜的著名菜肴。

（五）闽菜

福建的简称是闽,闽菜以福州菜为代表,口味鲜香为主。尤以"香""味"见长,其具有清鲜、和醇、荤香、不腻的风格。三大特色,一长于红糟调味,二长于制汤,三长于使用糖醋。闽菜多以海鲜为制作原料,调味清鲜,力求食材的本味。

佛跳墙可谓造价最高的一道菜,被称为闽菜之首。这道菜用料十分奢华,鸡、鸭、海参、干贝、蹄筋、鱼唇、鱼肚、火腿等20多种主料,配以冬笋、花菇、鸽蛋等十几种配料,再用高汤和黄酒炖制,成菜爽滑鲜嫩,多种食材味道融合而不突兀,深受人们喜爱。

（六）浙菜

浙江菜主要包括杭州、宁波、温州、金华四个地方的菜色,口味以清淡为主。菜式精致玲珑,清俊逸秀,菜品鲜美滑嫩,脆软清爽。运用香糟、黄酒调味。烹调技法丰富,尤其在烹制海鲜河鲜方面有其独到之处。浙菜口味注重清鲜脆嫩,保持原料的本色和真味。菜品形态讲究,精巧细腻,清秀雅丽。其中北部口味偏甜，西部口味偏辣，东南部口味偏咸。

东坡肉是浙江菜的代表菜品，出自诗人苏东坡之手，精选上等五花肉切大块，用葱姜垫底，加上酱油、汤、酒等调料在文火上慢炖。炖出的肉味醇软烂，香糯不腻。

（七）湘菜

湘菜源自鱼米之乡湖南，早在汉朝就已形成菜系。湖南地处我国中南部，多雨多山，盛产笋和山珍野味，家牧副渔发达。湘菜口味以香辣为主，品种繁多，用料广泛。菜品色泽上油重色浓，讲求实惠。重视原料互相搭配，滋味互相渗透。在制作方法上以煨、炖、蒸、炒等著称，相对而言，湘菜的煨功夫更胜一筹，几乎达到炉火纯青的地步。煨，在色泽变化上可分为红煨、白煨，在调味方面有清汤煨、浓汤煨和奶汤煨。小火慢炖，原汁原味。

以辣著称的菜品虽不止有湘菜，但每个菜系和地区都各有不同。四川的麻辣，贵州的香辣，云南的鲜辣，陕南的鲜辣，而到了湖南则是酸辣。这种酸不同于醋那样呛鼻，与辣的结合使味道醇厚柔和，醋中和了辣椒的辣，辣也柔和了醋的酸，形成了湘菜独有的风味。

（八）徽菜

徽州是历史上的经济文化重地，安徽省的"徽"字便出自徽州。安徽地处我国中部，气候温和，四季分明，为徽菜的形成提供了良好的物质基础。徽菜发端于唐宋时期，兴盛于明清，以烹制山珍野味而闻名，口味鲜辣为主，用少量糖调味。徽菜总体风格讲究原汁原味，浓淡适宜，兼具南北方菜系的特点，选料严谨，擅长烧、炖、蒸和烟熏，而重油、重色、重火工。重火工是历来的，其独到之处集中体现于擅长烧、炖、熏、蒸类的功夫菜上，徽菜常用的烹饪技法有 20 大类 50 余种，不同菜肴使用不同的控火技术，形成酥、嫩、香、鲜的独特风味。

三、中华筵席文化

礼是规范社会行为的法则、规范和仪式的总称。礼的影响因素众多，例如权位等级、思想文化、地域差异,等等。中国自古就有"礼仪之邦"之称,对于贯穿古今的筵席文化,也有其特定的行为程序及方式,按照约定俗成或严格规定的要求进行。儒家经典《礼记·礼运》说到"夫礼之初,始诸饮食"(饮食活动中的行为规范是礼制的发端),古人认为人们从饮食活动中产生了礼,礼始于祭祀鬼神,祈祷来年风调雨顺。沿用至今,便形成了中国特有的筵席文化。《周礼》《仪礼》《礼记》这三部著名的礼典,都在饮食方面做出了许多礼仪的规定。

(一)筵席文化的起源

1. 远古时期的食礼(商周时期)

商周时期,人们在用餐时大多实行分食制,类似于如今西方的吃饭方式。分食制的历史可以上溯到远古时期,大家围席而坐,共夹一份菜,共舀一份汤。这种饮食制度一直沿用很久。到先秦时,人们习惯于席地而坐,席地而食。贵族人家除了用竹子、芦苇制成席之外,还有铺兰席、桂席等,王宫之家则铺有更华贵的象牙席。铺席多少也大有讲究,西周礼制规定天子用席五重,诸侯三重。随着时代的推移,人们用席的等级意识逐渐淡化,住房内只铺一层席,下面的席大一些,称为"筵",合称为"筵席"。"筵席"本是铺在地上的坐垫,后因人们经常坐在上面进行各类饮食活动,久而久之,成为酒席的代名词。

席地而食也要遵守特殊的礼节。例如,坐席要讲席次,主人或贵宾坐首席,其余人按照身份等级依次就座。坐姿要双膝着地,臀部要压在足后跟,腰部也要挺直,称之为"跪"或者"跽(jì)"。坐席切忌将腿分开伸向前方,这是一种非常不礼貌的行为。此外,还有女子不上席,父子不同席、吃饭不能说话等。中国古人几乎对吃饭的每一个细节都做了要求。

2. 封建时期的食礼

到汉代仍然承袭先秦的分餐制,西晋开始,北方少数民族进入中原地区,胡床、椅子、凳子等家具相继问世,逐渐取代了人们一直铺在地上的席子,对饮食习俗也产生了影响,宴席也从分食制转变为合食制,大约始于唐代中期,到了宋代普及开来。

南唐画家顾闳中的《韩熙载夜宴图》中有各种桌、椅、屏风和床等家具陈设于室内,人们也不再席地而坐。随着桌椅的使用,人们习惯于围桌而坐进食。从分食制向合食制转变的过程中,经历了比较长的时期,这段时期内,也有两种饮食方式的并行的时期。

(二)古代筵席礼仪

无论是因习俗还是社交需要,设宴款客都是表达友好之意或建立情谊的重要方式,宴会上的一整套菜肴席面称为筵席,利玛窦在《利玛窦中国札记》中甚至表明筵席是"表示友谊的最高形式"。因而,宴客的全过程都有相应的礼节。饮食礼仪也逐渐起到了"经国家、定社稷、序人民、利后嗣"(可使国家长久,使社稷安定,让人们懂得尊卑有别,上下有序,对后代有益处)的作用。

1. 宴请之礼

主人设宴款待,士大夫阶层要恭送请柬,普通老百姓可以口头传达。宴会一般讲究"三天为请,两天为叫,一天为提"(请人至少三天之前发出邀请;两天就不能算作请了,就相当于叫;当天才通知人家,就相当于把人家拎过来)。邀请客人,不能临时通知,提前的时间长,才具有"请"的意义,表示宴请的人越贵重,同时也使客人有充裕的时间准备。

宴席的座次,是宴请礼仪的重要内容。我国古代有严格的座次尊卑之分。一般来说,在堂中以南向为上,宴席上坐北朝南之人为最尊贵。在室中以东向为尊,南边一般空出,不设座位。如果每一边不是安排一个人,则再按左为上、右为下的次序排列。如果同桌有长者,要尊长者先入座,其次卑幼者入座。如今宴席座次的安排总原则为:右高左低,中座为尊,观景为佳,临墙为好,临台为上,以远为上。

2. 进食之礼

客人坐定,由主人敬酒让菜,客人以礼相谢。席间斟酒上菜也有一定的讲究:应先敬长者和主宾,最后才是主人。男女同席时,则先女宾后男宾。酒要斟至八分满为宜。上菜时要先上冷菜后上热菜。上全鸡、全鸭、全鱼等大菜时,不能把头尾朝向正主位。

《礼记》当中对进食礼仪有详细的记载,菜品的摆设也有一定的规则。"凡进食之礼,左殽右胾,食居人之左,羹居人之右。脍炙处外,醯酱处内,葱渫处末,酒浆处右。以脯修置者,左朐右末。"(只要是属于进餐的礼制,带骨的菜肴放在左边,纯肉的食品放在右边。干的食品放在人的左手边,羹汤放在右手边,细切的和烧烤的肉类放远些,醋和酱类放在近处。葱等拌料放在旁边,酒浆等饮料放在右边。如果要分陈干肉等食物,则弯曲的在左,挺直的在右)这些规定并不是虚礼,都是从用餐实际出发的,主要是为了取食方便。

对于吃饭的礼仪规矩,《礼记·曲礼》中有记载:"共食不饱,共饭不择手,毋搏饭,毋放饭,毋流歠,毋咤食,毋啮骨……"(大家共同吃饭时,不可只顾自己吃饱。如果和别人一起吃饭,就要检查手的清洁。不要用手搓饭团,不要把多余的饭放进锅中,不要喝得满嘴淋漓,不要吃得喷喷作声,不要啃骨头……)如果同尊长一起吃饭,要遵循奉尊长食的原则,等尊长吃完之后才能停止;米饭不要掉落在桌子上,要小口地吃,不要把饭塞满口中咀嚼。如果与国君同食,则更要注意揖让周旋之礼。侍食的臣子一定要等国君吃饱,如果国君还没吃饱,臣子不能先说吃饱;国君吃饱后,也要再次进行劝食,以三次为限。这种传统宴饮礼仪如今在我国大部分地区仍完整保留。

3. 食客之礼

作为赴宴的客人,最好不要空手去,可以带一些小礼物。赴宴当天要遵循守时的原则,去得太早或太晚都有失时宜,迟到或早退都是失礼失敬的表现。入座后要讲究相应的规矩。首先讲究"虚坐尽后,食坐尽前",意思是席地而坐的时候,一般要比尊长者坐得稍微靠后些,以表尊敬;而用食时要尽量靠前坐,离摆放的食物近一些,以免掉落。其次,讲究"食至起,上客起"(宴会上菜时,以及有贵宾到来时,其余客人都要起立以示恭敬)。客人在享用美食的时候,要遵循"三饭",指的是客人在吃了三小碗饭后就可以说吃饱了,等主人劝食后再食带骨的肉。等主人也吃过腿肉后,客人可以喝一口酒,以浆漱口,既清洁了口腔,也向主人表达了自己用膳完毕。

4. 宴饮之礼

古语言:"非酒无以成礼,非酒无以成欢。"酒席间,主人向客人敬酒叫"酬",客人回敬主人,叫"酢(zuò)"。酒席上这种主宾之礼叫"酬酢之礼"。主人先致祝酒词,敬酒后就可以开始用餐。客人之间往往会相互敬酒以示友好,敬酒是让对方喝好、喝足,不能"屈量",别人敬酒时要积极回应并回敬。当然,"酬酢之礼"也必须量力而行,这个量一般是自己酒量的三分之一即可。古人也定下了"酒过三巡"之礼,三杯酒之后要自觉放下杯子,做到"己所不欲,勿施于人",否则饮酒过度出现伤人伤身的情况,文明礼仪反成陋俗。

5. 卒食之礼

等到宴饮完毕,主人要向贵宾及长者表示感谢,客人拜谢;主客身份平等,则主不进,客人也不用回拜;身份低于主人的客人要将残羹等递给主人家的侍从。

食礼为先,餐饮活动中的大小细则,体现了客人与主人的诚意、风度、仪态和气质。我国古代不同阶层的饮食活动中,都遵循着食礼的规范,有些食礼一直沿袭至今,成为中华民族优良的饮食文化传统,需要我们继承并发扬。

第十二章
中国传统建筑

一、中国古代建筑的历史发展与基本特征

（一）中国古代建筑的历史发展

中国古建筑以汉族为主体，在漫长的发展过程中，始终完整保持了体系的基本性格。原始社会至汉代是中国古建筑体系的形成时期。旧石器时代，为抵御猛兽严寒，人们都居住在天然洞穴之中。新石器时代后期，随着气候回暖，人们逐渐走出洞穴，到地面生活。最早的人工建筑大多位于地下或树上，前者称"穴居"，后者称"巢居"。北方干旱寒冷，以穴居为主；南方炎热多雨且多蛇蝎毒虫，以巢居为主。黄河流域在真正的地表建筑出现之前，还经历了一个半穴居的发展阶段。南方巢居方式逐渐发展成底部架空的干栏式建筑，浙江余姚河姆渡遗址上发现了迄今年代最早的干栏式建筑遗迹。

河南偃师二里头曾经发掘出一处夏代晚期的宫殿遗址，已具有主体建筑和完整的围墙，说明至迟在夏代，庭院式建筑已经出现。商代已经有了较成熟的夯土技术，建造了规模相当大的宫室和陵墓。西周及春秋时期，统治阶级营造了很多以宫室为中心的城市。原来简单的木构架，经商周以来的不断改进，已成为中国建筑的主要结构方式。西周时期，随着礼制的出现，庭院建筑规模、格局、样式、装饰、对称性以及各部分的名称都被严格规定，庭

院建筑本身也逐渐成为一种身份和等级地位的象征，建筑等级制度开始出现。今天北方四合院的雏形早在西周初期就已出现。

从春秋到两汉，大型地面建筑的规制逐渐完善，主体部分通常包括大门、前堂、后堂、前庭、后庭等部分，并有墙垣廊庑（wǔ）环绕，这样的建筑也称宅第，是贵族居所。汉代建筑的规制和名称都有严格规定：帝王的住所称为"宫"，贵族、官员、平民等的住所则称为"第"和"舍"。汉代实行里坊制，普通人出入居所都要通过坊门，只有万户侯的居所才能直接临路开门，称为第，其他人的住宅则只能称舍。东汉以后，许多地方贵族纷纷建立具有武装性质的私人堡垒，称为坞堡。

中国传统建筑唐宋时期逐渐形成完整的建筑体系，主要以建筑面积和房舍装饰来区分等级，宫殿、寺院、宅第的布局和形式基本定型。唐以前，宅第大多为廊庑环绕的廊院式布局；唐以后逐渐出现了主庭院两侧另有庭院的合院式布局，也是今天三合院、四合院的前身。魏晋以来崇尚自然山水的审美趋向在唐代进一步发展，开始出现一些山庄式的宅园。如唐代诗人王维的辋（wǎng）川别业等。宋代以后，宅园逐渐发展成为各式各样的私家园林。

中国建筑特别重视群体组合的美，群体组合常取中轴对称的严谨构图方式，也有自由式组合。不管哪种，都十分重视对中和、平易、含蓄而深沉的美学性格的追求。明清两代的建筑较之于唐宋时代的建筑缺少创造力，趋向程式化和装饰化。贵族富人的宅第大多呈集群化趋势，形成庞大的建筑群。平民住宅却呈现多样化的趋势。不同地区的人们根据本地区的地形气候特点，创造出了极具特色的各种地方民居。

（二）中国古代建筑的基本特征

1. 中国古建筑的主要结构方式——木构架结构

中国古建筑以木材、砖瓦为主要建筑材料，以木构架结构为主要的结构方式，此结构方式由立柱、横梁、顺檩等主要构件建筑而成，各个构件之间的节点以榫卯（sǔn mǎo）相吻合，构成富有弹性的框架。中国古代木构架有抬梁、穿斗、井干三种不同的结构方式。抬梁式是在立柱上架梁，梁上有抬梁，所以称之为抬梁式。宫殿、坛庙、寺院等大型建筑物中常采用这种结构方式。穿斗式先用穿枋（fāng）把一排排的柱子穿连起来成为排架，然后用枋、檩斗接而成，故称作穿斗式。多用于民居和较小的建筑物。井干式是用木材交叉堆叠而成的，因其所围成的空间似井而得名。这种结构比较原始简单，现在除少数森林地区外已很少使用。

木构架结构有很多优点。首先，承重与围护结构分工明确，屋顶重量由木构架来承担，外墙起遮挡阳光、隔热防寒的作用，内墙起分割室内空间的作用。由于墙壁不承重，这种结构赋予建筑物以极大的灵活性。其次，有利于防震、抗震，木构架结构类似今天的框架结构，由于木材具有的特性，而构架的结构所用斗拱和榫卯又都有若干伸缩余地，因此在一定限度内可减少地震对这种构架的危害。"墙倒屋不塌"形象地表达了这种结构的优点。

2. 中国古建筑的组织规律——布局简明

中国古代建筑的平面布局就是以"间"为单位构成单座建筑，再以单座建筑组成庭院，进而以庭院为单元，组成各种形式的组群。就单体建筑而言，以长方形平面最为普遍。此外，还有圆形、正方形、十字形等几何形状平面。就整体而言，重要建筑大都采用均衡对称的方式，以庭院为单元，沿着纵轴线与横轴线进行设计，借助于建筑群体的有机组合和烘托，使主体建筑显得格外宏伟壮丽。风景园林及民居则采用了"因天时，就地利"的灵活布局方式，如北京故宫博物院及老北京四合院。

3. 中国古建筑的造型——优美轻灵

中国古代建筑造型尤以屋顶造型最为突出，主要有悬山、硬山、庑殿、歇山、攒尖、卷棚歇山顶等形式。庑殿顶也好，歇山顶也好，都是大屋顶，显得稳重协调。屋顶中直线和曲线巧妙地组合，形成向上微翘的飞檐，不但扩大了采光面，有利于排泄雨水，而且增添了建筑物飞动轻灵的美感。

4. 中国古建筑的装饰——丰富多彩

中国古代建筑的装饰包括彩绘和雕饰。彩绘具有装饰、标识、保护、象征等多方面的作用。油漆颜料中含有铜，不仅可以防潮、防风化剥蚀，而且还可以防虫蚁。色彩的使用是有限制的，明清时期规定朱、黄为至尊至贵之色。彩画多出现于内外檐的梁枋、斗拱及室内天花、藻井和柱头上，构图与构件形状密切结合，绘制精巧，色彩丰富。明清的梁枋彩画最为瞩目。清代彩画可分为三类，即和玺彩画、旋子彩画和苏式彩画。

雕饰是中国古建筑艺术的重要组成部分，包括墙壁上的砖雕、台基石栏杆上的石雕、金银铜铁等建筑饰物。雕饰的题材内容十分丰富，有动植物花纹、人物形象、戏剧场面及历史传说故事等。北京故宫保和殿台基上的一块陛石，重达200吨，雕刻着精美的龙凤花纹。在古建筑的室内外还有许多雕刻艺术品，包括寺庙内的佛像、陵墓前的石人、石兽等。

5. 中国古建筑的设计要点——注重协调

建筑本身就是一个供人们居住、工作、娱乐、社交的场所，因此不仅内部各组成部分要考虑配合与协调，而且要特别注意与周围大自然环境的协调。中国古代的设计师们在进行设计时都十分关注周围的环境，对周围的山川形势、地理特点、气候条件、林木植被等，认真调查研究，务使建筑布局、形式、色调等跟周围的环境相适应，从而构成一个大的环境空间。

二、中国古代建筑的主要类型与功能

（一）中国古代宫廷建筑

紫禁城又称故宫，始建于1406年，完工于1420年，是明清两代皇帝生活起居与处理政务的地方。紫禁城曾经屡遭火灾，经明清两代多次重建、修缮和增建，方才形成今天的规模，是中国现存规模最大、保存最完好的古代宫殿建筑群。

紫禁城宫城南北长961米，东西长753米，外有宽52米的护城河。宫城每面开一门，四角建有角楼。南面正门称午门，建于凹字形墩台上。台上正中建重檐庑殿顶门楼。左右转角和两翼南端各建一重檐攒尖顶方亭，其间连以宽阔的廊庑。紫禁城东门和西门分别称东华门和西华门，北门称玄武门，清代时改称神武门，门上都建有重檐庑殿顶门楼。自午门至玄武门为紫禁城的中轴线。建筑按使用性质分外朝、内廷两部分，依中轴对称布置若干大小院落。

外朝位于前部，是举行重大仪式和处理朝政的地方。主要由中轴线上的前三殿及东西侧对称布置的文华殿、武英殿三组建筑群构成。前三殿在午门内，由门、廊庑、配楼、角楼围成矩形大院落。南面开有三门，正门为太和门，内有"工"字形石台基座，四周围以汉白玉石栏。台上自南而北依次建太和、中和、保和三殿。太和殿是外朝的主殿，中和殿供皇帝休息之用，保和殿用于举行殿试和宴会外宾。

内廷是皇帝、后妃及太监们的居住区，中心部分就是中轴线上的后三宫。正门是乾清门，院内依次建乾清宫、交泰殿和坤宁宫。坤宁宫后的坤宁门通御花园。紫禁城建筑布局基本遵循了"宫城居中，左祖右社，面朝后市"以及"三朝""五门""前朝后寝"的古制，是封建时代皇权至高无上的典型象征。

建筑上的装饰在形象上要反映皇帝一统天下的那种威慑力量。紫禁城用龙装饰的母题最多。从汉高祖自称为龙之子之后，第一代的封建皇帝都称自己为真龙天子，龙象征着皇帝。以紫禁城第一大殿太和殿为例，走上台阶，皇帝走的御道，石头上雕了九条龙。门上、梁枋上是双龙戏珠，近距离看，格扇上、裙板上双龙戏珠，绦（tāo）环板上一条龙。太和殿里龙座前面六根盘龙金柱，梁枋上双龙戏珠，天花板上一个个小方格，我们称为井字天花，每一个格里有团龙。然后中间的藻井，一条大龙嘴里含着七颗宝珠，可以说是龙天龙地。

（二）中国古典园林建筑

爱美之心，人皆有之，古人亦然。然而，美丽的自然山川往往远离人的居所，不便时常往来。于是，古人就在宅第附近人工兴建或改造自然山水以尽欢娱，这就是今天所说的园林。

1. 皇家园林

专供帝王游览娱乐的园林称为皇家园林，古籍中有宫苑、苑囿（yòu）、御园、离宫、别馆等多种称谓。《诗经·灵台》曰："王在灵囿，麀（yōu）鹿攸伏。"（雌麋悠闲地生活在王的灵囿里面）"灵囿"即是最早见诸文字记载的古代皇家园林。

秦始皇统一中国后，广营宫室园林，史称其"引渭水为池，筑为蓬、瀛（yíng）"（将渭河的水作为池水，修筑草屋形成小而静的池泽）。西汉武帝建元三年，在秦代园囿基础上，扩建上林苑，这是中国皇家园林的真正开端。建章宫是上林苑内最大的宫城，据史记载："北治大池，渐台高二十余丈，名曰太液池，中有蓬莱、方丈、瀛洲"（凉风台在建章宫的北面，临太液池，积木为楼。池边筑有渐台。由于水波渐浸岩石，所以称为渐台；台高二十余丈。池中筑有三座山，象征蓬莱、方丈、瀛洲）。这种"一池三山"的园林形式，逐渐成为后世宫苑池山建筑的范例。

魏晋南北朝时，虽然战乱频繁，但宫苑制度仍然得以延续。邺（yè）城、建康、洛阳等重要都城中，宫城内外都建有规模不等的皇家园林。唐代帝王的园居活动也逐渐多样化，出现了大内御苑、行宫御苑、离宫御苑等多种园林形式。长安城是宫苑最集中的地方，大明宫北部有太液池，兴庆宫中有龙池，城东南还有芙蓉园和曲江池，堪称古代的公园。北宋时绘画艺术和建筑技术的发展促进了皇家园林的进一步繁荣。

元、明、清三代建都北京，大力营造宫苑，先后建造了西苑三海（北海、中海、南海）、故宫御花园、圆明园、清漪园（颐和园），静宜园（香山）、静明园（玉泉山）及承德避暑山庄等皇家宫苑，融汇了南北各地主要园林流派之精华，是几千年来中国传统造园经验的结晶，无论在建筑技艺还是在艺术造诣方面，都体现了中国古代园林的最高水平。

2. 私家园林

私家园林，乃与皇家园林相对而言，指古代士大夫及平民所拥有的用于观赏的园囿。中国古代私家园林可能源于早期的园圃，传说战国时期的庄周曾居漆园，这可能就是中国古代私家园林的最早记录。西汉中期以后，工商业逐渐发达，加之东汉时期豪族强势，"积土成山，列树成林"的现象已十分普遍，但造园水平仅着力于模仿自然而缺少细节与意境的营造。

魏晋南北朝时期玄学兴盛，士大夫多任性放达，加之江南风光秀美，寄情山水成为当时上层社会流行的风尚。陶渊明等人甚至弃官归隐，流连于"日涉以成趣"的简朴小园。隋唐时期隐逸的生活方式仍然受到一些文人士大夫的青睐。唐代诗人王维的"辋川别业"就是隋唐时期私家园林的代表。唐宋时期文人还是以出仕为人生之终极目标。为获得事业与心境间的平衡，人工建筑的城市园林开始出现。建筑过程中，文人士大夫们将诗情画意融入园中，这种崇尚意境的造园原则奠定了日后私家园林的美学基础。

元代异族统治和不公平的社会等级制度断送了很多文人的仕途，但也因此将私家园林的建设推上了一个发展的高峰。元代是"文人画"的始创时期，文人以自己的志节情怀重新对自然山水进行诠释，再将这种人文化的理解以具象的形式呈现在人们面前。元代的这种造园思想一直影响到明清两代，逐渐形成了中国古代私家园林的终极艺术追求，即自然画境、生活实境和人生意境，而三者之中，又以意境为高。

中国古代私家园林以江南为多，以姑苏为胜。无论是集中程度，还是造园水平，苏州园林都堪称江南之冠。拙政园、留园、狮子林、沧浪亭是苏州最著名的四处私家园林，被称为"四大名园"。岭南四大园林，也被称为"广东四大园林"或"粤中四大园林"，是岭南园林的代表。这四大园林指佛山市顺德区的清晖园、佛山市禅城区的梁园、广州市番禺区的余荫山房和东莞市的可园。

中国古代将造园艺术划分为不同的层次，即自然画境、生活实境和人生意境，又称为"园冶三境"。自然画境是指对自然之美的模仿，其中也融入了造园者对自然美的理解和取舍，决非简单照搬。生活实境是指在自然风景中融入生活气息，这是一种人与自然情景交融的体现。正因为如此，园林中一般都有建筑家具、花鸟鱼虫等。人生意境则是在景物基础上，通过有意识的陈设布置，引起观赏者的定向心理活动，从而人为营造出的一种感觉氛围。可以看出，造园的任何一种境界都与人的行为密切相关，而人生意境的营造更能体现造园者的文化底蕴与志节情怀。这里所说的造园者不是直接劳作的工匠，而是园林的规划与设计者。元明以来，正是由于大批文人士大夫直接参与了园林的规划与设计，中国古典私家园林才取得了卓越的艺术成就，成为中国文化的一种象征。

3. 形式多样的中国自然式园林

中国古典园林的设计具有浓厚的民族风格，建筑物与自然环境相一致，因此类型十分丰富。园林中建筑有十分重要的作用。它可满足人们生活享受和观赏风光的愿望。中国自然式园林，其建筑一方面要可行、可观、可居、可游，另一方面起着点景、隔景的作用，使园林移步换景、渐入佳境、以小见大，又使园林显得自然、淡泊、恬静、含蓄。这是与西方园林建筑大不相同之处。中国自然式园林中的建筑形式多样，有堂、台、楼、阁、馆、轩、斋、榭、舫、亭、廊、桥、墙等。

堂：是居住建筑中对正房的称呼，一般是一家之长的居住地，也可作为家庭举行庆典活动的场所。堂多位于建筑群中的中轴线上，体型严整，装修瑰丽。室内常用隔扇、落地罩、博古架进行空间分割。

厅：是满足会客、宴请、观赏花木或欣赏小型表演的建筑，它在古代园林宅第中发挥公共建筑的功能。它不仅要求较大的空间，以便容纳众多的宾客，还要求门窗装饰考究。一般的厅都是前后开窗设门，但也有四面开门窗的四面厅。

楼：是两重以上的屋，故有"重层曰楼"之说。在先秦习俗里面，重屋是不能住人的，此俗至今还在一些农村盛行。楼下住人，楼上堆放粮食杂物。因此先秦典籍中很少有"楼"字，而楼房的出现也比较晚，大约出现在战国后期，汉时才盛行起来。我国古代的楼房一般多为二层，形成传统的固定形式，南方有些地方的竹楼也是二层。楼的位置在明代大多位于厅堂之后，在园林中一般用作卧室、书房或用来观赏风景。由于楼高，也常常成为园中的一景，尤其在临水背山的情况下更是如此。我国古代众多诗人提及的黄鹤楼就是一座非常著名的"楼"，也被后人称之为"诗楼"。唐代诗人崔颢所写的《黄鹤楼》"昔人已乘黄鹤去，此地空余黄鹤楼。黄鹤一去不复返，白云千载空悠悠"被李白拍手称绝，这首诗被南宋诗论家严羽推为唐人七言律诗第一。唐代诗人李白所写的《黄鹤楼送孟浩然之广陵》"故人西辞黄鹤楼，烟花三月下扬州。孤帆远影碧空尽，唯见长江天际流"，也是给黄鹤楼锦上添花的著名诗篇。

阁：与楼近似，但较小巧。原为阁板之意，是厨房贮藏食物的地方，汉代又指堂厅外的两个夹室，即东夹西夹。但随着楼房的兴起，阁演变成供休息、远眺、供佛或藏书之用的建筑物。阁的平面为方形、长方形或多边形，一般四周设木桶扇。多为两层的建筑，四面开窗。著名的阁有北京颐和园的佛香阁、大同善化寺的普贤阁等佛阁，宁波天一阁、故宫文渊阁等藏书阁。此外古代俗称女子的卧房为"阁"，出嫁则为"出阁"。历史上关于"阁"的诗篇有唐代诗人王勃所写的《滕王阁序》。《滕王阁序》中的名句很多，例如"落霞与孤鹜齐飞，秋水共长天一色"，意思是：雨后的天空，乌云消散，阳光又重新照耀着大地，阳光映射下的彩霞与野鸭一起飞翔。大雨后的江水显得异常的充盈，远远望去，江水似乎和天空连接在一起。还有"渔舟唱晚，响穷彭蠡之滨；雁阵惊寒，声断衡阳之浦"，意思是：傍晚时分，渔夫在渔船上歌唱，那歌声一直传送到鄱阳湖的岸边；深秋时节，寒冷使天空的雁群心惊，哀鸣声一直持续到衡阳的水滨。除以上两句之外还有"老当益壮，宁移白首之心？穷且益坚，不坠青云之志"，意思是：年纪虽老而志气更旺盛，不会改变自己内心的坚守，即使自己已经满头白发，处境越窘迫，意志尚且越坚定，不会失去自己远大的志向。

榭：榭多朝北，是供游人休息、观赏风景的临水园林建筑，其典型形式是在水边架起平台，平台一部分架在岸上，一部分伸入水中。苏州怡园里有一座比较大的建筑，它有两个名字，前半边叫藕香榭，后半边叫锄月轩，榭轩合一。

舫：园林建筑中舫的概念，是从画舫那里来的。舫不能移，只供人游赏、饮宴及观景、点景。舫与船的构造相似，分头、中、尾三部分。船头有眺台，作赏景之用；中间是下沉式，两侧有长窗，供休息和宴客之用；尾部有楼梯，分作两层，下实上虚。舱顶一般做成船篷样，首尾舱顶则为歇山式，轻盈舒展，成为园林中的重要景观。苏州怡园中的旱船叫画舫斋，狮子林中的叫石舫，拙政园中的叫香洲，上海豫园中的叫亦舫，南京熙园中的叫不系舟，常州近园中的叫虚舟，等等。

亭：体积小巧，造型别致，可建于园林的任何地方，其主要用途是供游人休息、赏景。亭子的结构简单，其柱间通透开辟，柱身下设半墙。从亭的平面来看，可分为正多边形亭、长方形和近长方形亭、圆亭和近圆亭、组合式亭，等等，从立体构形来说，又可分为单檐、重檐和三重檐等类型。如苏州拙政园中的荷风四面亭，人在亭子里，向西观，可欣赏香洲、别有洞天诸景；向北看，可以欣赏见山楼处的一组景；向东则可以欣赏梧竹幽居、绣绮亭等景；向南又有远香堂、南轩等。在此处，拙政园里的景物可谓一目了然矣。除此之外，我国古代关于亭的诗篇也有很多，其中著名的有唐宋八大家之一欧阳修所写的《醉翁亭记》。"野芳发而幽香，佳木秀而繁阴，风霜高洁，水落而石出者，山间之四时也"和"朝而往，暮而归，四时之景不同，而乐亦无穷也"这两句是作者对于醉翁亭周围风景的描写。"醉翁之意不在酒，在乎山水之间也。山水之乐，得之心而寓之酒也。"表达了欧阳修遭贬谪后以酒寄情放浪山水的忧愤之情。

廊：屋檐下的过道及其延伸成独立的有顶的过道。它不仅是联系室内外的建筑，还常成为各个建筑之间的联系通道，是园林内游览路线的组成部分。它既有遮阴避雨、休息、交通联系的功能，又起组织景观、分隔空间、增加风景层次的作用。廊的类型按照结构形式可分为双面空廊、单面空廊、复廊、双层廊和单支柱廊等五种；按造型及所处环境可分为直廊、曲廊、回廊、抄手廊、爬山廊、叠落廊、水廊、桥廊等。北京颐和园里有长廊，在万寿山南、昆明湖边，长达728米，是世界上最长的廊。苏州拙政园西部景区中有水廊，即廊的下部是水，上铺条石。此廊长而曲，它的艺术特征也在于此。

桥：园林中的桥，可以联系风景点的水陆交通，变化观赏视线，点缀水景，增加水面层次，兼有交通和艺术欣赏的双重作用。园桥在造园艺术上的价值，往往超过交通功能。园桥的基本形式有平桥、拱桥、亭桥、廊桥等。我国古代诗篇中关于桥的描写也有很多，例如唐代诗人刘禹锡的《乌衣巷》中的描写"朱雀桥边野草花，乌衣巷口夕阳斜"，以及唐代诗人杜牧所写的《寄扬州韩绰判官》中提及的二十四桥——"二十四桥明月夜，玉人何处教吹箫？"

墙：园林的围墙，用于围合及分隔空间，有外墙、内墙之分。墙的造型丰富多彩，常见的有粉墙和云墙。粉墙外饰白灰，以砖瓦压顶。云墙呈波浪形，以瓦装饰。墙上常设漏窗，窗景多姿，墙头、墙壁也常有装饰。精巧的园墙还可以装饰园景。最有艺术特色的要算是"龙墙"，即墙顶形似龙，弯弯曲曲，还做出龙头。上海豫园里的龙墙，用了五条龙，就是在粉墙上做出波浪形的墙脊，加上砖雕龙头。

(三) 中国古代民居建筑

中国古建筑多以木结构为主，容易着火且易腐朽，通常无法长久保存。加上使用者更替频繁，保护不完善，因此更难以留存至今，我们现在能看到的古代民居主要是明清时期的建筑。明清民居的地域性和民族性特点十分突出，常见的汉族民居有北京四合院、西北窑洞、江南民居、客家土楼等多种类型。四合院是中国传统住宅中最具代表性的正统形制。除广大汉族聚居区外，西北、西南各少数民族也有自己特色的民居。

1. 北方四合院

所谓四合，"四"指东、西、南、北四面，"合"即四面房屋围在一起，形成一个"口"字形的结构。北京四合院庭院方正，是为冬季多纳阳光。冀南和晋陕豫等地，夏季西晒严重，院子变成南北窄长，以减少阳光。西北甘肃、青海，风沙很大，院墙加高，称为"庄窠"。东北土地辽阔而气候寒冷，为更多接纳阳光，院子通常十分宽大，宅墙内空地甚多。

2. 西北窑洞

窑洞式民居是一种很古老的居住方式，即在黄土断崖地区挖掘横向洞穴作为居室。因为它有施工简便、造价低廉、冬暖夏凉、不破坏生态、不占用良田等优点，虽然存在采光及通风方面的缺陷，但在北方少雨的黄土地区，仍为人们习用的民居形式。由于自然环境、地貌特征和地方风土的影响，窑洞形成各式各样的形式。但从建筑的布局结构形式上可归纳为靠崖式、下沉式和独立式三种形式。

3. 江南民居

江南民居普遍的平面布局方式和北方的四合院大致相同，只是一般布置紧凑，院落占地面积较小，以适应当地人口密度较高，要求少占农田的特点。住宅的大门多开在中轴线上，迎面正房为大厅，后面院内常建二层楼房。由四合房围成的小院子通称天井，仅作采光和排水用。因为屋顶内侧坡的雨水从四面流入天井，所以这种住宅布局俗称"四水归堂"。周庄民居，因河成街，呈现一派古朴、明洁的幽静，是江南典型的"小桥流水人家"，虽历经900多年的沧桑，仍完整地保存着原有的水乡古镇的风貌和格局。周庄最为著名的景点有富安桥、双桥、沈厅。富安桥是江南仅存的立体形桥楼合璧建筑；双桥则由两桥相连为一体，造型独特；沈厅为清式院宅，整体结构严整，局部风格各异。全镇桥街相连，依河筑屋，绿影婆娑。古镇区内河道呈井字形，民居依河筑屋，依水成街，河道上横跨14座建于元、明、清代的古桥梁。

4. 客家土楼

客家土楼，也称福建圆楼，主要分布在福建省的龙岩、漳州。永定客家土楼坐落在福建省龙岩市永定县内。有的人称土楼为"客家围屋"。其中较为著名的是振成楼，振成楼被称为"东方建筑明珠"。客家土楼的艺术性主要体现在整体造型上。它能适应山区的复杂地形和多雨潮湿的气候，且简单易建、省工省料。

5. 潮汕民居

潮汕民居，建筑方位一般是朝南偏东，以南为主，冬天可挡住严寒的北风，夏天则可以接受凉快的南风。主要特色是将传统的建筑文化与潮州特有的传统工艺美术如金漆木雕、工艺石雕、嵌瓷艺术、金属工艺以及书法、绘画艺术等最大限度地整合。潮汕民居直接地将大自然因素所谓"天时、地气、顺风"融入建筑中，体现出天人和谐的统一境界和高尚心灵意境。

6. 蒙古包

蒙古包是内蒙古地区典型的帐幕式住宅，以毡包最为多见。内蒙古温带草原的牧民，由于游牧生活的需要，故以易于拆卸迁徙的毡包为住所。传统上蒙古族牧民逐水草而居，每年大的迁徙有4次，有"春洼、夏岗、秋平、冬阳"之说，因此，蒙古包是草原地区流动放牧的产物。蒙古包自匈奴时代起就已出现，一直沿用至今。蒙古包看起来外形虽小，包内使用面积却很大，而且室内空气流通，采光条件好，冬暖夏凉，不怕风吹雨打，非常适合于经常转场的放牧民族居住和使用。

数千年来，中国建筑随着社会发展和建筑实践经验的不断积累，已建立一套具有民族特点的艺术理论与缜密完整的营造方法，从而形成东方建筑的一大体系，在世界建筑史中占有灿烂辉煌的篇章。中国古建筑是一种赏心悦目的视觉艺术和清静环境，是古代养目、养心、养身、遂生的具体表现。它既具有几何构成又有模式表达和逻辑组成。中国古代建筑在长期实践的基础上，陆续产生了一批关于建筑的典籍。春秋末出现的《考工记》是中国历史上最早的一部建筑典籍。宋代李诫著的《营造法式》和清代的允礼等纂修的《工程做法》是中国古代最重要的两部建筑专著。其中《营造法式》是当时世界上最完备的建筑学专著，也是今人研究唐宋建筑的主要依据。

第十三章
中国古代的出行

一、中国古代出行的道路

道路，即地面上供人或车马通行的部分，是两地之间的通道，包括陆地上的和水上的。早在公元前 2 000 年前，我国就已经出现了可以行驶牛、马车的道路。据《古史考》记载："黄帝作车，任重致远。少昊时略加牛，禹时奚仲驾马。"（黄帝制作了车，负载沉重的东西而能到达远方。到了黄帝的长子少昊统治时期，牛车也作为交通运输工具，到了禹统治时期，奚仲始做马车）这说明在黄帝时期就已经有了车马行驶的记载。

西周时期，我国古代道路已初具规模。据文献记载：周武王姬发灭商后，除都城镐京（今西安附近）外，还修建了东都洛邑（今洛阳），以便控制东方新得到的大片疆土，对付殷商残余势力。为有效发挥两京的政治、经济、文化中心的作用，周武王在它们之间修建了一条宽阔平坦的大道，号称"周道"，并以洛邑为中心，向东、向北、向南、向东南又修建成等级不同的、呈辐射状的道路。周道的修建，对我国古代交通发展的作用是不可低估的。

战国时期，出现了栈道，究其具体出现时间并无确切考证。但在《战国策·秦策》中曾提到："栈道千里，通于蜀汉。"由此可见，栈道在战国时期已有修建。据《中国大百科全书》记载，栈道又名阁道、复道，是沿悬崖峭壁修建的一种道路，其主要形式有四种：一是在悬崖峭壁上凿孔，支架木排柱来支承的简支梁桥，上覆土石；二是在陡壁上凿孔插入木梁，梁的另一端以柱支承或仅为悬臂梁，梁上铺木面或再覆土石；三是在石崖上凿成台级，攀缘上下的梯子崖；四是在陡岩上凿成半隧道或隧道。除此之外，还有这些形式组合而成的栈道。随着社会和经济的发展，目前我国现代交通出行已十分发达，但在一些交通闭塞的山区，仍存在一些类似的栈道以供出行。

秦始皇在统一六国后，开始下令修筑以咸阳为中心、通往全国各地的驰道，颁布"车同轨"的法令，使车辆可畅行全国。驰道是中国历史上最早的国道，路中间为专供皇帝出巡车行的部分。据相关文献记载，秦朝驰道设置的规制为，"道广五十步，三丈而树，厚筑其外，隐以金椎，树以青松。"即道宽五十步（约今69米），隔三丈（约今7米）栽一棵树，道两旁用金属锥夯筑厚实。驰道的修建，是秦汉时期规模十分宏大的筑路工程，对于陆路交通的发展以及促进经济文化方面的交流具有重大的意义。

汉代开辟了经西域通向西方的道路，我国精美的丝绸可以通过这条路运往波斯以至罗马，从而被后人称为"丝绸之路"。丝绸之路是指起始于古代中国，连接亚洲、非洲和欧洲的古代陆上商业贸易路线。一般而言，丝绸之路多指陆上丝绸之路，即在公元前2世纪至十三四世纪期间，横贯亚洲的陆地交通干线，是中国同印度、古希腊、罗马以及埃及等国进行经济、文化交流的通道，这条丝绸之路在世界道路发展史上具有极其重要的地位。汉武帝派张骞出使西域形成其基本干道。其起点为中国长安（今陕西西安），经河西走廊到敦煌。除此之外，在我国古代还形成了海上丝绸之路，该路主要以南海为中心，所以又称南海丝绸之路，是古代中国与外国交通贸易和文化交往的海上通道。海上丝绸之路形成于秦汉时期，隋唐时期得到进一步发展，唐宋时期最为繁荣，明清时期逐渐衰落。不论是陆地或是海上丝绸之路，都极大地促进了往来各地的商品交流、文化交流以及宗教交流。

除了上述提到的道路以外，秦汉时期还发展了馆驿制度。秦朝时期就设置了驿道并颁布了有关驿邮的法令，进而建立起了传递官府文书和军事情报的邮传系统。到了后期宋代、元代、明代时，驿道网的建设和管理进一步得以发展。但在我国古代，邮驿是专供官府使用的，民间的通信则依靠便人捎带或专人递送。

唐代是中国古代道路发展的极盛时期，当时已初步形成了以城市为中心的四通八达的道路网。到了清代，道路网系统分为三等：一是"官马大路"，二是"大路"，三是"小路"。其中官马大路由北京向各方辐射，通往各省城；大路自省城通往地方重要城市；小路自大路或各地重要城市通往各市镇的支线。

总而言之，中国古代道路的发展经历了一个漫长的过程并取得了十分辉煌的成就，在中国以及世界道路发展史上都占有一定的地位。与此同时，道路的修建和交通的往来也极大地促进了往来各方政治、经济、文化等各个方面的发展。

二、中国古代出行的主要工具

（一）车

车是我国古代较为重要的交通工具。不论是在古代的劳动生产或是战争中，车的重要性都是不言而喻的。据一般文献记载，我国目前最早发现有关车的实证为殷墟出土的殷代车马坑。据统计，商代马车在殷墟及其以外区域出土的实物数量已有近百辆之多，因此可从这些考古文物中对商代马车的一般构造进行考察和了解。例如殷墟出土的车子均为单辕、双轮。车子的主要部件一般包含有两轮、一辕、一舆、一轴和一衡等。为了使车体更加坚固，车子的关键部件为青铜，其余皆为木质。到了商代后期，车子一般由车架、车轮（主要由三部分组成，围在外框的部分叫车辋，中间的部分叫毂，毂的中间有圆孔，车轴就贯穿在孔中）、车轴（车轴横在舆下，固定的方法是在舆的底部安上两块木头，把轴用绳索绑在上面）、车辕（车辕是一根直的或稍曲的木杠，又叫辀，既可掌握行车方向的作用，又可起传动的作用。后端连在车轴上，前端上拴着一根横木叫轭，又叫衡或横）、车轭、车舆（即车厢部分）等构件组成。

从目前已出土的商代车子的结构可以看出，商代的车子在形制结构上已趋向于成熟。与此同时，这一时期的商人在日常生活和社会交往中已经开始将牛车和马车作为方便运输的交通工具，除此之外，商代也同样出现了以人力推拉的小车。

周朝时期，车成为人们日常生活与社会交往中最为重要的交通工具，同时车辆又用于战争，因此这一时期的造车业相对较为发达。根据周朝时期出土的实物观察，西周时期车的形制与商代车的形制较为相似，同样为双轮独辀车，车的主要部件包含轮、辀、轭、轴、舆、轼（车厢前面用作扶手的横木）、衡等。此时的人们远行一般都离不开车，驾车的马一般为两匹，驾二马叫"骈"，但该字不见于先秦文献，是后出的字，也有驾四匹马的，称之为"驷"。这一时期，车马一般都是四马驾车，中间驾辕的两匹马叫服马，主要用来控制车的方向，服马两侧的两匹马叫骖（cān）马，骖马不与车体相连，而是用马身上的皮带来拉动车辆。当时拥有车最多的群体为军队，他们的车称之为战车，军人行军作战均以车为工具。据载，从商朝到战国期间，作战的方式主要是车战，攻防的主要武器为战车，军队主力为车兵。车战成为当时作战的方式的主要原因有二：一是由于战车的速度较快、机动性较强，在冲锋时的破坏力较大；二是由于中原大地的地势平坦宽阔，较适宜于战车的奔驰。除此之外，这一时期的车战也很讲究编制，每辆战车为一乘，包括车上的甲士和附属的徒兵（西周时每乘约10人，春秋时期则增至72人）；若干乘组成一偏，每两偏组成一两。在作战时，要掌握合理的编队，并且车与车之间需要保持合理的距离，从而使得战车之间不能互相干扰。

后来到了秦汉时期，以车战为主的战争形式相对较少。其一，当时地理环境发生了变化。秦汉时，战争地域已扩大到华北山地与江南水域地区，战车在这种地理环境上已无多大用处。其二，科学技术发展，出现了由钢铁制造的各种兵器，例如弩，可远距离进行射击，比拿盾牌冲锋陷阵的战车甲士要更加先进。在之后的历史中，车战逐渐消失，但战车却始终未被淘汰，并被作为一种运输的主要工具一直被使用。

春秋时期用于作战的车和平时乘用的车已经逐步分开，作战车辆也有许多种。春秋时期的独辀车形制与西周车相似。据相关文献记载，这一时期的车的辀长均在3米左右，双轮，车轮直径约1.2米，由两匹马作为牵引力。车轮辐条数以25、26根为常见，车轮间距（或轨距，两轮之间的距离为轨）为1.6~2米，车舆广约1.3米，进深约2.2米，舆呈方形，车舆的门开在后面。车衡比较长，它与西周时期同类车的主要区别在车轮直径相对较小、车轮辐条数增多、两轮间距（轨距）较小、车舆较小、车轴较短等。到了战国时期，诸侯各国之间经常由于占有土地等问题发生战争，因此车被用到战争中比商代和周朝时期要多，并且诸侯之间还以战车数量的多少来定强弱，还出现了"千乘之国""万乘之国"的说法。

到了汉代，车的发展产生了新的变化。一是军用战车的数量逐渐减少。这一时期的战车用途由行军作战向运输和载人的方向发生转变，与此同时单辕车逐渐减少，后为双辕车所取代。二是车轮的数量增多。除了传统的双轮车之外，开始出现了四轮车和多轮车。三是乘车的方式发生了变化。早先人们乘车的方式多为立乘，即乘车是站着的，这一时期则改为坐乘，车上设有坐垫，并且安置了软包装以便于依靠。在汉代，不同身份的人乘坐的车不同，且车的装饰也不同。例如皇帝乘坐的车为辂（lù）车（辂，原义为安在车辕上供人牵拉的横木），辂车的装饰极为华贵；高级官员乘坐的车为轩车，轩车是指有屏帏的车，是大夫以上的官员乘坐的；贵族妇女乘坐的车通常为辎车或骈车，这种车的箱舆安设有门窗，状似一间小屋；庶人则通常乘坐栈车，是车舆用木条编制的轻便车，车箱为栅状，上面覆盖着篾席卷篷，但也有的栈车是无篷的，通常被称为柴车。汉代的车仍以驾马拉车，稍贱者才乘牛车，平常的平民百姓若是没有马和牛则用手推肩挽的方式驾车，因此，手推的独轮车和人力挽驾的鹿车在这一时期也较为流行。除了上述马车、牛车以及人力车之外，汉代时期还较为流行骑乘，即以骑马作为交通出行的方式，人们骑马往来是一种十分普遍的现象。

唐朝时期车的类型则相对较为丰富，以动力划分有牛车、马车、驴车等，以形制划分有轩车、轺车、库车、辎车、斋车、山车等多种车的类型。在当时，车辆的数量比前代要多，在城市中也设有车坊以便于存放车辆，并且这一时期还出现了租车经营者，称之为车夫。车夫一般在收取一定的费用之后为雇主提供租车类服务。

宋代之后，官员们出行喜欢乘坐轿子，只有长途出行才乘坐车子，因此，官车的作用减小，车子逐渐成为民间的出行工具。与此同时，车子的设计开始由载人转向载物，载物的车的数量比载人的要多，既可载物又可载人的车则为最多。

到了明清时期，城市出现了人力车，人力车成为当时市区交通的重要出行工具，直至民国还在流行。

（二）马

从相关书籍或其他文献资料中查找到有关马的内容，多是将其与车联系在一起的。例如在先秦文献中，车马是连称的，驾马的意思就是驾车，反之驾车的意思就是驾马，在《诗经》中就出现了"子有车马，弗驰弗驱"（你有车马舍不得驾驭）的诗句。有关我国何时开始使用车马这一问题尚未定论，虽在夏代已有用马驾车的文献记载，却没有相关考古的实证。但马被驯养，且被挽引战车，驰骋疆场，这在先秦的历史文献以及后来的考古发现中均有所见。到了商代，车马的使用开始普及，行路和作战的车均以马作为牵引。在战国以前，马是被用来拉车的，中原人士也很少骑马，虽然在春秋时期已经有人骑马，但与马车相比，骑乘相比较来说也只是个别现象。直到战国时期，为了对付北方骑马民族，中原军队将战车改为骑兵，人们才逐渐从北方匈奴人那里学会骑马。据相关史书记载，赵武灵王执政之时，赵国东北的东胡和西北的林胡、楼烦频繁侵扰赵国，然而当时的赵国作战的工具为战车，相较于来去迅速且轻捷的骑兵，战车则缺乏一定的优势，因此赵国军队在对付善于骑射的"三胡"骑士时相对而言较为被动。为了对付"三胡"，赵武灵王开始在赵国境内推广"胡服骑射"，组建了大规模的骑兵部队。自此，赵国的很多军人便学会了骑马，如此一来，骑马出行慢慢在军中开始得以发展。

从战国到汉代初期，军队的主要出行方式仍是战车，骑乘居于从属地位，但就总体趋势而言，车的数量逐渐在减少，骑马的人数是不断增加的。到了秦朝末年的时候，单马骑行的人数已开始多于驾车行驶的人数，但骑马之人一般多为军人或习武之人。汉朝建立之后，骑马逐渐在社会中流行起来，社会各界人士骑着骏马往来于城乡之间的现象已是十分普遍。尤其是魏晋以后，北方的少数民族大量南迁，他们擅长骑马，只要是迁徙出行，一定是以骑马为主要方式，从而为我国本就骑风已盛的北方地区再次增加了动力，带动了人们都去骑马。这一时期，车与马同为最主要的交通工具，二者并行不悖，共同发展，但南朝的官员及富豪则偏重于乘车而轻视骑马。除此之外，对于那些无力置办车或马的贫穷家庭而言，出门骑驴也是较为省力的方式之一。

到了唐朝时期，社会经济高度发达，骑马的人逐渐变多，上至皇帝，下至百官及农民、商人等，人人都可骑马出行。从一系列唐诗中都可感受到当时的景象，例如李白的"山公醉后能骑马，别是风流贤主人"（仿效山公酒醉仍能骑马出行，这也是主人与大家的一番风流）、杜甫的"知章骑马似乘船，眼花落井水底眠"（贺知章酒后骑马，晃晃悠悠，如在乘船。他眼睛昏花坠入井中，竟在井底睡着了）……在这一时期，女子也是可骑马的，甚至可以穿上男子的装束在公开场合行走和游玩。例如"旋抽金线学缝旗，才上雕鞍教走马"（转身就得抽拉金线学习缝制军旗，又得跨上雕鞍被人教学骑马）、"虢国夫人承主恩，平明骑马入宫门"（虢国夫人受到皇上的宠恩，天刚亮就骑马进入了宫门）等诗句的描写，均生动地描绘了当时佳人骑马的真实写照。在唐代，骑马的人相比前代要多，还有乘坐驴、骡子、骆驼的。总而言之，唐朝时期的人们动用了一切可供驾驭和行驶的畜力，以骑马为主导，唐人单骑出行的现象十分普遍。当时为了维护等级制度，唐朝也曾一度实施过"马禁"，规定只许达官贵人乘马，禁止工商、庶民以及僧道等人乘马。

在宋代，骑马仍为当时最主要的交通方式。宋代初期乘马较为普遍，但由于当时连年战乱的大背景，马匹十分紧张，马匹更多地被用来运输而非骑乘，时至南宋，由于北方州郡尽失，内地也失去了马匹的供应地，之后乘轿之风盛行。骑马与乘轿代表了在职官员的不同风貌。在当时，由于封建礼制加强的原因，女子骑马开始遭到讥嘲，因此在南宋之后，骑马者多为男子。

到了明代，有些武官出行乘坐轿子引起了统治阶层的担忧，朝廷担心武官变得懒惰，军人的威猛会减弱，曾下令武臣勋臣不得乘轿，只能骑马。也正因此，武人骑马、文人坐轿成为明代出行的一大特色。在当时，平民百姓也可骑马，但是由于当时的国力较弱，民间的养马业并不发达，许多下层人士都置办不起鞍马的用具，只能徒步或换乘其他的交通工具，所以，明人骑马出行的现象较之前代大大减少。与此同时，明代的统治者对平民百姓骑马时所使用的鞍辔的制作也做出了相应的规定。

鞍辔是古代马具的重要组成部分，除此之外还有镫、鞭等。其中鞍是指放在骡马等牲口背上承受重量或供人骑坐的器具，多用木材和皮革制成，附有软垫，放在鞍下保护马背。马鞍两边设有垂下的皮革，叫"障泥"，用以阻挡泥土。辔是指驭马的缰绳，安放在马口里的部件为"辔头"，带嚼子的辔头也叫"鞚（kòng）"（马笼头）。镫是指挂在马鞍两旁供脚蹬的东西，多用铁制成，一般在马鞍上垂下一对脚镫，便于踩踏，使得马匹更容易驾驭。鞭是用来策马的工具，古人十分注重对鞭子的等级和装饰，例如比较名贵的鞭子有黄金鞭、白玉鞭等。鞍辔也有好坏之分，在以马为代步工具的古代，通常可以通过鞍马的马具等使用情况推测马主人的身份等级。除了上述介绍到的四种主要马具之外，古人还同样讲究马身上的饰物，马饰与驾驭用的马具不可分，多数就是在马具上镶嵌金属或玉石的饰片。

（三）轿

轿子在我国古代是一种较为特殊的交通工具，由人力肩抬而行。"轿"的名称起于宋代，在此之前有"辇""肩舆""腰舆"等称呼。在梳理轿子的相关内容之前，有必要对其前身进行一定的了解，因此下面将首先对以上几种称呼进行简短的介绍。

目前一般认为"辇"最早出现于夏代，到了西周时期又称作"辒辇"，是一种民间运输货物的交通工具。我国曾出土过一辆春秋时期的木车，其衡木后方各有一陶人，木车衡窄、辀短、无轭，不能使用畜力驾驭，遂用人挽之，推测应为辇车。及至秦代，辇成为一种皇室出行的代步工具，在秦代的宫廷中十分流行，宫廷中甚至还设有专门供辇行进的辇道。到了唐代之时，唐代帝王使用辇较多，其中之一为"步辇"。在当时，步辇只能由皇帝、皇后、得宠的妃子和公主才能坐，有时为表恩宠，皇帝也会特令抬步辇召学士，这即为一种极大的荣誉。并且唐代还有一系列完整的乘辇制度。

第十三章　中国古代的出行

比辇低一级的轿子是"舆",舆轿的形式较多。春秋战国时期,河南固始曾出土过三乘木质的肩舆,这种肩舆类似去了轮子的车厢,有屋顶式和伞顶式两种制形,工艺十分精巧,可以说是轿的原始形态。秦汉之时的轿子用竹子简单扎成,因此又称作"竹舆"。魏晋时期,由于舆轿的扛抬方式为肩扛,故称之为"肩舆",这一称呼的较早记载见于《晋书·谢安传》,其中提到,当时有人乘坐"平肩舆",此后,古人称谓轿子即多用"肩舆"一词,以突出其人力抬行的特点。隋唐五代时期,由于舆轿抬起来的高度与腰齐平,故又称之为"腰舆",这一时期的腰舆多为皇室和官僚所使用。在唐代,百官均可乘舆,老、病的大臣还可以乘舆上朝,一直抬到大殿上。民间百姓也可随便乘舆,当时流行的舆有软舆、板舆、竹舆、篮舆、藤舆、卧舆等多种形式,但都通称为肩舆。在当时,由于很多人无力购置车马等交通工具,只能用最简单的肩舆来代步出行,其花费要比租车和租马更加便宜,还有很多家庭连租肩舆的钱也花费不起,干脆自己抬,一般是男性抬女性,壮年抬老弱,如此一来,全家出行,就有人能省却劳累。在当时,这种送老年亲属和抬轿远行的事情很普遍。

辇、舆自唐代以来,大致分为两种类型,分别为敞露型与封闭型。敞露的辇、舆在形制上近似辂车,没有华丽的装饰,厢顶与底板之间撑有立柱,立柱间无板牖或帷帐遮挡;而封闭型的辇、舆外形或似亭子,或似屋宇,四周遮挡较为严密,从外面难以看到辇舆的内部。有关辇、舆的称呼,有时混用,但通过上述描述不难发现两者在形制上仍是存在差异的。

宋代是轿子迅速普及的时代,"轿子"一词始见于南宋绍兴年间。宋代的轿子类型多样。从舆轿的材料来看,有"竹舆""篮舆""板舆";从舆轿的扛抬方式看,有"腰舆""肩舆";从乘坐者的身份来看,有"辇""舆";从舆轿的用途看,有"山轿""梯轿";从轿子的遮蔽程度来看,有"显轿"与"暗轿"之分。肩舆的称呼在宋代十分普遍,据《宋史·舆服志》记载,宋代达官贵人乘坐的肩舆,其制"正方,饰有黄、黑二等,凸盖无梁,以簟席为障,左右设牖,前施帘,舁以长竿二,名曰竹轿子,亦曰竹舆",此处的肩舆舆厢封闭,左右开两小窗,舆厢底部有两根长竿,抬扛于肩上。随着乘轿之风的盛行,肩舆成为皇室成员往来于宫苑之间以及达官显贵会客游玩的必备代步工具，一些乡绅富商同样也乘肩舆出行。乘腰舆出行在宋代也十分普遍。肩舆与腰舆的区别在于扛抬方式，肩舆为2人或4人抬扛于肩上，腰舆则以带系于舆杆两端，挂在肩上，双手自然下垂，提杆而行。宋代的轿子，改座椅为厢式，按照遮蔽程度可分为两种：一曰暖轿，是指轿顶使用布盖，四周饰有布帷的封闭性轿子，既能御寒，又较为隐蔽，又称暗轿；另一种为凉轿，又称凉舆、明轿或显轿，其遮挡较少，视野也较为开阔。

宋代时期乘轿的人比唐代要多。从北宋初年开始时，舆轿便已流行于社会的各个阶层，后来有相关大臣上奏商庶人等都乘轿子不成体统，应禁止乘轿，宋太宗采纳此建议，直到宋徽宗时，官方仍不断下令禁止百姓乘轿，而且规定"非品官不得乘轿"。然而，终北宋一朝，民间的轿子却越来越多，以至出门坐轿成为流行风气。在大城市还出现了专业性质的赁轿之肆，只要交上脚力钱，轿夫就会抬着轿把顾客送到指定的地点。到南宋时期，轿子的使用数量逐渐超越了车，各级的官员也偏重于坐轿，很少乘车。当时官方法规也加强了对轿子等级的划分，同时取消了对车的等级规定。这一切迹象均表明轿子在宋代的流行程度。

明朝年间，官方对乘轿有所制约，正如上述在讲述马的内容时所提到的。当时的统治者为了避免天下太平后出现懒惰的迹象，曾规定文武大臣都必须骑马，不乘轿。景泰以后才逐渐放宽此限制。到了明朝中后期时，轿子已完全成为各级官员的代步工具，人人出行都坐轿子，骑马者则相对较少。清朝入关后，按明朝的惯例使用轿子，并且同时对轿制的等级做出区分，除此之外，不同的官品和身份在轿子的行制类型、帐子的用料颜色等方面均有严格的区分。

从上述对轿子的等级的说明可发现，官轿和民间轿子的乘坐是存在一定区别的。官轿，即官员用轿，它不仅仅是一种交通工具，同时也象征着官员的品级和威仪。据相关文献记载，唐代规定，士庶不得乘轿，只有仆射（相当于宰相）级别的高层官员在患病时才可以坐轿，其余朝官，一律不准乘轿，即使朝廷命官出差途中因病需要乘轿，也必须陈请中书门下及御史台，经批准后才能乘轿。北宋初年，只有个别朝廷重臣经皇帝特许后才能乘轿。到了明代初年，朝廷规定，京官三品以上方可乘轿，四品以下京官和京外官员只能骑马，不许坐轿。对于准许乘轿者，还依照官员的不同品级对其所乘轿子的式样设有严格的规定，没有达到相应的级别是绝对不可以逾越的。以清代为例，皇帝所乘官轿是最为奢华的，为金黄轿顶、明黄轿帏，而且是十六抬的大轿。对于官员，"汉官三品以上、京堂，舆顶用银，盖帏用皂，在京舆夫四人，出京八人；四品以下文职，夫二人，舆顶用锡；直省督、抚，舆夫八人；司道以下，教职以上，舆夫四人，杂职乘马。……庶民车，黑油，齐头，平顶，皂幔。轿同车制，其用云头者禁止"（《清史稿·舆服志一》）。并且按照规定，乘坐轿子的只能是文官，武官只能骑马，年纪过大而行动不便需要乘轿者，则必须事先奏请恩准。除官轿之外，轿子作为一种代步工具同样被民间所广泛接受和使用，尤其是明清以后，民间轿子的使用越来越多，以至于当时民间的乘轿之风盛极一时。在我国古代，轿子一般有二人抬、四人抬以及八人抬，等等，其中"八抬大轿"成为高级官员出门的标志，在民间一般为二人抬轿，只有娶亲用的花轿允许八人扛抬。"坐花轿"乃是传统社会时期我国大多数地区的婚嫁风俗，一般平民百姓很难有坐轿的机会，因此，结婚嫁娶时必以"喜轿"或"花轿"来迎送新娘。

（四）舟

除了上述讲到的车、马、轿等主要陆行工具，我国古代传统日常生活中的主要水行工具为舟，舟为船的总称，我国造船的历史大约与制车同样悠久。远古传说"伏羲氏刳（kū）木为舟"（挖空树木制造船只），但从相关古籍所载文字可得知，是古人观察漂浮在水面上的落叶和空心树干，进而认识到了形态结构与浮力较大之间的逻辑关系，从而发明了舟船。例如"古者观落叶因以为舟"（人们观察树叶漂浮的现象发明了船）、"古人见窾木浮而知为舟"（看见被挖空的木头能浮于水面，就明白了造船的道理）。依据相关文献资料，有研究者断定：自从伏羲氏刳木为舟，创造出最早的水上交通工具——独木舟之后，经过漫长的岁月，至大禹之时，独木舟已经非常进步了。从此，人们便可以跨越水域，开拓新的天地。水上交通往来的实现，不仅使得人们的活动范围空前变大，同时也更进一步地促进了各方的经济往来。

商周时期，独木舟是人们水上航行的主要交通工具，甲骨文中的"舟"就有好几种不同的写法。这一时期的独木舟设计结构已经相当合理，具备了船的形态，但由于载人容量有限，且抗击风浪的能力也较差，作为交通工具往来是存在一定的缺陷和不足的。因此，为了能够进一步满足航行活动的需要，古人开始在独木舟周围向上延伸的方向加装木板，木板船则因此得以诞生。

到了周代时，舟船已经可以被造出多种类型，当时常有把多只小舟拼接成船的情况。例如天子乘坐的舟船是由多条船并成的"造舟"，诸侯乘坐的舟船是由四条船造成的"维舟"，大夫所乘坐的舟船是由两船并成的"方舟"，士乘坐的舟船则为单体船，称之为"特舟"。在那个时期，之所以出现这种拼船的现象是因为当时的造船能力有限，无法造出大船。到了春秋战国时期，铁类工具的使用进一步推进了造船业的发展，与此同时，各诸侯国为了利用水道而扩充实力，进而大量地组建舟师水军，这把舟船的地位推向了另一个高度。后来由于舟船制造水平的大幅度提高，人们开始逐渐使用舟船作为出行的工具，进而开辟了水路交通。后来在历史上也出现过军事方面的水战，这些足以说明当时的舟船已经具备较强的载运能力和航行能力。

隋、唐、宋时期，我国造船技术十分发达。汉隋之间，我国水上交通往来的现象一直有增无减。在隋炀帝继位之后，动用了大量的人力和财力，挖修了举世闻名的京杭大运河，开辟了我国内陆水上航行的一条大通道。并且这一期间，人们还开辟了很多海上航线与海外进行交往，这说明当时中国的舟船已经开始具备远洋航行的能力。

到了唐代时，海上丝绸之路较之前代得到进一步发展，极大地促进了我国以及往来国家的经济发展。与此同时还出现了各种类型的舟船以适应不同性质的水道。除了跨越远洋的海舶之外，内陆因水系急缓宽窄而特别制造的船也同样具有较为完备的构造。在人们的出行方式里，乘船也是较为流行的方式，从一系列唐诗中就可以看出来："春水船如天上坐，老年花似雾中看"（春来水涨，江河浩漫，所以在舟中漂荡起伏犹如坐在天上云间；身体衰迈，老眼昏蒙，看岸边的花草犹如隔着一层薄雾）、"眼痛灭灯犹闇坐，逆风吹浪打船声"（看诗看到眼睛痛，熄灭了灯还在黑暗中坐着，逆风吹着浪花拍打着小船)、"潮落江平未有风,扁舟共济与君同"、"两岸猿声啼不住,轻舟已过万重山"……

宋代的运河四通八达,水上出行的交通工具十分丰富,优越的自然环境与地理位置为发展水路交通提供了天然的条件,也使宋朝成为舟船发展最为鼎盛的时期。朝廷出于漕运与海防的考虑,开辟运河,大力发展造船业,造船技术也已十分高超,这也是宋代水路交通发达的重要原因之一。在当时,北宋都城开封与南宋都城临安都依靠运河与外界联系,水路交通对宋人的生产和生活起着十分重要的作用。宋人出行经常选择水路,一是因为当时的水路交通较为发达以及较为高超的造船技术;二是因为舟船载重相对较多而且行船的速度相对较快,旅途相对较为清闲,可以免遭受陆行的颠簸之苦。在两宋时期,官吏出行也使用舟船。例如苏轼自眉州乘船奔赴汴京的行旅途中作诗"船上看山如走马,倏忽过去数百群"。

明清时期,我国船舶的种类更加多样,明朝郑和下西洋的事件更是成为我国航运史上空前的壮举,举世所瞩目。并且在当时,内陆水系的交通都得到一定的发展,长江以及大运河等主要水道已是码头林立、舟船密集的状态。官员们乘车骑马出行的现象相比前代都有减少,唯独乘船出行的现象一直在持续增长。这一时期,皇帝出巡江南,乘坐舟船也是首选的出行工具。在民间,船运业也突飞猛进,有很多待赁船只,甚至还出现了很多带有旅游性质的观光船,商业性质的承运船只也较多,其载人以及运输能力已经超过了陆行的交通工具。

纵观中国古代传统社会交通文化的发展历程可发现,虽然在中国古代曾出现过各种不同类型以及不同称呼的交通工具,但基本上都是围绕着车、马、轿、舟这四种进行演变和发展的。这些交通工具在不同的历史时期和不同的社会文化背景下存在一定的差别,也因不同的特色而发挥着不同的作用,共同组成了我国古代传统社会日常生活中交通工具的全部内容。

第十四章
中国传统养生文化

一、中国古代养生的基本特征

中国的养生理论与实践,由于以古代哲学和中医基本理论为底蕴,所以显得尤为博大精深。它汇集了我国历代劳动人民防病健身的众多方法,糅合了儒、道、佛及诸子百家的思想精华,堪称一棵充满勃勃生机和浓厚东方神秘色彩的智慧树。

所谓养生,就是摄养身心,延年益寿,减少疾病;所谓生就是生命、生存、生长;所谓养就是保养、调养、护养、补养。中国传统养生流派诸多,各有特色:道家强调回归自然;儒家崇尚超越自我;佛家遵守明心见性;医家之法在修德和情。养生殊术,文化同趣,其基本特征可以归纳为以下五点。

(一)形神兼顾,养神为先

就养生学的范畴而言,形指形体,包括人体的皮肉、筋骨、脉络、脏腑及充盈其间的精血,是人体生命活动的物质外壳。神指人本的精神思维活动,包括精神、意识、思维活动,它是人体生命活动的内在主宰。形神之间,形是基础,神是主导;无神则形不可活,无形则神无所生。形体与精神之间存在着一种相互制约、互为依存的密切关系,《黄帝内经》有曰:"形体不敝，精神不散"，"精神内伤，身必败亡"。可见养形与养神，二者必须兼顾，不可偏废。只有形神统一，才是生命存在的首要保证；只有形神共养，才是防治疾病、增进健康的最佳手段。

主张形神共养，绝不意味着把形、神放在同等重要的位置上。事实上，就总体而言，中国养生学从来都视养神为首务，正如《艺文类聚·养生》言："太上养神，其次养形"（养生首先要修养心神，其次才是保养形体）。鉴于中医学关于心神能统率五脏六腑、五官七窍、四肢百骸而为一身之主宰的生理观，古代养生家大多认为调养心神，不但能使心强脑健，有益于精神卫生，更为重要的是，通过养心调神还有助于调养整个形体。《灵枢·天年》说："失神者死，得神者生也。"《素问·上古天真论》也认为："精神内守，病安从来？"这些都充分说明了"神"在人的生命活动中所起的重要作用，即"得神""守神"，就能保持健康、祛病延年；反之，神伤则病，无神则死。由此可见，形神兼顾、养神为先确实是中国养生文化的一个显著特点。养生首务是养神，调形必先调神，养身需先养心。

（二）顺乎自然，天人物我合一

《灵枢》言："人与天地相参也，与日月相应也。"阐明了自然界的一切运动变化，必然直接或间接地影响人体生理、病理变化的观点。顺应自然的养生理论大致包含以下两重含义。

一是顺应自然界的阴阳变化以护养调摄。《黄帝内经》中所说的"法于阴阳，调于四时"（根据阴阳的偏盛调配，顺应四时气候的变化）和"因时之序"（因时制宜）都表达了这种意思。就自然界的阴阳变化而言，对人体影响最大的莫过于四季交替和昼夜晨昏的变更，因此养生也必须采取相应的措施。

二是顺应自然而然的状态养生。所谓顺应自然而然的状态养生，实际上是指人们只有认识人与自然二者本身所具的客观规律，并依循这种规律养生，才可能健康长寿。《黄帝内经》所说的天地人系统中，天人同构、天人同类、天人同象、天人同数，人与天相通的总原则是：同气相求，同类相应，顺则为利，逆则为害。

实质上，"人身小宇宙"在《内经》中绝非泛泛而谈，人体与宇宙之间存在着某种数理上的一致性。如人体呼吸与天地相通、气脉与寒暑昼夜相运旋的规律，与太阳的周日运行规律联系起来。这种天人之间的取象比类，是超逻辑、超概念的心领神会。"天人合一""时空合一"是一种直观的生命体验，现代物理学（量子论、相对论）也已经体会到这种思维方式的可贵性。

（三）虚静养神，动静结合，阴阳平衡

中国哲学亦有"主静"说。老子曰："清净为天下之正"，"不俗以静"。明代蔡清说："天地之所以长久者，以其气运于内而不泄耳，故仁者静而寿"（世上长寿的人，常养气于内心，不外泄自己的气，使自己的心灵经常处于恬淡宁静的状态，因此有仁之人清净而长寿）。中国的道家与佛家思想都是主静的，禅宗的坐禅、道家气功，都通过虚静来养神，认为"神"是一切生命活动的主宰和生命存亡的根本，凝神可以益智。因此，养生的首要任务就是通过养神来保养和提升人的内在生命力。

但是"静"不是绝对的静止，而是另一种运动形式。生命在于运动，因为运动是生命存在的特征，生命运动的规律就是新陈代谢的过程。只有保持经常运动，才能增进健康，预防疾病，以求延年益寿。《吕氏春秋》言："流水不腐，户枢不蠹"（常流的水不发臭，常转的门轴不遭虫蛀）。动静结合，相辅相成，是养生保健之大旨。辨证施治则还要因时、因地、因人而宜，根据个体的阴阳盛衰进行调摄，选择相关锻炼项目，采取适当的锻炼方法，以提高功效。这种原则性与灵活性的统一，概括为"知常达变"。

中国传统文化注重对称，强调平衡。人体养生，无论是饮食起居、精神调摄，还是自我锻炼、药物作用，都离不开协调阴阳的宗旨。人的衰老，或为阴虚，或为阳虚，或阴阳俱虚。《素问·至真要大论》说："谨察阴阳之所在而调之，以平为期"（人体患病后应当细致地审察阴阳病变的所在，加以调整，以达到阴阳平衡的目的）。阴虚则阳亢，阳虚则阴盛，阴盛则阳病，阳盛则阴病。故防治衰老，贵在调和阴阳，使阴平阳秘，精神乃治。

（四）养生与养性、治国相统一

在中国传统文化中，养生从来就不局限于研究机体本身的运动变化和发展规律，而总是与道德品性修养，以及治国安邦之道有机地结合在一起。

《吕氏春秋·先己》篇中提到："昔者先圣王，成其身而天下成，治其身而天下治"（古代的圣明君主，成就自身从而成就天下，整治自身就可以整治天下）。这种观点实际上是糅合了儒家"修身、齐家、治国、平天下"的思想和道家修身养性的理论在内，因而具有极为丰厚的文化内涵。在儒家的养生理论中，孔子首先提出了"仁者寿"的观点，后来又十分肯定地提出"大德必其得寿"，认为只有道德高尚的人才可能长寿。其后中国的养生家基本上依循这一思路，强调养生必须与道德修养相协调。

事实上，良好的道德情操确实是心理健康的重要标志，而心理健康则是祛病延年的必要前提。汉代哲学家兼养生家董仲舒在分析孔子关于"仁者寿"的原因时，曾在《春秋繁露》中精辟地指出："仁人之所以多寿者，外无贪而内清净，心和平而不失中正，则天地之美以养其身"（仁人之所以长寿，是因为他们外无贪欲而内心清净，心境平定和顺而不失中正，取天地间的美好东西来保养身体，所以寿命长久而且身体健康）。

（五）客观因素与主观努力并重

所谓客观因素，实际上包括人的先天遗传、所处的自然环境和社会环境等方面，中华养生学认为上述条件与人的健康长寿有着直接的关系。

从养生文化的特点来看，人的主观能动性是以另一种方式表现出来的，这就是强调个体必须通过"养性立德"来主动增强适应社会环境的能力，以便达到健康长寿的养生目的。至于如何"养性立德"，《黄帝内经》提出应该力求做到"恬淡虚无"，具体要求是"美其食，任其服，乐其俗，高不下相慕"（以自己所食用的食物为甘美，所穿着的衣服为舒适，所处的环境为安乐，不因地位的尊卑而羡慕嫉妒）。

中国养生文化中这种主张通过"养性立德"来增强社会环境适应能力的做法，从社会历史发展的角度来看，似乎失之消极被动，但从养生延年的观点来看，它无疑也是人发挥主观能动性的另一种表现形式。

作为中国传统养生文化的重要特点之一，客观因素与主观努力并重这一特点的存在同样不是孤立静止的，它的产生本身就是儒、道两种学说相互融合的结果。我们知道，早期儒家学说所关注的重要问题便是协调人际关系，在社会政治领域提倡积极进取，主张"知其不可而为之"（明知做不到却偏要去做。表示意志坚决。有时也表示倔强固执)。

二、 中国传统养生的主要途径

(一) 中医养生

中国医学的要点是养生学,治疗学只是生命学问中一个较低的层面,上医治未病。《黄帝内经》的首篇《素问》旨在揭示养生的理论和实践,摄生贵在保养天真,寿夭皆在精气盛衰。精气盛则五脏盛,精气衰则五脏衰。养生必循于天道,法地,法天,法道,法自然。正如《灵枢·本神》言:"智者之养生也,必顺四时而适寒暑,和喜怒而安居处,节阴阳而调刚柔。如是则僻邪不至,长生久视"(明智之人的养生方法,必定是顺应四季的时令,以适应气候的寒暑变化;不过于喜怒,并能良好地适应周围的环境;节制阴阳的偏胜偏衰,并调和刚柔,使之相济。像这样,就能使病邪无从侵袭,从而延长生命,不易衰老)。

以中医基础理论为指导的养生方法,择其要点主要有:

1. 起居有常,顺时应节

中医认为,人是自然界当中阴阳二气运动交合的产物,所以人必须顺应自然界的规律。一要顺应一年四季变化规律,春夏属阳,秋冬属阴,万物随之有春生、夏长、秋收、冬藏的变化,人体阴阳气血的运行也应顺应变化,做到春夏养阳,秋冬养阴。二要顺应一日四时阴阳变化规律,白天属阳,晚间属阴,在昼夜晨昏的交替中,应尽量做到日出而作,日落而息。三是顺应地域规律,不同的地域有着不同的养生,如东南沿海地区以湿邪为主,应以祛体内的湿邪为主;西北地区阴寒之邪常耗伤人体的阳气,应以祛体内的寒邪为主。

春天养生,夏天养长,秋天养收,冬天养藏,一年四季养的是不同的气。一年分二十四个节气,一季占六个节气。天地自然之气发生变化的时候,人的身心情志也要跟上这些节奏变化。春季养生,"夜卧早起,广步于庭,披发缓行,以使志生……"(清晨日出,早早起来,在草长莺飞的院落里慢慢地走,让气慢慢地生发。披散发束而不苟求外表严整,使精气一点点地生成勃发……）。一要注意除郁护背，二要注意护头脚，三要防风湿，四宜多运动、放松心情。夏季养生，"夜卧早起，无厌于日，使志无怒，使华英成秀，使气得泄……"（清晨日出，早早起来，不要对天长炎热感到厌倦，要保持情绪平和不躁，使得气色焕发……）。饮食忌生冷、过饱，自然纳凉，护头护肚，夜卧忌扇。秋季养生，"早卧早起，与鸡俱兴，使志安宁，以缓秋刑……"（早睡早起，鸡鸣起床，使志气安宁，来放缓秋刑……）。阳气当敛，注意出汗就是消耗能量，会影响五脏，闭目叩齿、咽津，以手搓热敷眼，护养肝肾。冬季养生，"早卧晚起，必待日光，使志若伏若匿……"（早睡晚起，一定要找日光，使志气好像隐伏起来，好像有私心，好像自己有了什么东西一样……）。忌发汗，外阳不可太盛，当温足冬脑，气血藏。而所谓"春捂秋冻"，是一种规避自然界虚邪贼风的办法。因为春天与秋天的气候气温不稳定，时常会出现冷热交替。春捂指的是根据天气变化，适时增加衣物，防止倒春寒；秋冻是指已经加上衣服后，突然天气变热，就要把衣服减下来，防止秋老虎。

起居有常，因循的是一天十二时辰，对应着十二条经络的保养。子时——胆经当令；丑时——肝经当令；寅时——肺经当令；卯时——大肠经当令；辰时——胃经当令；巳时——脾经当令；午时——心经当令；未时——小肠经当令；申时——膀胱经当令；酉时——肾经当令；戌时——心包经当令；亥时——三焦经当令。作息有规，还得睡眠有方。苏东坡曾提出睡卧三昧之功：初睡安四体，四体既安则安心，身心俱安则熟睡，醒来梳发磨面。天天如此，则睡眠安妥。此乃睡功养生。

除了早睡早起、作息形成有规律的生物钟，良好的居处环境也很重要。比如，采光好，要有阳光，紫外线可以杀灭细菌霉毒；房子透气性要好，保证室内空气流通，有助于改善空气质量；房子装修色调适合自己年龄，老年人本身阳气虚衰，宜用暖色调，如红色；室内花草适当点缀，但卧室不宜放太多花草，有过敏性疾病的，更要慎重在家中养花草。

2. 饮食有节，谨和五味

"民以食为天"，饮食是人体营养的来源，是生命活动的物质基础。古代名医孙思邈指出："不知食宜者，不足以生存也"（不知道饮食恰当的人，是不能很好生存下去的）。饮食调理得当，不仅可以保持人的正常功能，提高机体的抗病能力，还可以治疗某些疾病，维持和恢复健康，延年益寿。"药食同源""寓医于食""医食同源"，食疗胜药疗，食疗治未病。《素问·脏气法时论》中说道："五谷为养，五果为助，五畜为益，五菜为充，气味合而服之，以补精益气……五味入胃，各归所喜"（谷物或主食是人们赖以生存的根本，而水果、蔬菜和肉类等都是作为主食的辅助、补益和补充。这五味食入胃中，对身体大有裨益）。一味入一脏，每个脏腑的精气都能被源源不断地补充上，五味长养五脏。

饮食有节律，有规矩，可以固护脾胃，而脾胃为后天之本。一日三餐，要按时、定量，吃到七八分饱即可，切忌暴饮暴食；膳食平衡，谨和五味，切忌偏食、嗜食。各种食物与中药一样，具有寒、热、湿、凉四性之异和酸、苦、甘、辛、咸五味之分。如果食物的性味配合得当，则有助于保持人体的阴阳平衡状态，对健康有益；反之，若五味配合失宜，则会打破机体的平衡，从而损害健康。合理的饮食结构可以长养五脏，促进健康，而偏饮、偏食则会导致有些脏腑的精气不足，乃至脏气偏盛偏衰的病理变化，如过酸伤肝，过咸伤肾，过甘伤脾。

另外，药膳保健也是中医传统的养生方法之一。药膳指药食结合，四时制宜，辨证施膳，是在中医理论指导下，通过药物的炮制加工与食物的烹调加工，制作的具有防治疾病和保健强生作用的美味食品，如人参、黄芪、黄精、枸杞、冬虫夏草、茯苓等制成多种类型的食品。元代《饮膳正要》记录了61种食疗法，如生地黄鸡，可疗腰背疼痛、骨髓虚损不能久立、身重气乏盗汗；羊骨粥可治虚劳、腰膝无力；莲子粥可治心志不宁、补中清志、聪明耳目；羊脏羹可治肾虚劳损、骨髓伤败；羊肚羹治中风，等等。

饮包括茶、酒。酒可活血通络，古代有"酒为欢伯，除忧为乐"之说。但酒宜少饮，少饮可发挥其御寒、散瘀、活血、通经络、温脾胃、养肌肤等功效，饮酒过量，轻则伤神耗血、损胃失精、生痰动火、疾病上身，重则丧邦亡家、殒身亡命。茶在我国有着悠久的历史，我国古代盛产茶叶，也深知茶叶的功效。汉代《神农百草》指出茶可以"益思、少卧、轻身、明目"，李时珍则全面说明了茶的治病功效，茶可治"瘘疮，利小便，祛痰，止渴，令人少睡,有力,悦志",可"下气消食""破热气,除瘴气,利大小肠"。

3. 适度锻炼,惜精固本

生命在于运动,运动可以调和血气,通畅百脉,强健机能,灵活关节,最终使体魄健壮,精力旺盛,动作敏捷。我国古代创造了许多种导引法、保健术和拳道,这些都是中国养生文化的重要内容。太极拳、太极剑、八段锦、易筋经都以中国传统儒、道哲学中的阴阳、五行辩证理念为核心思想,集颐养性情、强身健体、技击对抗等多种功能为一体,是高层次的人体文化,是饱含东方包容理念的运动形式,是针对习练者的意、气、形、神的锻炼方式。

导引是一种呼吸与运动相结合的功法,模仿动物,导气以和,引体以柔,强身健体。我国导引术源远流长,形成套路且影响广泛的有:汉简导引、五禽戏法、八段锦法、易筋经、立坐卧功等。

适度锻炼是一种微微汗出为宜的运动锻炼,因人而异,根据年龄、身体状态,选择不同的锻炼项目和运动量,还要选择良好环境,比如公园或有花、有草、有树、有水的地方。运动时间尽量控制在40分钟以上、1小时以内,每天至少走一次路,两次最好,每次最少30分钟,1小时最好,一周最好锻炼5天,7天最好。

"惜精固本"中的精不仅指肾中先天之精气,也指五脏的精气。固护肾中精气,肾为先天之本,人体的五脏六腑要想正常活动,必须有肾的先天激发。肾精亏虚,在婴儿时期会导致发育的五迟、五软,中壮年会导致早衰,老年会影响寿命。不醉以入房,节制房事,才能固护肾中精气。维护五脏精气,首先不要用得过度,久视伤肝,久卧伤气,久行伤骨,久坐伤肉;其次,情绪要好,过度的思虑会暗耗心血,从而导致心血亏虚。适度锻炼,防止气精两失。

4. 恬淡虚无,精神内守

《黄帝内经·上古天真论》中说:"恬淡虚无,真气从之,精神内守,病安从来?"要做到不被外界刺激所影响,首先不要以妄想为常想,欲望不能太高,要有一个合理的目标;其次要美其食,任其服,乐其俗,高下不相慕,即以适合自己的饮食习惯为美,穿自己认为干净、舒适的衣服,以自己的民俗为乐，不羡慕、不攀比比自己位置高的人，和自己过去相比要有进步，做一个充满阳光的人，回到"朴"的状态；再次要做到嗜欲不能劳其目，淫邪不能劳其心，不为外界的刺激所动，让神内守，使五脏之精气不被耗散。

中医有"情志相胜法"以及时消除不良刺激所引起的反应，是用五行相克来使情绪得到一种平衡。五行中木克土，土克水，水克火，火克金，金克木。以五脏配五行，合七情：喜属心，配火；肝主怒，配木；脾主思，配土；肺主忧、悲，配金；肾主惊、恐，配水。如受到委屈时肝气郁结，肺克肝，可以大哭一场，倾诉一番，让自己的情绪发泄出来。此外，还有酸葡萄心理，即当自己真正的需求无法得到满足产生挫折感时，为了解除内心不安，编造一些"理由"自我安慰，使自己从不满、不安等消极情绪中解脱出来，保护自己免受伤害。

《中庸》中说："喜怒哀乐之未发谓之中，发而皆中节谓之和"（喜怒哀乐的情感没有发生，可以称之为"中"；喜怒哀乐的感情发生了，但都能适中且有节度，可以称之为"和"）。寡欲不是无欲，而是知道哪些事可做，哪些事不可做，哪些事做不做两可。真明白"世道"的，才能够"恬淡虚无"。情深则不寿，强极则辱；谦谦君子，温润如玉。

《黄帝内经》作为中医养生学的奠基之作，一开篇就阐述养生之道，对后世的养生学发展起到了不可磨灭的中坚作用。《素问·上古天真论》说："上古之人，知其道者，法于阴阳，和于术数，饮食有节，起居有常，不妄作劳，故能形与神俱，而尽终其天年，度百岁乃去"（上古的人，懂得天地之间运行的道理，是阴阳谐和的，每个人的命运是有定数的，所以行事不和天地的正常运行道理相违背，他们的起居作息都规律，劳逸结合，这样就能肉体与精神都协调一致，而尽终其天年）。"夫上古圣人之教下也，皆谓之虚邪贼风，避之有时，恬淡虚无，真气从之，精神内守，病安从来？是以志闲而少欲，心安而不惧，形劳而不倦，气从以顺，各从其欲，皆得所愿"（上古的圣人教导属下，都是对他们说：四时邪气要及时躲避，恬淡虚无要让真气顺从；精神保守于内，病从哪里来呢？所以心志闲适欲望减少，心情安定而不惧怕，形体劳累而不疲倦，真气顺从而和畅，各自顺从它们的欲望，使之都能如愿）。在《上古天真论》的最后，指出了养生的不同层次：真人独立守神，宗一于道，为道生，重在"把握阴阳"；至人积精全神，通达于道，为全道，重在"和于阴阳"；圣人调摄精神，重在调节阴阳，随机而应；贤人保养精神，符合于道，为修道，重在"逆从阴阳"，法天则地，不以凡庸自弃。他们的根本区别在于对"神"的修炼和对"道"的同化。

（二）休闲养生

1. 四季出游，舒畅心志

出游是有益于身心的综合性运动，既可以跋山涉水、锻炼身体，又可以览古涉今、增长见识；既可以登高远望、改善视力，又可以观光赏景、心旷神怡。唯其出游可以放下世间的一切烦恼与忧愁，完全融入大自然中，享受大自然的宽容。明代高濂曾言："四时游冶，一岁韶华，毋令过眼成空，当自偷闲寻乐"（一年四季四处游玩，人生苦短，千万不要虚度，应当在闲时及时行乐）。春则"郊外踏青，听鸟鸣于茂林，看山弄水"（春天去郊外踏青，倾听鸟儿在茂密的丛林中啼鸣，看山弄水）；夏则"坐快松楸绿荫，舟泛芰荷清馥，宾主两忘，形骸无我"（夏天或轻轻松松地坐在松树和楸树的绿荫之下，或驾着小船穿梭于散发着清香的莲荷花叶之间，忘记了谁是宾谁是主，恣意放浪形骸到忘我的境地）；秋则"凭高舒啸，临水赋诗，酒泛黄花，馔供紫蟹"（秋天站在高处尽情呼啸，在江边横槊赋诗，边喝酒边赏菊花，吃当季的螃蟹）；冬则"杖藜曝背，观禾刈（yì）于东畴，策蹇（jiǎn）冲寒，探梅开于南陌"（冬天拄着拐杖，背朝冬阳，在东边的田边看人家割稻秆；或冒寒骑驴，沿着南面的小路去看梅花是否开放）。

我国古代文人墨客大都喜爱游山玩水，以融入自然为乐。陆游一向热爱大自然，他以老退居山阴后，借出游散去忧愁，强身健体。"老翁七十亦何求，尚赖山行散百忧"（七十岁的老人有什么追求，喜爱依赖山间来驱散自己的忧愁），"倚仗听啼鸟，临池看戏鱼。怡然又终日，底事解愁予"（倚着拐杖倾听啼叫的鸟儿，在池边看鱼儿嬉戏，开开心心一天过去了，心底的烦恼都解决了）。清代文学家袁枚行迹遍及大江南北，名山大川，并留下《游黄山记》《游庐山记》等名篇佳作，他认为出游"乃人生乐事，舒心悦目，身心兼炼，益寿延年"（外出旅游是人生无比开心的事，心情舒畅又养目，身心都得到锻炼,可以延长寿命)。

出游一般还可以安排各种活动,如钓鱼、放风筝、荡秋千。荡秋千是件令人兴奋的游戏,在空中飞舞,忽上忽下,可以将心中的一切郁闷抛开,尽情享受空中的刺激。放风筝也是我国传统的习俗,可以明目,泄内热。钓鱼既可健身,又可颐养心情,坚固志趣。姜太公钓鱼到80岁,出为丞相,到90岁还身体健康,精力充沛。钓鱼之乐在于乐志,临江湖之边,微波荡漾,环境宁静,令人心旷神怡;眼望浮标,凝神静气,恰如世外之人。所谓"一钩掣动沧浪月,钓出千秋万古心"(鱼竿颤动,湖面月影也跟着颤动,在湖边垂钓钓上来的是千秋万代的古心)

2. 花卉艺术,赏心悦目

种植花卉可以劳动身体;观花赏木,则可以舒畅心情。从养生的角度讲,古人认为,观花卉首先应观其生机,因为物之生机必触发人之生机,给人以希望。其次要得其趣,不在乎花卉之名贵,春之桃李,秋之桂菊,夏冬之荷梅皆可。四季飘香,亲事劳作,可疏通血脉。古人云:"野花艳目,不必牡丹,村酒醉人,何须绿蚁?"(野花艳丽夺目,不一定非赏国色牡丹;村酒也能醉人,何必非饮绿蚁那样的名酒呢?)

花因人而有其趣,有其乐,快乐是赏花人永远的主题。所以,当选择自己所爱的花加以种植,或将花卉插入瓶中,成为瓶花艺术。古人对花瓶亦有讲究,"养花瓶亦须精良,譬如玉环、飞燕,不可置之茅茨,又如嵇、阮、贺、李,不可请食酒店之中"(用来养花的瓶子一定也是精致、上等的,这就好像是美艳娇贵的杨玉环、赵飞燕,是不可以住在茅草屋中的;这又好比是性格狂放不羁的嵇康、阮籍、贺知章、李白等人,是不可以把他们邀请到店里面,拘束于礼节来饮酒一样)。

3. 琴棋书画,陶冶性情

琴棋书画是古人调摄情志的主要方式。抚琴可以活动手指,灵敏大脑,抒发情怀;书画可以活动身体,排除杂念,畅达神志;弈棋则可解除郁闷,开发智力。

古代书画家多享高寿,往往因为挥毫泼墨能动身形,调心神,乐情志。作书画时可以任其所兴,自由发挥。《老老恒言》中说:"笔墨挥洒,最是乐事。素善书画者，兴到时，不妨偶一为之"（执笔挥洒，这是最快乐的事情了。素来擅长书画的人，兴趣到了的时候，不妨就开始创作吧）。草书则"能纵横任意，发抒性灵，而无拘束之嫌"（写草书能够能让人抒发性情，可以纵横捭阖，让人无拘无束）。

宋代文学家欧阳修中年以后独爱书法，把练字当作"人生一乐"，闲余便潜心墨池，乐此不倦。而欣赏书画，亦有"登临之乐"，其乐也融融。如玩味古人书画，"古人手迹所存，即古人精神所寄。窗明几净，展玩一过，不啻晤对古人。谛审其佳妙，到心领神会处，尽有默默自得之趣味在"（古代的人所留存下来的真迹，是古人将自己的精神寄托于其中的产物。在窗明几净处，把这些古迹展开品玩，就像同古人会面交谈。仔细地体会领悟其美好和精妙，能够心领神会，则尽可以于无声无息中得到其真趣味之所在）。

明代的高濂认为，品画以天趣、人趣、物趣为标准，正所谓"天趣者，神是也；人趣者，生是也；物趣者，形似也"。书画可以分为"神、妙、能、逸、佳"五品。高濂认为，达到天趣标准的书画作品是神品和妙品，这些作品是审美对象和审美主体高度完美统一的产物，如神来之笔，自然天成。达到人趣标准的书画是能品和逸品，这一水平的作品虽有人情生气、奇思与哲理，但有人工雕琢的痕迹，已失去了契合于大自然的风采。佳品水平最低，只得物趣，这样的作品墨守迹象，仅仅在形似，尚未摆脱"为物所役"的局限。

据说隋朝京都名医莫君锡进宫给隋炀帝治病，发现其因贪图女色导致虚劳症，便不以药治，而以画治。莫为炀帝画了两幅画，一为《京都无处不染雪》，一为《梅熟时节满园春》，嘱咐其每日玩味画中的含义。隋炀帝见画便陶醉其中，想象梅子的酸甜，白雪的晶莹，渐无口干舌燥、心中烦闷、体倦乏力之感。久而久之，心情舒畅，体力如常。画起到了消遣郁闷、改易心志的作用。

琴可正人心，还有活动手指、增强手指的功能。《老老恒言》说："琴能养性，嫌磨指甲。"宋代欧阳修"因患两手中指拘挛，医言唯数运动导其气滞者，谓之弹琴可为"（因为两手的中指抽筋，医生说只有通过做运动引导气排泄出来才能痊愈，弹琴就能达到这种效果）。欧阳修弹琴数月，便恢复了手指的灵活。

音乐可以使血脉流通，促进血液循环，也可以促进肠胃蠕动，增加消化液的分泌。《医方类聚》说："脾好音乐，丝竹才闻，脾即磨矣"（柔美而符合脾胃频率的音乐，不仅能放松心情，还能有效促进消化腺分泌增加，帮助消化）。所以沁人心脾的音乐能起到养生祛病的作用。汉代刘向《说苑》载，一次音乐聚会，有的人被搀扶而来，有的人乘车而至，听完音乐便平复而归。古人认为音乐有疗病养性的神奇作用，是因为音乐有情性，乐为天地之和，故可以乐入药。欧阳修说自己曾有忧郁之疾，退而闲居，不能治。后来跟友人孙道滋学琴，以宫调式音乐养生，久而久之，心情愉悦，不知疾之在体。弹琴可对月对花，也可临水而奏。"对月鼓琴，须在二更人静，万籁无声，始佳"（对着月亮奏琴，应在半夜人声寂静时，万籁无声时，才是最好的）。对花则以"香清色素者为佳"，如茉莉、玉兰。临水弹琴，则荷香扑人，微风洒然，游鱼出声。

棋亦是养生之物。古人说"善弈者长寿"（擅长下棋的人会长寿），因为下棋可以摈弃杂念，集中心神，消遣时光。《老老恒言》中说："棋可遣闲，易动心火"（下棋可以消遣休闲时光，但容易煽动心火）。弈棋本为乐事，目的在于皆大欢喜，应心平气和，不要争强好胜。

4. 读书咏诗，自得其乐

书是精神食粮，读书可以通古今之变，增长见识，开阔视野，明白事理亦是人生一大乐事。我国古代文人大都以读书明理为养生之道。"书载圣贤言语，古今事迹，一切奇见异闻，无所不备。虽看一时，而知千百年之事，宛然与古人晤对"（书中圣贤说，古往今来的事迹，有许多奇异之事，什么都有。虽然只是简单一看，却知千百年来的事，就好像和古代人对话）。陆游把读书当作享受，把读书当作忘记疾病痛苦的良方，常常忘情于阅读，而疾病不治而愈。石成金忠告道："若为功名富贵而始读书，则非真知读书之乐者矣"（如果为了功名利禄而读书，那么就不知道读书真正的快乐）。

吟咏诗词，抒发情感，净化灵魂，从而有益身心健康。养生家无不将读诗作为养生手段。《老老恒言》言："偶尔得句，伸纸而书，与一二老友共赏之，不计工拙，自适其兴可也"（偶然得到了诗句，向大家展示，和一两个老朋友一同鉴赏，不去计较质量，自己沉浸在兴致里）。

古人认为诗可言志，其实，以诗言志不失为养生之道。

读书诵诗是乐，藏书也是乐。明代高濂认为"藏书以资博洽，为丈夫生平第一要事"。他说，凡是能开阔心胸、增长见识的书，均加收藏。高濂对于坟典、六经、《史记》、《汉书》、《文选》、诗集、文集、稗野杂著、道释医三家之书无不兼收，并将收集来的各种书籍分门别类，时常玩味，恍如对圣贤面谈，乃千古悦心快目之事。这正如陆游在《题老学庵壁》所言："万卷古今消永日，一窗昏晓送流年"（在万卷书中消磨自己整日时光，南窗下让自己生命的河流静静地流过）。

5. 闲情逸致，乐享清福

古人认为享受闲情逸致可以养性悦心，怡生安寿，因而把闲情逸致作为养生的重要内容。古代名医石天基说，人生在世，需要随事安乐，自然日日时时享受自在快乐之福，如此则得怡养年寿之道。这也就是要求人们享受生活的一切，包括享受闲暇的生活。人们在闲暇生活里，可以享受人间自然的一切美景，可以栽种花草、吟诗作赋、赏玩琴棋书画、出游，极尽人之所兴。

中国人以福为人生的圆满。何为福？良辰、美景、赏心、乐事，此为"四美"；贤主、嘉宾，此为"二难"。清人石成金认为养生就要清享这"四美""二难"，即客观对象的美和人际关系的和谐，"不知上天与之而不知，错认上天吝之而不与也，良可叹息"（不知道上天赋予他福气，误以为是上天吝啬而不给与他，这很令人惋惜）。他把这天赐的清福分成十六类：清享、清时、清景、清居、清侣、清游、清话、清服、清馔、清韵、清芬、清体、清事、清快、清戒、清具。如"春水溶溶""芳草碧连天""月移花影""晴雪在树""登高远眺""坐观垂钓""蝉噪夕阳""月下歌声""花开无风雨""自栽树初活""病新愈""暑凉风""得如意书""读书有得"等等，石成金所列举的各项美事，其实即在身边，即在日常生活中。只要我们乐于生活，就会发现生活的乐趣；只要我们珍惜生活，就能保持生活的美；只要我们接受生活的一切，就能享受生活的一切；只要我们能享受生活给我们的清福，就能永葆青春。

雅集，专指文人雅士吟咏诗文，议论学问的集会。所谓"吟咏诗文"不能理解为"背诵前人的现成的诗文"，而是指在雅集现场因时、因地、因主题而重新创意古体诗词。史上较著名的有西晋石崇的"金谷园雅集"，东晋王羲之的"兰亭雅集"，唐朝让王勃一夜成名的"滕王阁雅集"等，无一例外都是以创意诗文为主。永和九年三月初三的那场微醉，不但诞生了37首诗歌，更成就了王羲之的千古名篇《兰亭集序》，及其被誉为天下第一行书的《兰亭集序》书法。可见，古代正统的雅集都是吟诗作文唱主角，虽然现场会有其他雅文化元素如琴、棋、书、画、茶、酒、香、花等参与，但只是配角。

只有中国有"养生文化"，"养生"不是"养身"，生命的概念远大于身体的概念，它包括身心灵、精气神，甚至包括宇宙、空间、气候、人文诸多方面。中国传统养生文化从探究人的本性、提升人的素养层面，充分显示出民族文化的深奥奇妙。

中国养生学是自然科学和社会科学交叉的产物，其理论体系本身具有这种学科所具有的双重特征。中国养生文化的社会科学性质主要体现在其理论体系，并与中国古代哲学存在着千丝万缕的联系，而其自然科学性质则主要体现在它与传统医学有着血肉联系。

第十五章
中国传统节日文化

一、节日在中国传统文化中的地位与价值

在中国古代,节日通常指人们普遍认同的"节",即节气、节庆。在汉语中,"节"指一根竹竿上联结上下竹节突起的部分,是竹子在生长过程中的若干起点和终点,古人由竹中的"节"字造出"节日"一词,赋予的意义大致与重要的时日、继往开来等有关。在英文中,节日对应 festival 和 holiday,festival 可以分为三部分:fes-ti-val,"fes-"源于拉丁语 fascia,意为"中心点","val"意为"日子",连起来即"具有中心作用的神圣的日子"。同样,holiday 由"holi-"和"day"构成。"holi-"指"神圣的",整体意思为神圣的日子。经过中西文的词源分析可知,"节日"这一词语的最古老的意思就是"最重要的、神圣的日子"。

(一)节日的地位

作为人类社会文化生活重要的时间标志,节日对群体和个人而言都有重要意义。从节日的形成历史来看,这种意义是逐步从精神寄托延伸到物质享用上的,并随着文明的发展进步,不断扩充其内涵与规模。

1. 节日是特殊形式的社会生活

节日创造不同于一般生活的文化符号、礼制用以关联和沟通人们的文化

心理。按照经验功能主义大师罗伯特·K. 默顿的中层功能分析范式来理解，传统节日集中体现了社会关系结构和交往方式，在基本结构上包括时间节点、特定仪式、象征意涵等方面。"时间节点"与"特定仪式"是传统节日外在的、显性的物化表征，是社会成员在特定的时间节点以特定的仪式进行的纪念或庆祝活动；"象征意涵"则是传统节日内在的、隐性的文化隐喻，是传统节日所具有的承载文化传统、塑造民族精神与强化民族文化认同的价值功能。这三方面共同构建了节日的文化符号，用以吸收和涵养人们在日常生活当中积淀的价值认识和文化心理。

节日形成固定的形制，促进文化代代相传。节日生活是周期性的，有着固定的时间、固定的活动方式，逐渐形成习惯以及人们对此等习惯的认同感。著名民俗学家乌丙安教授认为节日是一年当中由种种传承线路形成的固定的或不完全固定的活动时间，以开展有特定主题的约定俗成的社会活动日。正是有着这种稳定的形制，节日才能将其内属的文化符号持续输入人们的头脑当中，并实现内化，融入人们的价值系统。

2. 节日是对日常生活的"拯救"与"提纯"

随着工业化社会对人类社会生活影响日益卷入，农耕社会的日常生活方式在新的生产方式之下解体，更小的家庭单位、更快的消费方式和时空转换带来了日常生活的快节奏和不确定感。马克思关注到资本主义生产方式对日常生活带来的挤压与扭曲，他在《1844年经济学哲学手稿》中详细阐发了"异化"概念。在"异化"概念中，个体发展与劳动方式之间的冲突无可避免地延伸到了个体的生活当中。正如法国日常生活批判理论家列斐伏尔所言："日常生活在某种意义上是一种剩余物，即它是被所有那些独特的、高级的、专业化的结构性活动挑选出来用于分析之后所剩出来的'鸡零狗碎'。"日常生活的平庸化和消费的官僚化，使得物质的丰裕与精神的贫乏间的矛盾成为现代社会的特征。

正是从这个意义上看，一方面节日在日常生活中的存在凸显出"精神拯救""思想提纯"的价值。"瞬间是一种日常生活的拯救。"节日较为完整地保留了远古时期的文化符号，提醒着人们日常生活有着被异化出的裂痕，使人们反思现代生活的价值几何，更加关注人伦亲友、自然生态等被现代生活忽略的价值。因此，从权力关系的视角考察，节日代表着民间文化自觉对官方知识生产的反抗，引领和倡导着更加健康的生活方式。

（二）节日在传统文化中的作用

1. 体现和发扬传统文化

一方面，节日保存农耕文化传统。农耕文化是我国古代社会文化的根本表征。中国传统节日根源于此。如春节在夏代就有雏形，称为"岁"，周之后叫"年"，直接指代谷物生长周期。如清明是二十四节气之一，春回大地，视为春耕春种之期等。不少传统节日从源头上看，都和农事有关，尽管在历史发展过程中这些节日的寓意有了延伸或转移，但总跟农耕文化有着千丝万缕的联系。

另一方面，节日接续伦理文化。中国古代宗法社会形成了一整套稳定且繁密的伦理系统。尽管现如今其中有不少内容已经不再适用，但节日保存下来稳定的血亲人伦、礼教德治、长幼尊爱依然具有涵养社会风气、团结社会关系、凝聚社会力量的重要价值。

2. 弘扬团结、爱国等积极社会意识

在我国传统节日当中体现出精忠爱国、刚健有为、自强不息等可贵的文化精神，这些精神是社会稳定和发展所需的意识形态，是有助于个体社会化发展的积极社会意识。节日作为一种凸显的生活方式，是有力弘扬积极社会意识的重要形式。如端午节、寒食节、中秋节、重阳节、春节都体现着人民对故土的依恋之情。爱国精神在传统节日中体现出来，一方面维护了祖国的统一、增强了民族的凝聚力和向心力，正确地引导了整个民族的价值观，激发了人民的群体意识，体现了中华民族的思想观念和行为规范，是国家统一、和谐稳定的重要纽带。另一方面也使得爱国教育避免了单一化的境遇，将爱国主义教育融入生活之中，贯穿整个民族文化的发展历程，推动民族政治思维定式的形成。以国家统一为乐，以江山分裂为忧，成为中华民族天经地义的政治价值取向。并且这种思想是符合整个社会的价值观念的，具有维护祖国团结、社会稳定的积极作用。

3. 节日唤起感恩奋进的道德情操

"每逢佳节倍思亲"。在我国的传统节日当中，尽管起源和立意不同，

但往往围绕祭祀和感怀先人，凝聚家族力量来展开。节日在道德教育方面的价值集中体现在感恩教育和榜样教育上。在节日纪念活动中，家族往往形成一定的仪式，这些仪式不仅有着鲜明的纪念对象，传颂其事迹和精神，给家族成员树立行为示范，仪式本身的程序也产生道德教育的作用。仪式能够汇聚一种强烈的集体性的道德力量，迅速传递给每一位在场的人，让人感到精神振奋以及被集体保护的安全感，并且加速仪式倡导的道德内容内化到人们的头脑中。

二、中国的传统节日揽胜

我国是世界上拥有最多传统节日的国家之一。据不完全统计，包括传统的节气，以及各民族的节庆活动，全国有超过500个节日，几乎每天都有不同民族、不同地区的人在过节。在这众多的节日中，有一些节日经过历史的长期积淀，形成了独特的文化形制、符号和过程，并成为各民族、各地区人民共同的信仰。如春节、清明、端午、中秋等。这些节日成了解读中华民族文化传统和心理的密码。

（一）春节

春节是我国最为隆重、最有民众基础、最能代表中华民族家国情怀和共同愿景的传统节日。春节是农历正月初一，俗称"过年"。

1. 春节的由来

春节起源于殷商时期的祭祀活动。《辞海·禾部》中记载，谷物一年一熟，所以也称年为稔。古代先民经过一年辛勤劳动，在岁尾年初之际，用他们的农、猎收成来祭祀众神和祖先。春节的称谓，在不同的历史时期是不同的。周代称为"元日"，先秦时叫"上日""改岁""献岁"，汉代叫"正日""岁朝"，唐代叫"元朔""新正"，宋代叫"元旦"，清代叫"大年初一"。直到1911年辛亥革命推翻了清王朝的统治后，改"行夏历，顺农时，从西历，便统计"，于是农历正月初一便被正式定为"春节"。

相传古时候，有一种叫作"年"的凶猛怪兽，每到腊月三十，便窜村挨户，觅食人肉，残害生灵。在一个腊月三十晚上，"年"到了一个村庄，适逢两个牧童在比赛打牛鞭子。"年"忽闻半空中响起了啪啪的鞭声,吓得望风而逃。它窜到另一个村庄,又迎头望到了一家门口晒着件大红衣裳,它不知其为何物,吓得赶紧掉头逃跑。后来它又来到了一个村庄,朝一户人家门里一瞧,只见里面灯火辉煌,刺得它头昏眼花,它只好又夹着尾巴溜了。人们由此摸准了"年"有怕响、怕红、怕光的弱点,便想到许多抵御它的方法,于是逐渐演化成今天过年的风俗。

2. 春节的习俗

(1) 祭祀祖先

传统的中国是以宗法血缘组织建立起来的"家邦"式的国家,因此尊敬祖宗的伦理观念对中国人影响深远。中国的新年祭祖习俗起源甚早,据《尔雅》载:夏代叫作岁,商代叫作祀,周代叫作年,唐虞时代叫作载。从周代开始过年就开始举行祈祷丰收的祭祀活动,自此之后,每年春节都会有祭祀祖先的仪式,一直延续到了现代,尽管各地的祭祖习俗不同,祭祖的形式也不相同。春节祭祖的习俗体现出我国传统的伦理观,不忘先祖的恩德,追忆先祖的孝亲之情。

(2) 放烟花爆竹

爆竹的原产国是中国,它的起源非常早,早在两千多年前已经在中国出现。据传,在中国古代有一个叫"年"的怪兽每年除夕都会出来伤人,后来,人们发现"年"害怕火光和响声,于是就制造了鞭炮。宋代孟元老《东京梦华录》中记载,开封府除夕宵禁时期,宫里响起了爆竹声,声音很大,在宫外都能听得到。此时的爆竹不只是驱逐鬼魅了,已掺进了新的意义,即除旧迎新之意。

(3) 贴春联、年画

贴春联、年画是中国过春节不可缺少的习俗。《山海经》载,在苍茫大海之中有一座度朔之山,山上有一棵大桃树,枝干蜿蜒盘伸三千里。桃枝的东北有一个万鬼出入的鬼门,门上有两个神人,一个叫神荼,一个叫郁垒。他们把守鬼门,专门监视那些害人的鬼。一旦发现,便用芦苇做的绳索把鬼捆起来,扔到山下喂老虎。于是黄帝向他们敬之以礼,岁时祀奉,在门上画神荼、郁垒和老虎的像,并挂上芦苇绳,若有凶鬼出现二神即抓之喂虎。这是中国门神的雏形。古代中国门神、年画的出现，都源于汉民族逐鬼。到了今天，春联和年画的内容都抒发了对未来生活美好的祝愿，同时中国人民也通过这种传统的方式，表达了对祖国的美好祝愿。

（4）拜年

南宋吴自牧《梦梁录》记载，元旦，士大夫都相互敬贺，佃民们无论男女都穿上了新衣，来往拜年。说的正是南宋都城临安的拜年习俗。以上可以看出在南宋时期拜年已经成为百姓间非常普遍的习俗，是亲戚朋友之间互相交流、增强感情的一种重要方式。春节拜年的习俗一直延续到现在，随着时间的变化和科技的快速发展，拜年的方式由传统的挨家挨户拜年到现在用电话、短信、微博、微信等拜年，虽然改变了外在的承载方式，但依然保留了那份浓浓的人情味。

（二）元宵节

中国的传统节日之一，又称上元节、小正月、元夕或灯节，时间为每年农历正月十五。正月是农历的元月，古人称"夜"为"宵"，正月十五是一年中第一个月圆之夜，所以称正月十五为"元宵节"。

1. 元宵节的由来

围绕元宵节的起源，还有一些民间传说为人津津乐道。其中一个是汉文帝为纪念"平吕"而设。相传汉高祖刘邦死后，吕后之子刘盈登基为汉惠帝。惠帝生性懦弱，优柔寡断，大权渐渐落在吕后手中，汉惠帝病死后，吕后独揽朝政，把刘氏天下变成了吕氏天下。吕后病死后，诸吕惶惶不安，害怕遭到伤害和排挤。于是密谋作乱之事，以便彻底夺取刘氏江山。此事传至刘氏宗室齐王刘襄耳中，刘襄为保刘氏江山，决定起兵讨伐诸吕，终于彻底平定祸乱。平乱之后，众臣拥立刘邦的第二个儿子刘恒登基，称汉文帝。汉文帝深感太平盛世来之不易，便把平息"诸吕之乱"的正月十五，定为与民同乐日，京城里家家张灯结彩，以示庆祝。从此，正月十五便成了一个普天同庆的民间节日——元宵节。

另有一个传说与西汉名臣东方朔有关。相传东方朔为帮助一位名叫元宵的宫女与家人团聚，在长安街上摆了一个占卜摊位，遍告百姓正月十六这一天火焰会烧上身体的签语。消息传开，汉武帝也收到长安将有劫难，火焰会焚烧帝王居住的宫殿，正月十五就会着火，整个宵夜火焰通红的传贴，东方朔献计说："听说火神君最爱吃汤圆，宫中的宫女元宵不是经常给你做汤圆吗？十五晚上可让元宵做好汤圆。万岁焚香上供，传令京都家家都做汤圆，一齐敬奉火神君。再传谕臣民一起在十五晚上挂灯，满城点鞭炮、放烟火，好像满城大火，这样就可以瞒过玉帝。此外，通知城外百姓，十五晚上进城观灯，夹杂在人群中消灾解难。"于是，到正月十五日，长安城里张灯结彩，游人熙来攘往，热闹非常。宫女元宵的父母也带着妹妹进城观灯，亲人终于团聚。如此热闹了一夜，长安城果然平安无事。汉武帝大喜，便下令以后每到正月十五都做汤圆供火神君，正月十五照样全城挂灯放烟火。因为元宵做的汤圆最好，人们就把汤圆叫元宵，这天叫作元宵节。

2．元宵节的习俗

（1）吃元宵

"元宵"是独具中国特色的节日食品之一，流行于宋代，最早叫"浮元子"。元宵以白糖、芝麻、豆沙、黄桂、核桃仁、果仁、枣泥等为馅，用糯米粉包成圆形，可汤煮、油炸、蒸食，取团圆美满之意。

（2）观灯

元宵观灯始于汉代，唐之后形成了盛况空前的灯市。元宵节赏灯成为市民时尚，出现了乐舞群戏表演、男女相识的诗词唱和。如欧阳修的《生查子》"去年元夜时，花市灯如昼；月上柳梢头，人约黄昏后"，辛弃疾的《青玉案》"众里寻他千百度，蓦然回首，那人却在灯火阑珊处"都是描写元宵灯会的景象。故元宵也是中国的"情人节"。

（3）猜灯谜

最早出现在南宋时期，好事者把谜语写在纸条上，贴在五光十色的彩灯上供人来猜。谜语启迪智慧、富有生趣，因而为人们喜爱并传播开来。后发展出专门猜谜、解谜的谜社。如光绪年间就有竹西后社、射虎社、萍社等有名的灯谜组织。

（4）走百病

又称"烤百病""散百病"。参与者多为妇女，她们结伴而行，或走墙边，或过桥行至郊外，目的是祛病除灾。除此之外，在不同地区，元宵还有耍龙灯、舞狮子、踩高跷、打太平鼓等丰富多彩的民间活动。

(三) 清明节

清明是我国的二十四节气之一。清明时节，我国大部分地区春回大地，天清地明，气候转暖，万物复苏。正是春耕春种的大好时节。这个节气与农业生产有着密切的关系。

1. 清明节的由来

清明节祭祀先祖的习俗源于寒食节。寒食节的来历与春秋时期晋国大夫介子推的故事有关。相传晋文公做了君王，犒赏追随他的那批忠义之士，唯独忘记了介子推。介子推并未因此而向晋文公讨封，而是携母隐居绵山。后来，晋文公想起自己竟然忘却了介子推，因而去绵山寻他。可是寻了很久，都没找到。有人献计，放火烧山，作为孝子的介子推一定会为了母亲出来。火烧了三天三夜，却仍无消息。后来，人们发现介子推同他的母亲一同被烧死在一棵柳树下。为了纪念介子推，便有了在寒食节禁火三日的习俗。

到了唐代以后，寒食节普及全国范围，彼时扫墓风俗的兴起。扫墓习俗的形成对寒食节的流行和地位的提高影响很大，祭奠先人的忠孝思想也与儒家思想相一致。因而先流行于民间的扫墓风俗，逐渐得到了朝廷的认同，甚至有专门的假期，让王公大臣、丫鬟、奴婢回家祭祀。到了宋代，原本属于前三天寒食节的节俗渐次移入清明节。在古人的思想观念中，人是依靠烟来实现与神的沟通，只有焚化后的纸钱才能被神以及先人收到。由于寒食节期间是禁火的，到墓地上烧纸上供自然而然就转移到清明这一天。随着节俗的转移，清明节也逐渐取代寒食节的地位，"寒食"的名称自然越来越少被人提及。

2. 清明节的习俗

(1) 扫墓祭祖

扫墓祭祖是清明节最主要的活动内容。祭祖通常有两种形式，一种是家祭，即在家内或宗族祠堂祭祀祖先，形式是焚香叩头，供奉祭品。另一种是墓祭，即上坟扫墓。墓祭主要有两项内容，一项是为死者焚香、上供、烧纸，另一项墓祭内容是为坟堆培土，或者修坟立碑。烧纸始于唐代，是特制的、送给鬼神或死人在冥间使用的钱币。实际上，最初献给死者的是生活所需实物，货币流行后才给死者钱币的。

(2) 踏青春游

我国民间长期保留着清明踏青的习俗。这主要是由于清明时节恰逢阳春三月，阳光明媚，大地回春，自然界景色宜人，到处呈现一派生机勃勃的景象，正是郊游的大好时光。这还是青年男女谈情说爱的最佳季节。在现代社会，城市和农村对于春游踏青的习俗稍有不同，这主要在于时间安排以及生活观念不同。农村有把上坟和春游踏青融合在一起的趋势，在上坟扫墓的同时出去游玩；城里人则有更多的机会出门去专门游玩，上坟扫墓和春游踏青是分开的。

(3) 插柳、荡秋千

清明节的插柳习俗是巫术崇拜的表现形式，中国人以清明节、七月半和十月朔为三大鬼节，据说是百鬼出没讨索之时，人们为防止鬼的侵扰迫害而插柳戴柳。清明节正是柳条发芽之时，人们自然纷纷插柳戴柳。戴柳的原始动机是想运用接触巫术将柳树旺盛的生命力嫁接到自家门庭和自己身上，从而达到家庭人丁兴旺、个体青春永驻、身体健康的目的，有了旺盛的生命力，恶神也就退避三舍了。

清明节荡秋千由来已久，秋千的起源，可追溯到几十万年前的上古时代。那时，我们的祖先为了取得高处的食物，在攀登中奔跑，他们往往抓住较粗的藤条摇荡摆动，来取得树上的食物。这是秋千最原始的雏形。至于后来绳索悬挂于木架、下拴踏板的秋千，春秋时期在我国北方就有了。寒食节的时候把秋千作为游戏娱乐工具。到了元、明、清三代，则把"清明节"视为"秋千节"。荡秋千一方面可"摆疥"，即医治疾病，另一方面可以"释闺闷"。

(四) 端午节

端午节，又称端阳节、龙舟节、重午节、龙节、正阳节、天中节等，与春节、清明节、中秋节并称为中国四大传统节日。端午文化在世界上影响广泛，世界上一些国家和地区也有庆贺端午的活动。2006年5月，国务院将端午节列入首批国家级非物质文化遗产名录；自2008年起，端午节被列为国家法定节假日。

1. 端午节的由来

关于端午来源的传说众多，最为人们熟知的是屈原的故事，此外还有夏至说、龙日说等。

（1）纪念屈原说

此种说法最早出自南朝宗懔《荆楚岁时记》和南朝梁代吴均《续齐谐记》。屈原，名平，字原，战国时楚国丹阳（今湖北省秭归县）人。楚怀王听信谗言，不听屈原劝谏，导致身死国灭。公元前278年的五月五日，当秦国军队攻陷楚国都城郢都的消息传到流放在外的屈原耳中之时，他悲痛欲绝，遂抱石自沉汨罗江而死。《荆楚岁时记》中说，农历五月初五这天赛船，百姓因为屈原投身于汨罗江死去而感到伤感，所以用船来拯救他，成为现今的民俗。在《隋书·地理志》也提及此事。

（2）龙日说

这种说法来源于我国著名的诗人、学者闻一多所著的《端午考》和《端午的历史教育》。他认为，在古代吴越地区，五月初五是"龙"的部落举行图腾祭祀的日子。闻一多为了阐述、推论端午为龙日说，在《端午考》一文里，共列举出101条古籍典故，并逐一阐释，为更进一步考证其龙日说寻觅大量佐证。综合其证，主要有六个方面。其一，他认为最明显的是端午竞渡用的龙舟，意思是说竞渡用的主要工具是龙的标志。其二，粽子与龙的联系。粽子投到水里，被龙所窃或夺。其三，传说扬州在端午节铸盘龙镜，祈求降雨。其四，五月五日举行的"龙忌"日，纪念介子推，而且介子推的故事中又有《龙蛇歌》，其词见于《吕氏春秋·介立篇》。其五，相传守宫制用的一种保护贞操的秘药是端午日制成的。闻一多认为"而守宫一名龙子，这也昭示着端午和龙的因缘"。其六，在端午节这天有鱼变成龙的传说。总之，闻一多认为端午节这天与"龙"相关联的较多，故提出龙日说。

2. 端午节的习俗

（1）赛龙舟

端午节赛龙舟是一项重要的民俗活动。关于端午节赛龙舟的起源也有很多种说法。不过关于端午节赛龙舟源于屈原的记载，最早出现于南朝宗懔的《荆楚岁时记》，书中记载，五月五日屈原抱石投江，楚国人舍不得忠臣死去，许多人划船前去营救，但之后找不到屈原的踪影。之后每年的五月五日，人们划龙舟来纪念屈原，借划龙舟来驱赶江中之鱼，来保护屈原的遗体。赛龙舟在1984年成为全国正式体育竞赛项目。赛龙舟不仅是一项有特色的竞技体育活动，还是一项民族性的文化活动。

我国北方还有划旱船作为赛龙舟的替代性活动，这是一种在陆地上进行的模拟龙舟竞渡的活动。在五月初五这天，人们用竹和纸制作成旱船开展赛龙舟活动。

（2）吃粽子

粽子又称"角黍"，早在春秋时期人们就开始用"黍"来祭祀神灵和祖先，《礼记·月令》记载，端午时节，天子进献鸡和旧黍，再加上先成熟的樱桃来祭祀宗庙。在晋代，人们已经开始在端午时期食用粽子了，用菰叶包裹黍米，在端午和夏至时食用。在南北朝时期，吃粽子和纪念屈原联系了起来。传说因为屈原在夏至投湘江，百姓就纷纷用食物去祭奠他，然而食物常被水中的蛟龙吃掉，人们就用箬叶包裹住食物，再用五色丝捆绑，就不担心食物会被蛟龙吃了。端午节吃粽子既是为了纪念屈原，其实也是在用传统的方式来表达对心中爱国人物的敬意和祭奠。南北方粽子的品种也有很大的差异，主要是在馅料上略有区别，北方常见的是红枣、豆沙等甜馅粽子，南方常见鲜肉、蛋黄等咸馅粽子，外面再用芦苇叶包裹成三角形或长方形，最后用五色丝线扎紧便完成了。千百年来，吃粽子的习俗盛行不衰，不只是在中国，还影响到朝鲜、日本和东南亚的一些国家。

（3）"端午三友"

"端午三友"是指艾、菖蒲和蒜。古时候的端午被认为是恶日，因此，古时候过端午节以保健、避疫为主要原则，就形成了端午节当天，人们以菖蒲作为宝剑，以艾草作为鞭子，以蒜头作为锤子，认为可以退蛇、虫、疾病，斩妖除魔的特殊习俗。端午节期间，接近夏至，是寒气、暑期相互转换的时候，潮湿多雨，毒虫滋生，人很容易生病。因此古人在端午节悬挂艾草、菖蒲和蒜头的做法并不是迷信，在中医学上讲，这几种东西的功效确实可以避毒虫、消毒、除恶气。

首先，悬白艾。据南朝宗懔《荆楚岁时记》记载，在荆楚地区，人们在五月五日采艾，在门头、窗楣上悬挂白艾，来祛除不好的气味。白艾又称五月艾、端阳艾，其性温、味苦。农历五月初五，时值初夏，多雨潮湿，细菌繁殖快，人易染病，悬艾于门窗，可借助其气味驱除邪气，消去病毒。文献记载，屈原在《离骚》中将朝中奸党谗人喻作恶臭的"萧艾"，后人将艾悬挂于门楣，意为将奸臣小人悬于门外示众。

其次，挂菖蒲。在端午节挂菖蒲的习俗主要流行于江南一带。由于菖蒲叶可长达几十厘米，外形如剑，所以民间又称为"菖蒲剑"。菖蒲有香气，根茎可制作香料，还可供药用，有提神、通窍、杀菌之功效。其外用还可治牙痛、齿龈出血等。民间流传有"端午佳节，菖蒲作剑，悬于避邪"之说，另有祛病驱邪、祈求安康之意。另据传说，秦兵挖掘屈原衣冠冢时，神仙托梦告知百姓，在屈原衣冠冢上遍插菖蒲剑，此法果然吓走了秦兵。因此，每年端午节，人们在门户上悬挂蒲剑，以示纪念屈原。

再次，沐兰汤。《大戴礼》记载的从古代沿袭至今的端午节习俗之一是在端午节洗浴兰汤。在此，"沐兰汤"中所指的兰并非现在的兰花，而是菊科的佩兰，有微香气，可煎水后用于沐浴。后来一般是用煎艾、蒲等香草洗澡。在广东用蒲、凤仙、艾、白玉兰等，而湖南、广西等地则用大风根、艾、柏叶、蒲、桃叶等煮成药水洗浴。不论男女老幼，全家都洗，此风俗至今依然存在，据说可治皮肤病、祛瘟疫、止邪气。

（五）七夕节

七夕节，又称七巧节、七姐节、女儿节、乞巧节、七娘会、七夕祭、牛公牛婆日、巧夕等，是中国民间的传统节日。七夕节既是拜祭七姐的节日，也是爱情的节日，是一个以"牛郎织女"民间传说为载体，以祈福、乞巧、爱情为主题，以女性为主体的综合性节日。七夕节发源于中国，在部分受中华文化影响的亚洲国家如日本、朝鲜半岛、越南等也有庆祝七夕的传统。2006年5月20日，七夕节被中华人民共和国国务院列入第一批国家级非物质文化遗产名录。

1. 七夕节的由来

很多学者认为"七夕"产生于汉代，明代张瀚《松窗梦语》认为，七夕时节，织女渡过银河到了牵牛，这个说法始于汉武帝。东晋葛洪《西京杂记》记载的汉女七月七日的穿针风俗可证七夕节起源于汉代：汉代的彩女常常于七月七日在开襟楼穿七孔针,每人都认真研习这个技法。

魏晋时期,七夕节才和牛郎织女的故事联系到了一起。牛郎、织女在这个时期被进一步神话,牛郎、织女结为夫妇的故事和织女嫁董永的故事也是这个时期流行开来。《文选》记载了七月七日织女渡河相会牵牛的情况,后民间流行织女嫁牛郎的故事。晋朝干宝撰《搜神记》对董永和织女的故事进行了详细记载。随着牛郎织女故事的流行,七夕节在魏晋以后更受欢迎。

2. 七夕节的习俗

(1) 乞巧

乞巧是七夕节的重要风俗,魏晋妇女结彩穿针,在院子里摆上酒席和瓜果来乞巧,她们通过观看瓜上的蛛网来验证乞巧结果。唐宋以后伴随佛教传入,大量梵语词汇亦被引入,梵语的引入在改变唐宋百姓社会生活的同时,也改变了传统节日的风俗习惯。唐宋以后,百姓乞巧还需另一物件——"摩睺(hóu)罗",或称摩侯罗,亦称摩呼罗迦,是从梵语引得。摩睺罗为"婴孩"形状,为七夕所用,取其"求子"之意。材质不一,多为木质或玉质。故"乞巧"实际上是具有生殖意蕴的"乞子"行为。

(2) 穿针与曝书

七夕穿针可谓乞巧之关键,穿针主题亦受文人墨客之偏爱。魏晋时期非常流行七夕穿针风俗,据《南史》记载:"是夜七夕,令玉夫伺织女度,报己;因与内人穿针讫,大醉,卧于仁寿殿东阿毡幄中。"

七夕曝书最早可追溯到汉朝,《初学记》引崔寔《四民月令》云:"七月七日作曲合,蓝丸及蜀漆丸,暴经书及衣裳。"古代文献大都是通过纸质记载,书籍的保存与很多因素有关,客观因素诸如政治、经济、文化、自然等暂且不论,主观因素主要与书籍主人的保存有关。五月湿热,书籍容易生虫,书主必须把书籍放在通风处进行曝晒以防蠹虫。

(六) 中秋节

中秋节,又称祭月节、月光诞、月夕、秋节、仲秋节、拜月节、月娘节、月亮节、团圆节等,是中国民间的传统节日。中秋节是秋季时令习俗的综合,以月之圆兆人之团圆,为寄托思念故乡,思念亲人之情,祈盼丰收、幸福,成为丰富多彩、弥足珍贵的文化遗产。受中华文化的影响,中秋节也是东亚和东南亚一些国家尤其是当地的华人华侨的传统节日。2006年5月20日，国务院将其列入首批国家级非物质文化遗产名录。自2008年起，中秋节被列为国家法定节假日。

1. 中秋节的由来

根据史籍的记载，"中秋"一词最早出现在《周礼》一书中，书中记载，周代已有"中秋夜迎寒""秋分夕月（拜月）"的活动。可见在中秋有敬老的习俗。至汉代，在中秋或立秋之日敬老养老，赐以雄粗饼。到魏晋时，即出现"牛渚玩月"的记载。不过，此时虽有中秋赏月之举，但还不十分普遍，并未成俗。据民俗专家考察，中秋节作为一个民俗节日形成约在唐宋之时。唐代，中秋与嫦娥奔月、吴刚伐桂、玉兔捣药、杨贵妃变月神、唐明皇游月宫等神话故事结合起来，充满浪漫色彩，中秋赏月、玩月的习惯才盛行，文学作品中也多有这方面的咏唱和载述。《唐书·太宗纪》记载有"八月十五中秋节"。中秋节的盛行始于宋朝，北宋时正式定八月十五为中秋节，并出现"小饼如嚼月，中有酥和饴"的节令食品。至明清时，中秋已与春节齐名，成为我国的主要节日之一，也是我国仅次于春节的第二大传统节日。清代，中秋节被正式确定为放假日。《清史稿·选举志》记载，清廷于光绪年间规定，各级于"庆祝日、端午、中秋节各放假一日"。

2. 中秋节的习俗

（1）祭月

中秋节是以月亮为主题的节日。作为节日，虽然现代人以赏月为主，但是在古代，往往要祭拜月亮。在众多有关中秋节的记载中可以看到这一点。如宋金盈之《醉翁谈录》记京师中秋夕时说，不论贫富，满城的女子到了十二三岁的时候都穿上了成人的衣服，登上阁楼或在中庭焚香拜月，各自有自己的期望。明刘若愚《酌中志略·宫中中秋》记载，八月十五日，人们筵席上供着月饼、瓜果、莲藕，等到月亮升起焚香，即刻大肆喝酒畅谈，终宵后才开始散去。

（2）吃月饼

"月饼"一词最早见于南宋文献。周密《武林旧事》卷六《蒸作从食》下罗列了许多"蒸作"的食品，其中有"荷叶饼""芙蓉饼""羊肉馒头""菜饼""月饼"等名目。宋人所说的"月饼"大约是一种月形的普通食品，而非后世与中秋节不可分割的月饼。真正明确提到中秋月饼的是明代文献。如田汝成《西湖游览志余》卷二《熙朝乐事》中说："八月十五日谓之中秋，民间以月饼相遗，取团圆之义。"由此看来，月饼作为中秋节的节日食品被人们普遍认同是从明代开始的。

（3）观潮

观潮时间以每年的八月十五日到八月十八日为最盛，观潮时间和中秋节在时间上重合，所以，唐宋以后，观潮也成为中秋节的重要习俗。八月望日最盛观潮地点有二：一是广陵之曲江，二是浙江钱塘江。两汉时期，广陵之曲江最受古人欢迎。唐宋以后，特别是南宋以后，钱塘江成为最受欢迎的观潮地点，观潮时间从八月望日一直持续到八月十八日。

（七）重阳节

重阳节是中国传统节日，节期为每年农历九月初九。在民俗观念中"九"在数字中是最大数，有长久长寿的含意，寄托着人们对老人健康长寿的祝福。2006年5月20日，重阳节被国务院列入首批国家级非物质文化遗产名录。2012年全国人大常委会修订通过的《中华人民共和国老年人权益保障法》规定每年农历九月初九为老年节。

1. 重阳节的由来

"九"在《易经》中为阳数，"九九"两阳数相重，故曰"重阳"；因日与月皆逢九，故又称为"重九"。九九归真，一元肇始，古人认为九九重阳是吉祥的日子。故重阳很早受到人们的重视，早在战国时期的楚辞中就已提及。三国时期，人们开始在重阳日庆贺宴饮，如曹丕在《九日与钟繇书》中写道："岁往月来，忽复九月九日。九为阳数，而日月并应，俗嘉其名，以为宜于长久，故以享宴高会。"到了唐代，重阳被正式定为民间节日，而明代九月重阳，皇宫上下要一起吃花糕庆贺，皇帝要亲自到万岁山登高，以畅秋志，此风俗一直流传到清代。

2. 重阳节的习俗

（1）登高

重阳节又叫"登高节"。相传此风始于东汉。由于重阳为秋日，节后草木开始凋零，所以重阳节登高野游为"辞青"，与春游"踏青"呼应。

（2）插茱萸、喝菊花酒

佩戴茱萸最早可追溯到两汉时期。茱萸可佩戴，可食用，可药用。茱萸的药用方法在《金匮要略》和《伤寒论》等医学著作中都有详细记载，茱萸汤可治头痛、干呕等病。后世仍有佩戴茱萸的习俗，如四川《广元县志》记载："九月九日为重九，也叫作重阳。人们通常外出登高，佩戴茱萸，喝菊花酒。"

饮用菊花酒更是重阳节的重要风俗，其价值主要体现在"求长寿、保延年"方面。《抱朴子》记载，有刘生丹法，用白菊花的汁液、地楮的汁液、臭椿的汁液和成丹丸蒸煮，30 日后研合来服用，服用 1 年后，得到 500 年的寿命，老人吃了以后变得年轻得连大家都认不出来，少年吃了也能不衰老。菊花亦可入酒。古人已经有九月九日饮菊花酒的习俗，《风土记》有重阳节饮菊花酒被除不祥的记载。重阳饮菊花酒以延年益寿，安康保健，后世有很多地方都保留了重阳节饮用菊花酒的习俗，如《平谷县志》："九月'重九日'，登高，制花糕相遗，酿菊酒。"

（八）冬至

冬至是中国二十四节气中的第二十二个节气，太阳直射南回归线，北半球昼最短、夜最长。"阴极之至，阳气始生，日南至，日短之至，日影长至，故曰冬至。"早在 2 500 多年前的春秋时代，中国就已经用土主观测太阳，测定出了冬至，它是二十四节气中最早制订出的一个，时间在每年的公历 12 月 21 日至 23 日。冬至，也是中华民族的一个传统节日，素有"冬至大如年"之说，中国北方大部分地区在这一天要吃饺子，因为饺子有"消寒"之意，至今民间还流传着"冬至不端饺子碗，冻掉耳朵没人管"的民谚。南方有吃冬至米团、冬至长线面的习惯。

1. 冬至的由来

根据周朝的记载，民间有利用冬至日至郊外祭祀天的活动，又因为周历的正月为夏历的十一月，因此，周代的正月等于我们现在的十一月，所以拜岁和贺冬并没有分别，一直到汉武帝采用夏历后，才把正月和冬至分开，因此，也可以说：过"冬节"是自汉代以后才有。

冬至过节源于汉代，盛于唐宋，相沿至今。《清嘉录》甚至有"冬至大如年"之说。这表明古人对冬至十分重视。人们认为冬至是阴阳二气的自然转化,是上天赐予的福气。汉朝以冬至为"冬节",官府要举行祝贺仪式,称为"贺冬",例行放假。《后汉书》中有这样的记载:"冬至前后,君子安身静体,百官绝事,不听政,择吉辰而后省事。"所以这天朝廷上下要放假休息,军队待命,边塞闭关,商旅停业,亲朋各以美食相赠,相互拜访,欢乐地过一个"安身静体"的节日。唐、宋时期,冬至是祭天、祭祀祖先的日子,皇帝在这天要到郊外举行祭天大典,百姓在这一天要向父母尊长祭拜,现在仍有一些地方在冬至这天会过节庆贺。

2. 冬至的习俗

(1) 祭祖

冬至最初在周代主要是为了向神明和祖先祈福消灾,祈求来年减少饥荒与死亡而举行的祭祀活动。至今,我国南方沿海一带还延续着祭祖的传统习俗,家家户户把祖先像、牌位等供于家中上厅,安放供桌,摆好香炉、贡品等。在南方一些地方,还会祭祀天神、土地神,叩拜神灵,以祈福来年风调雨顺,家和万事兴。

(2) 吃饺子

吃饺子是北方人的传统风俗,有种说法是为了纪念张仲景。传说张仲景告老还乡后,看到百姓饥寒交迫,耳朵都冻烂了,于是煮了祛寒娇耳汤来医治百姓,用羊肉、辣椒和一些驱寒药材放在锅里煮成汤,再将食材捞出,做成馅,用面片包成耳朵形状,煮熟后分给百姓,人们吃完后,冻伤的耳朵逐渐痊愈了,后来就有了冬至吃饺子的习俗。

(3) 冬至团(冬至丸)、烧腊和姜饭

在南方一些地区,则比较盛行吃冬至团(冬至丸),有取其团圆的意思。每逢冬至清晨,各家各户磨糯米粉,并用糖、肉、菜、果、萝卜丝等做馅,包成冬至团,不但自家人吃,也会赠送亲友,以表祝福之意。实际上,冬至吃汤圆,是我国的传统习俗,在江南更是普遍,民间也有"吃了汤圆大一岁"的说法。广东人冬至吃烧腊与姜饭,冬至这天,大多数广东人都有"加菜"吃冬至肉的风俗。客家人认为,冬至时的水味最醇,所以,客家人冬至酿酒已成为习俗。

第十六章
中国传统礼仪文化

一、礼仪与中华传统文明

中华民族素以"礼仪之邦"闻名于世,礼仪是中国传统文化的重要组成部分,几千年下来,政治、经济、文化、教育等均离不开"礼仪"。传统中国人的一生,从出生到长大成人,婚丧嫁娶等都在传统礼仪体系之中,因此有人说,要想了解中国传统文化,则先要了解中国传统礼仪。

中国传统礼仪文化中的"礼"和"仪",实际是两项不同的概念。"礼"是指在社会生活中,由于道德观念和风俗习惯而形成的仪节,更多指的是制度、规则和一种社会意识观念;"仪"是指人的外表或举动,或者是按程序进行的礼节。"仪"是"礼"的具体表现形式,它是依据"礼"的规定和内容形成的一套系统而完整的程序。

因此,礼仪是指人们在社会交往活动中,为了相互尊重,为了对人、对己、对鬼神、对大自然表示尊重、敬畏和祈求等思想意识的,在仪容、仪表、仪态、仪式、言谈举止等方面约定俗成的,共同认可的行为规范。这里的惯用形式包括礼节和仪式,礼节一般是个人性的,并且不需要借助其他物品就可以完成的形式,譬如磕头、鞠躬、拱手、问候等;而仪式大多是集体性的,并且一般需要借助其他物品来完成,譬如奠基仪式、下水仪式、迎宾仪式、结婚仪式、祭孔大典，等等。

中国传统礼仪诞生于原始社会时期人类对大自然的崇拜与敬畏。远古时代，先民对于超自然现象充满敬畏，认为这些神奇的力量是"神灵"，主宰人类的旦夕祸福、生老病死，于是产生崇拜心理，以各种仪式敬神、供神、求神、祭神，相信这样就能得到神灵的保佑。我们的祖先举行这些祭祀活动，既敬畏虔诚，也庄严隆重，之后每年如期举行，代代相传，逐渐形成了固定的仪式，中国最早的礼仪便产生了。

夏、商、西周时期，人类已经进入了奴隶社会时代，统治阶级为了巩固自己的地位，把宗教礼仪发展成礼制。这个时期的礼仪都是强制性的，而且尊卑分明，礼被打上了阶级的烙印。在这个阶段，中国第一次形成了比较完整的国家礼仪与制度。周代的周公，把上古礼仪的重心从"神灵"向人的身上转移，将礼进行大规模的整理、改造，创造出一套可具体实行的礼仪制度，并在全国推行。这一套礼仪制度不仅有严格的等级制度，用以维持天子、诸侯、百姓间的关系，更将"礼"纳入社会生活的方方面面，对交际、服饰、婚嫁丧葬等都制定了细致明确的礼仪制度。古代的礼制典籍亦多撰修于这一时期，如周代的《周礼》《仪礼》《礼记》就是我国最早的礼仪学专著。在汉以后 2 000 多年的历史中，它们一直是国家制定礼仪制度的经典著作，被称为礼经。

春秋时期"万世师表"的孔子，继承和发展了周公"礼乐"治国的思想，主张推行礼仪文化治国，改变社会风气。孔子提出"不学礼，无以立"（不学习礼仪礼貌，就难以有立身之处），通过礼仪使人修身养性，悟道有礼。"礼"既是帮助个体克己以修心的一种外在的道德规范，又是协调人际关系、稳定社会秩序的仪节形式，还是使国家臻于至治的政治制度，孔子把"礼"看成是治国、安邦、平定天下的基础。后经孔子及其弟子的实践、推广，礼不断地丰富完善，内涵深化，最终成为中国传统文化的核心，并对后世历朝历代产生巨大影响。

秦汉以后，礼仪是维护封建社会等级秩序的工具。这一时期的礼仪的重要特点是尊君抑臣、尊夫抑妇、尊父抑子、尊神抑人。在漫长的历史演变过程中，它逐渐变成为妨碍人类个性自由发展，阻挠人类平等交往，窒息思想自由的精神枷锁。汉武帝时期,"罢黜百家,独尊儒术"的治国方略确立后,礼仪作为社会道德、行为标准、精神支柱,其重要性提升到了前所未有的高度。此后历朝历代都在朝廷设置掌管天下礼仪的官僚机构,同时,礼仪学著述越来越重要。汉代把《周礼》《仪礼》列为五经之一,是读书人的必修之课。西汉戴圣在研究前人礼书著作基础上编纂《礼记》一书,也被列为十三经之一。尔后,历代礼学研究者再在这些礼书的基础上进一步研究,先后出现了《周礼注疏》《仪礼注疏》《礼记正义》《礼说》《礼记集解》等数以千卷的礼学著作,礼学成为中国历史文化中一门重要学科,对人类文明进步起着特有的作用。

辛亥革命之后,受西方资产阶级"自由、平等、民主、博爱"等思想的影响,中国传统礼仪规范受到强烈冲击。五四运动新文化运动对腐朽、落后的礼教进行了清算。符合时代要求的礼仪被继承、完善、流传,繁文缛节逐渐被抛弃,同时接受了一些国际上通用的礼仪形式。新的礼仪标准、价值观念得到推广和传播。

改革开放以来,随着中国与世界的交往日趋频繁,西方一些先进的礼仪、礼节陆续传入我国,同我国的传统礼仪一道融入社会生活的各个方面,构成了社会主义礼仪的基本框架,而传统礼仪也适应社会的发展,焕发出新的活力。

中国作为世界四大文明古国中唯一延续至今的国家,中华文化没有中断,正是因为中华民族"重礼""知礼""守礼"的优良传统。不管历经多少朝代,中国人民始终重视礼仪,并自觉学习、遵守和维护礼仪。

二、中国古代关于礼仪的经典

说到中国传统礼仪文化的经典著作,不能绕过《周礼》《仪礼》和《礼记》,即通常所谓的"三礼"。"三礼"是中国古代礼乐文化的理论形态,对礼法、礼义做了最权威的记载和解释,对历代礼制的影响也最为深远。

《周礼》做为"三礼"之首,讲官制和政治制度。《仪礼》记述了有关冠、婚、丧、祭、乡、射、朝、聘等礼仪制度。《礼记》则是一部秦汉以前儒家有关各种礼仪制度的论著选集，其中既有礼仪制度的记述，又有关于礼的理论及其伦理道德、学术思想的论述。《周礼》《仪礼》《礼记》可被看作是中国古代关于礼仪及其理论的详备大成。

(一)《周礼》

《周礼》是儒家经典之一，世传为周公所著，但实际上可能是战国时期众学者归纳创作而成。《周礼》又名《周官》，是"三礼"之首，因与《尚书·周官篇》相混，改为《周官经》。西汉末列为经而属于礼，故有《周礼》之名。这部书搜集了周王朝及各诸侯国官制及制度，以儒家的政治理想为标准加以增减取舍，汇编而成。《周礼》共分6篇，包括"天官冢宰""地官司徒""春官宗伯""夏官司马""秋官司寇""冬官司空"。其中，"冬官"一篇早已散佚，西汉时补以"考工记"，称为"官考工记"。全书共分42卷。

《周礼》是一部通过官制来表达治国方案的著作，内容极为丰富。大至天下九州，天文历象；小至沟洫道路，草木虫鱼。凡邦国建制、政法文教、礼乐兵刑、赋税度支、膳食衣饰、寝庙车马、农商医卜、工艺制作，各种名物、典章、制度，无所不包，堪称上古文化史之宝库。《周礼》六官的分工大致为：天官主管宫廷，地官主管民政，春官主管宗族，夏官主管军事，秋官主管刑罚，冬官主管营造，涉及社会生活的所有方面，在上古文献中实属罕见。《周礼》所记载的礼的体系最为系统，既有祭祀、朝觐（jìn）、封国、巡狩、丧葬等国家大典，也有如用鼎制度、乐悬制度、车骑制度、服饰制度等具体规制，还有各种礼器的等级、组合、形制、度数的记载。许多制度仅见于此书，因而尤其宝贵。

(二)《仪礼》

《仪礼》也是儒家经典之一，它最初直接被称作"礼"。《仪礼》在"三礼"中，成书最早，该书大致形成于春秋后期，而且首先取得经的地位，是礼的本经。《仪礼》又称为《士礼》，原因是先秦好以篇首的几个字作为篇名或书名，《仪礼》的首篇是《士冠礼》，所以以其篇首之字而名之为《士礼》。《士礼》的得名还因其内容，因为《仪礼》所记录的多以士的礼仪为主。《仪礼》总共有17篇，分为冠婚、朝聘、丧祭、射乡四类。

《仪礼》作为一部上古的经典，具有很高的学术价值。此书材料、来源甚古，内容较为可靠，而且涉及面广，从冠婚飨射到朝聘丧葬，无所不备，犹如一幅古代社会生活的长卷，是研究古代社会生活的重要史料之一。书中记载的古代宫室、车骑、服饰、饮食、丧葬之制，以及各种礼乐器的形制、组合方式都尤为详尽，为语言、文献学的研究提供了价值很高的资料。此外，《仪礼》所记的各种礼典，对于研究古人的伦理思想、生活方式、社会风尚等，都有不可替代的价值，对后世社会组织、文化观念有着重要影响。

（三）《礼记》

在"三礼"中，《礼记》最晚取得经的地位，但却后来居上，成为礼学大宗，大有取代《仪礼》《周礼》之势。《礼记》多格言妙语，文字生动，富有哲理，这也是《礼记》最为人所熟知的原因。《礼记》原本是《仪礼》的"记"，所谓"记"指的就是解释经典的文字。《礼记》作为后世对《仪礼》的解释和说明，事实上是在原有的基础上进行删选和发展，剔除了《仪礼》中不适应社会发展的部分，也对《仪礼》的儒家思想精髓加以发扬光大。宋代的理学家朱熹选中《大学》《中庸》《论语》和《孟子》，把它们合称为"四书"，用来作为儒学的基础读物。《诗》《书》《礼》《易》《春秋》为"五经"。

《礼记》的内容主要是记载和论述先秦的礼制、礼仪，解释仪礼，记录孔子和弟子等的问答，记述修身做人的准则。实际上，这部9万字左右的著作内容广博，门类杂多，涉及政治、法律、道德、哲学、历史、祭祀、文艺、日常生活、历法、地理等诸多方面，几乎包罗万象，集中体现了先秦儒家的政治、哲学和伦理思想，是研究先秦社会的重要资料。《礼记》全书用散文写成，一些篇章具有相当的文学价值。有的用短小的生动故事阐明某一道理，有的气势磅礴、结构严谨，有的言简意赅、意味隽永，有的擅长心理描写，书中还收有大量富有哲理的格言、警句，精辟而深刻。

三、中国古代主要的礼仪举要

(一) 古代"五礼"

中国古代有"五礼"之说,根据《周礼》记载,周人把礼分为五类,即"五礼"。这"五礼"指的是吉礼、凶礼、军礼、宾礼和嘉礼,这五礼作为我国古代礼仪制度的主要内容历代相袭,许多内容延续至今。

1. 吉礼

吉礼是指有关祭祀的典礼。古人祭祀求吉祥,故称吉礼,列五礼之首,因为祭祀活动于古人十分重大,关系到国家安危,百姓平安。《周礼·春官》说:"凡国之大事,制其礼仪。"(凡是国家的大事,都要演习有关的礼仪)祭祀的对象包括天地鬼神、土谷社稷、先祖宗庙。

(1) 祭天

始于周代的祭天也叫郊祭,冬至之日在国都南郊圜丘举行。古人首先重视的是实体崇拜,对天的崇拜体现在对月亮的崇拜及对星星的崇拜。所有这些具体崇拜,在达到一定数量之后,才抽象为对天的崇拜。周代人崇拜天,是从殷代出现"帝"崇拜发展而来的,最高统治者为天子,君权神授,祭天是为最高统治者服务的,因此,祭天的盛行到清代才宣告结束。

(2) 祭地

夏至是祭地之日,礼仪与祭天大致相同。汉代称地神为地母,称其是赐福人类的女神,也叫社神。最早祭地是以血祭祀。汉代以后,不宜动土的风水信仰盛行。祭地礼仪还有祭山川、祭土神、祭谷神、祭社稷等。

(3) 宗庙之祭

宗庙制度是祖先崇拜的产物。人们在阳间为亡灵建立的寄居所即宗庙。帝王的宗庙制是天子七庙,诸侯五庙,大夫三庙,士一庙,庶人不准设庙。宗庙的位置,天子、诸侯设于门中左侧,大夫则庙左而右寝,庶民则是寝室中灶膛旁设祖宗神位。祭祀时还要卜筮选"尸","尸"一般由孙辈小儿充当。庙中的神主是木制的长方体,祭祀时才摆放,祭品不能直呼其名。祭祀时行九拜礼,分别为稽首、顿首、空首、振动、吉拜、凶拜、奇拜、褒拜、肃拜。宗庙祭祀还有对先代帝王的祭祀,据《礼记·曲礼》记述,凡于民有功的先帝如帝喾、尧、舜、禹、黄帝、文王、武王等都要祭祀。

2. 凶礼

凶礼是指有关丧葬的礼仪,也包括对天灾人祸的哀吊,即丧礼和荒礼两大类,细分可分为丧礼、荒礼、吊礼、禬(guì)礼、恤礼等。其中丧礼是古代礼仪中最为重要的礼仪之一,其核心是通过对死者遗体的处理,来表达对死者的敬爱之情。关于丧礼礼仪的具体程序,在后文有详细的介绍。

3. 军礼

军礼是有关军事活动的典礼,据《周礼》记载,军礼包括大师之礼、大军之礼、大田之礼、大役之礼、大封之礼五种。军礼主要包括举行校阅、出师、献捷、田猎等活动时的礼仪。在当时,帝王无论出征、巡幸、狩猎,还是营建城邑,但凡动用军队,必祭告于神。

例如"四时畋(tián)猎"是军礼的一项重要内容,也称田猎、狩猎、围猎,即打猎。自周朝开始,只要国内不发生战争、动乱、王位继立及严重的自然灾害等大事,帝王每年都要在四季进行畋猎活动,届时也将动用军队参加,因此畋猎实际也起着训练和检阅军队的作用,列入军礼范畴。"四时畋猎"即春蒐(sōu)、夏苗、秋狝、冬狩。这种结合打猎活动而进行的军事训练,可使军队常备不懈,因而为历代所沿袭。军队平时训练的典礼称为"行军田役",在鼓的节奏下,兵士进行基本功的训练,诸如前进、后退、疏散、集中等。平时训练一般不在郊野,而是在专门的练兵场——校场上进行。

4. 宾礼

宾礼一般指天子、诸侯接待宾客的礼仪,包括诸侯对天子的朝觐,各诸侯国之间的聘问和会盟时的种种礼节,又可分为朝、聘、盟、会、遇、觐、问、视、誓、同、锡命等一系列的礼仪制度。其中,朝是指诸侯按规定的时间拜见天子的礼节。聘,是古代国与国之间遣使访问的礼节。盟,是指诸侯之间以语言为信约,即用口述的方式,提出某种作为自己或大家共同遵守的原则,即"信约为誓"。锡命,又作赐命,赐,是古代上对下的给予,赐命则专指帝王赐予臣僚爵位、服饰、车仗等的赏命。会、同,通常合在一起,即为"会同",泛指古代诸侯朝见天子,也指诸侯会合。遇,指诸侯或官吏在没有事先约定的时间、地点突然相遇的礼节,通常较简单。

5. 嘉礼

嘉礼是按照人心之所善者制定的礼仪,是古代礼仪中最为庞杂的一种礼仪。嘉礼可分为饮食之礼、婚冠之礼、宾射之礼、燕飨之礼、贺庆之礼、巡守礼、即位改元礼等,涉及王位承袭、宴请宾朋、日常生活等多方面的内容。嘉礼的范围很广,除了上述诸礼外,还包括各种朝贺礼、学校礼、养老礼、职官礼、会盟礼,乃至观象授时、政区划分,等等。

(二)古代的人生礼仪

人的一生要经历诞生、成年、婚嫁、死亡等若干阶段,围绕着这些人生节点,形成了一系列人生礼仪。其中诞生是人生的开启教育,成年礼是人生的新篇章教育,婚礼是生命繁衍教育,丧礼是生命谢幕教育。不管在古代还是现代,这四种礼节都是非常重要的,下面就详细介绍这四种礼仪文化。

1. 诞辰礼

诞辰礼标志着对一个人出生的庆贺和祝福,作为人生开端的第一个礼仪仪式,集中表现了人们对新生命到来的喜悦。诞辰礼的基本功用是为婴儿祝吉祛灾,仪式中有许多为此目的而说的吉祥语和咒语,都寄寓着亲朋对新生命的期望和祝福。诞辰礼包括洗三朝礼、满月礼、百日礼、周岁礼等。

"洗三朝"是婴儿降生三日时最重要的礼俗。其主要仪式是为婴儿洗澡,俗称"洗三",含有消除污秽、消灾免祸的用意。洗澡水也有讲究,要用桃树根、李树根、梅树根各 100 克,加水煮沸,由接生婆洗小儿。"洗三"时还需要一定的祭祀仪式,口念祝词。洗后,还要用姜片和艾蒿来擦孩子的脑门和身上各个关节。

满月礼是婴儿出生一个月后举行的庆贺礼,称为"做满月"。此时必须祭祀神祖,宴请亲友,还要向左邻右舍分送喜面及其他食品。亲友来贺必带礼物。俗语云:"姑姑家的帽子,姨姨家的鞋,外婆家的铺盖搬将来。"众多礼仪中,为婴儿剃"满月头"的仪式严肃而隆重。婴儿的胎发是从娘胎里带来的,不能全剃光,一般要在额顶留一绺"聪明发",脑后留一绺"撑根发";剃下来的胎发也要妥善收藏。剃头时,小儿由祖父或亲友中有福分的人抱在怀里。这一天，还要抱着婴儿上街，让他们出门去见见世面，到各处兜一圈，称为"兜喜神圈"。这个仪式象征着小孩终将离开母亲的怀抱，走出家门闯荡外面的世界。

婴儿出生一百天称"百晬"，也称"百日礼"，含有"圆满、完全"的象征意义。一般在婴儿出生的第九十九天过，由姥姥、姨姨、姑姑等来送礼庆贺，比较亲密的街坊朋友也有来送礼的。所送礼物除食品果蔬外，便是小儿衣饰，其中最有特色的是百家衣和百家锁。百家衣是要从许多人家那里讨来各种颜色的布头，拼凑连缀成一件小孩的衣服，五颜六色，别具风采。一般紫色的布块比较难讨要到，紫谐音"子"，谁也不愿把"子"送给别人，只好到孤寡老人处去讨。穿百家衣是为了长寿，有的孩子穿到周岁才脱掉。百家锁往往也是收集许多人家的金银等，特地去为孩子打制的，上面一般都铸有"长命百岁""长命富贵"一类的吉祥话，故又称"长命锁"。百家锁形式多种多样，最简单的是用红线将铜钱串起来，挂在小孩脖子上，也有用金银打制锁形的薄片，以金银锁链挂在小孩脖子上。

周岁礼是孩子的第一个生日，一般也将其看作诞生礼的结束。主人家要祭神祀祖，设宴席款待宾客。周岁礼中，有一种别致的仪式，通常称为"抓周"。父母为了预测孩子将来的志向爱好，则有抓周的仪式。具体做法是给孩子沐浴打扮后换上新衣，在其面前放上弓箭、纸笔、食品、珍宝、玩具等。若是女孩，还要加上刀尺、针线，大人不加诱导，看孩子抓什么东西，以此预测这个孩子将来的贪廉愚智和兴趣爱好。至此，人的诞辰礼仪才算正式完成。

2. 成年礼

成年礼，也称"成丁礼"，表示男女青年到了一定年龄，可以婚嫁，并从此作为氏族的一名成年人参加各项活动。成年礼必须由氏族长辈依据传统为青年举行一定的仪式，才能获得承认。

在古代，成年男性的标志就是戴着符合自己身份的帽子，称为"冠"；女性则把头发盘起来，然后用簪子固定，称为"笄（jī）"。小孩就只是将头发扎起来，表示他们尚未成年。当一个氏族的男孩20岁成年时，他的父亲就会邀请自己的朋友或是乡中有名望的人士前来家中，在家庙里为这个孩子加冠行礼。因此，男性的成人礼便称为"冠礼"。而女性一般在15岁，最迟在20岁举行"笄礼"。

(1) 男子的冠礼

冠礼以加冠为主要特征，是古代男子成年的仪式。《礼记·曲礼上》云："男子二十，冠而字。"（男子到了20岁，就要举行冠礼，并且另取个字）古人交往时，"名"用于自称、卑称，是上对下、长对少的称呼；而"字"则用于尊称。男子冠礼，给他一个字，正是表示他开始受人尊重，表示他社会地位的一大改变。《仪礼》把《士冠礼》放在首篇，可见冠礼在古代礼仪中的重要地位。

古代冠礼的具体仪节十分烦琐，后世已不再照搬，我们只能按照礼书的记载，做一下简略的勾勒。首先要由其父到家庙门外请人卜卦，一是确定吉日，二是确定主持冠礼的人，称为大宾。其次，在吉日举行加冠仪式。仪式一般在家庙中举行，届时，被加冠的年轻人身穿童子服，跪坐席上，由跪坐在旁边的司仪替他挽髻，就是把头发梳成成年人的发式，把发髻包起来。再次，大宾手执缁布冠，大声诵读祝词，然后为其戴缁布冠。最后，冠者起立，到东厢房换上与此冠相应的整套衣服、鞋子，再出来向在场的人致意。这就是初加。

类似的仪式要重复三次，初加之后，还有再加、三加。所不同的是冠以及与冠相对应的服装。初加，戴缁布冠，这是用黑麻布做的帽子。再加，戴皮弁冠，这种冠是用白鹿皮缝制而成的帽子。三加，戴爵弁冠，这种冠是用黑红色细麻布制成的帽子，顶上加一块木板，有点像帝王头上戴的冕。戴不同的冠，就要换穿不同的服装。在仪式上加冠三次，分别象征冠者从此获得了成人、服兵役、参加祭祀的资格，前程远大。接下来，冠者要到家庙门口拜见母亲。回家后，再由大宾为其取"字"。加冠之后，主人要隆重设筵，款待宾客，并向宾客赠送礼品。这样冠礼才算真正告一段落。

(2) 女子的笄礼

笄礼俗称"上头礼"，是古代女子成年的仪式。《礼记·曲礼上》云："女子许嫁，笄而字。"（女子到了可以订婚的时候，要用簪盘起头发，并且另取个字）许嫁是指已经接了男家的纳征礼。古代女子的笄礼大约在15岁。

笄，即簪子。自周代起，规定贵族女子订婚以后出嫁之前行笄礼。行礼时改变幼年的发式，将头发绾成一个髻，然后用一块黑布将发髻包住，随即以簪插定发髻。主持笄礼者为女性家长，由约请的女宾为少女加笄，表示女子已成年，可以结婚。笄礼的具体仪节皆与冠礼相仿，只是主人改由女子的母亲出面，加笄的人也是女宾。

3. 婚礼

中国人非常重视婚姻关系，认为婚姻是"人伦之基"。古人认为黄昏是吉时，所以会在黄昏行娶妻之礼，因此夫妻结合的礼仪称为"昏礼"，后来演化为婚礼。

"三书六礼"是中国的传统婚姻习俗礼仪。所谓的三书指的是聘书、礼书和迎亲书。聘书是订婚用的书，用于"纳吉"。礼书是"纳征"时使用的书，礼书内会详细列明礼物种类及数量。迎亲书，即在"亲迎"时使用。六礼指的是纳采、问名、纳吉、纳征、请期、亲迎，具体程序如下。

(1) 纳采

男方家看中了某家女孩，就派人去提亲，征求对方意见。男方家带去的礼物（以雁为重），女方同意议婚就收下。《仪礼·士昏礼》云："昏礼，下达，纳采，用雁。"（婚事的礼仪是男方家先遣媒向女家提亲，然后行纳采礼，用雁作求婚的礼物）

(2) 问名

问名俗称"讨八字""请庚""探问"。男方请媒人到女方家询问女方的名字、出生日期、籍贯等，有的还要问三代以及官职等。女方把上述情况一一写在帖子上，交给媒人。这个帖子称为庚帖，因为主要是写年庚，庚帖又称草帖，意思是初步的草本而已。男方接到庚帖后，要请人推算占卜，称为"合八字"。历来对此有许多讲究，一个人出生的年月日时都以感知相配，共有八个字，称为"生辰八字"。如果男女双方的八字相合，就可以定亲；如果八字相克，则不可以议婚。这显然是一种迷信，旧时因此拆散了许多美满的婚姻，后来逐渐被淘汰。

(3) 纳吉

男方得知女子之名后，即在祖庙进行占卜，预测婚姻是否吉顺。获得吉兆后，就派人到女家道喜，这就是纳吉。

（4）纳征

纳征又称"纳成""纳币"，指男家向女家送聘礼。《礼记·昏义》孔颖达疏："纳征者，纳聘财也。征，成也。先纳聘财，而后昏成。"（纳征，男方家往女方家送聘礼。征，完成的意思。男方把聘礼给了女方，婚约关系就结成了）也就是说到了这一步，婚约已经完全成立。到了后世，则称为下彩礼、放定。历来的聘礼里往往少不了茶叶，所以又称为"茶礼"。

（5）请期

男方送过聘礼之后，请人占卜求得一个吉祥的迎娶日子，不敢自专，派人告知女方以征得女方同意，届时还要送雁为礼。《仪礼·士昏礼》云："请期，用雁。主人辞。宾许，告期，如纳征礼。"（宾请女家确定迎娶的吉日，以雁为礼，主人推辞。宾表示同意，然后告诉主人迎娶的吉期。其礼节与纳征礼相同）俗称"提日子""送日头"。时至今日，举行婚礼的日期仍为民众所看重，往往要由男女双方再三磋商才能确定下来。

（6）亲迎

亲迎今天叫"迎亲"，是新郎迎娶新娘的仪式，也是六礼中最核心的内容。在古代，迎亲多用花轿，花轿到女家村口、过各村和迎回男家村口时要放鞭炮，迎亲队伍中一般有乐队演奏，营造喜庆气氛。新娘父亲把新郎带进门，新郎给岳父岳母行跪拜礼，把新娘接走。新娘到达男家门口，有些地区要婆婆拉着媳妇走过场院中用麻袋铺的路，身后的麻袋要不断传到前面待踩，这称作"传种（宗）接袋（代）"。当夫妇拜堂时，主持人口中要高声念祝辞，有些地方还穿插吃子孙饽饽、喝和合汤等仪式。宴席过后撤除室内之烛，亲友们还要"闹洞房"，闹得越厉害、越放肆，意味着新婚夫妇日后的生活越红火。

结婚三日后，新媳妇要到夫家的祖庙行"庙见之礼"，即拜见夫家的列祖列宗，以慰先祖在天之灵。庙见的第三天，新郎还要同妻子去拜见岳父母，所谓"三朝回门"。经过这一系列仪式，双方的姻亲关系才算正式确立。

4. 丧礼

丧礼仪式是人生礼仪仪式的终结。按照中国古代"五礼"的分类,丧礼仪式属于凶礼。但在传统社会里,人们普遍认为,死亡并非是人的消失,而是从一个世界进入了另一个世界,因此在这过程中也需要被重视和对待。古代丧礼仪式种类繁多,且随着社会的发展与进步,它本身也处在变迁之中。各个时期、不同的民族、不同的生活环境,使得丧葬礼仪仪式有许多的不同。在这里,仅从普遍意义上列举中国传统丧礼的主要仪式,例如初终、设床、沐浴更衣、报丧、大殓、选择墓地落葬等。

(1) 初终

初终是指弥留之际。此时首先要确定将死者是否已停止呼吸。检验方式有多种。"属纩(zhǔ kuàng)",即把新绵置于口鼻前,视其是否有气,这是最常见的一种。当确知其已死,则围于四周的亲属一般都要号哭呼叫。也有的地方,此时要上屋顶揭去一片瓦,以便于死者顺利地走上升天之道。

紧接着是招魂,古时称为"复"。有的地方有专司此职之人,也有的就由亲属中一人担任。招魂时有许多具体仪式,如竖招魂幡,高举寿衣,点"引魂香",高声诵念咒语等。

(2) 设床

招魂以后,即设床停尸。民间一般的规矩是不能让死者躺在原先的床上。南方往往是卸一块门板充作尸床,北方也要把死者抬下炕,放到用木板搭成的灵床上。据说是怕死者背着炕到阴间过于沉重。

(3) 小殓

对死者遗体进行清洗装扮,以便其"上路"时顺当无碍,各地具体做法不尽相同。根据贫富条件,装扮有奢有简。但有些仪式是一定要进行的,如为死者换上寿衣,嘴里含饭或含珠、含铜钱等。讲究的人家还要在死者胸口放上粮食或钱财,上盖棉被。有些地方的习俗要让死者左手拿干粮,右手执棒,以便过"叭狗山"和"恶狗村"时,对付那些恶狗。

(4) 报丧

古时六品以上官员死后,家人要"遣使赴于阙",普通人家也要"报丧"。总之,死讯要及时报告给亲朋、邻居和有关部门。一般由死者晚辈充任外出报丧之职，同时还要安排吊客登门吊唁。

报丧有许多规矩。丧家使者一般只在门外报告死讯，不能进入别人家门，以免带去不吉利。有的地区则以敲锣吹哀号的形式告知邻里。现代则往往采用书面讣告的方式公布死讯。

（5）大敛

尸体入棺，这是丧葬活动中的重要一项，习俗讲究也特别多。从棺材的铺垫、棺内随葬品、到尸体在棺内如何放置、棺材如何加盖等，每一项都围绕着祷祝死者升天或进入阴界后能过上舒服日子而进行。有些地区在棺材加盖前，要请和尚念经，以驱赶灵柩旁的鬼魂。棺材盖要钉牢，接缝要封严，有的还要在棺盖上加放钵、盆等，使死者不会受到鬼怪的侵扰。

大敛后，多种祭奠仪式就开始了。如朝夕奠、朔望奠以及俗称的"做七"。所谓"做七"，即自死者临终之日算起，每过七日设奠一次，直至"七七"结束。

（6）选择墓地及落葬日

这是死者落葬之前各项仪式的最后一步，古时称为"卜宅兆、卜葬日"。选定时间、地点后，将棺木下葬，所谓"入土为安"。我国历代许多君王极其重视墓地的选择和建造，往往登基不久，就开始营建墓地，如秦始皇就是如此。这是因为他们相信这将决定他们在阴间生活的好坏及子孙万代的盛衰。君王如此，官吏直至普通百姓也有同样的观念。这是我国阴宅风水之说大盛的重要原因。

礼仪是人类社会不可缺少的行为规范，作为一种长期的文化积淀，礼仪可以说凝聚了一个国家的文化内涵和人文情怀。在中国这个有着五千年历史文明的大国里，礼仪处处彰显着其独有的特色。

参 考 书 目

[1] 张岱年，方克立. 中国文化概论［M］. 北京：北京师范大学出版社，1994.

[2] 张家鹏，王祥. 中国文化概论［M］. 沈阳：辽海出版社，2001.

[3] 叶朗，费振刚，王天有. 中国文化导读［M］. 北京：生活·读书·新知三联书店，2007.

[4] 叶朗，朱良志. 中国文化读本：黑白插图本［M］. 北京：外语教学与研究出版社，2010.

[5] 王力. 中国古代文化常识图典［M］. 北京：中国言实出版社，2002.

[6] 姜义华. 中华文化读本［M］. 上海：上海人民出版社，2009.

[7] 孙建乐，冯希哲. 中华传统文化概要［M］. 西安：陕西人民出版社，2005.

[8] 薛明扬. 中国传统文化概论［M］. 上海：复旦大学出版社，2003.

[9] 孙继民. 一本书读懂中华优秀传统文化［M］. 北京：中国社会科学出版社，2017.

[10] 陈晓龙. 中国传统文化概论［M］. 2版. 西安：陕西师范大学出版社，2014.

[11] 辜堪生. 中国传统文化概论［M］. 重庆：西南财经大学出版社，2008.

[12] 王卫平. 中华优秀传统文化［M］. 苏州：苏州大学出版社，2018.

[13] 吴杰明. 中华优秀传统文化干部读本［M］. 上海：上海人民出版社，2020.

[14] 青木. 国学常识全知道［M］. 北京：中国华侨出版社，2011.

[15] 史怀刚. 人文的世界：中华优秀传统文化精讲［M］. 广州：暨南大学出版社，2020.

[16] 张岂之. 中华人文精神［M］. 西安：西北大学出版社，1997.

[17] 冯友兰. 中国哲学简史［M］. 北京：北京大学出版社，2013.

[18] 牟宗三. 中国哲学的特质［M］. 上海：上海世纪出版社，2008.

[19] 李泽厚. 论语今读［M］. 北京：生活·读书·新知三联书店，2008.

[20] 陈鼓应，林光华. 庄子解读［M］. 北京：中国人民大学出版社，2014.

[21] 刘涛. 中华传统美德［M］. 合肥：黄山书社，2013.

[22] 苗运周，葛海燕. 中华传统美德教育读本［M］. 济南：山东人民出版社，2015.

[23] 王宁. 汉字学概要［M］. 北京：北京师范大学出版社，2001.

[24] 李乐毅. 汉字演变五百例［M］. 2版. 北京：北京语言大学出版社，2014.

[25] 唐生周. 汉字学教程［M］. 北京：语文出版社，2013.

[26] 王宇信，徐义华. 商周甲骨文［M］. 北京：文物出版社，2006.

[27] 郭军林. 中国青铜文化［M］. 北京：时事出版社，2009.

[28] 叶子. 中国古代书画鉴定［M］. 上海：上海人民美术出版社，2005.

[29] 王兴文. 图说中国文化：科技卷［M］. 长春：吉林人民出版社，2007.

[30] 钱穆. 文化与教育［M］. 北京：生活·读书·新知三联书店，2009.

[31] 毛礼锐，瞿菊农，邵鹤亭. 中国古代教育史［M］. 北京：人民教育出版社，1986.

[32] 陈景磐. 中国近代教育史［M］. 北京：人民教育出版社，1979.

[33] 金林祥. 20世纪中国教育学科的发展与反思［M］. 上海：上海教育出版社，2000.

[34] 孙培青. 中国教育史［M］. 4版. 上海：华东师范大学出版社，2019.

[35] 何光荣. 中国古代教育哲学［M］. 北京：北京师范大学出版社，1997.

[36] 许嘉璐. 中国古代衣食住行［M］. 北京：北京出版社，2002.

[37] 毕宝魁. 国学知识讲话［M］. 沈阳：沈阳出版社，2007.

[38] 肖慧芬. 华夏衣裳：中国服章之美［M］. 北京：中国纺织出版社，2018.

[39] 沈从文，王㐨. 中国服饰史［M］. 西安：陕西师范大学出版社，2004.

[40] 蒋玉秋. 汉服［M］. 青岛：青岛出版社，2007.

[41] 黄能馥，陈娟娟. 中国服饰史［M］. 上海：上海人民出版社，2004.

[42] 包铭新，吴娟，等. 中国旗袍［M］. 上海：上海文化出版社，1988.

[43] 曲黎敏. 中医与传统文化［M］. 北京：人民卫生出版社，2009.

[44] 曲黎敏. 生命沉思录2：人体文化解读［M］. 武汉：长江文艺出版社，2014.

[45] 金霞. 中华传统文化与养生［M］. 北京：大众文艺出版社，2004.

[46] 唐克军. 康乐人生：图说古代养生文化［M］. 扬州：广陵书社，2004.

[47] 胡波，胡全. 循环与守望：中国传统节日文化诠释与解读［M］. 广州：广东人民出版社，2015.

[48] 钟敬文. 民俗学概论［M］. 北京：高等教育出版社，2010.

[49] 彭林. 中国古代礼仪文明［M］. 北京：中华书局，2004.

[50] 顾希佳. 礼仪与中国文化［M］. 北京：人民出版社，2001.

后　　记

本读本是本人主持的深圳开放大学委托课题"深圳老年教育发展战略与创新特色模式项目研究"的研究成果,由本人和深圳开放大学终身教育学院院长吴晓辉副教授担任主编。

编写组于 2020 年 11 月开始工作,2021 年 5 月初完成撰写并形成定稿。

从事研究和成果撰写的人员有:

王卫东（广州大学教育学院教授、老年教育研究中心主任）

吴晓辉（深圳开放大学终身教育学院院长,深圳老年大学副校长、副教授）

温小军（广州大学人文学院副教授、教育学院老年教育研究中心研究员）

苏启敏（广州大学教育学院教授、老年教育研究中心研究员）

李海燕（广州大学教育学院教授、老年教育研究中心研究员）

田秋华（广州大学教育学院教授、老年教育研究中心研究员）

李俊堂（广州大学教育学院讲师、老年教育研究中心研究员）

黄化平（深圳开放大学党委委员、科研与发展规划处处长）

程本强（深圳市开放职业技术学校副教授、副校长）

段德俊（深圳开放大学党政办公室副主任、讲师）

夏霽（深圳开放大学讲师）

翁娜娜（深圳开放大学讲师）

皇甫超楠（广州大学教育学原理专业研究生）

陈文玲（广州大学教育学原理专业研究生）

钟淑仪（广州大学教育学原理专业研究生）

刘晶（广州大学教育学原理专业研究生）

涂甜（广州大学课程与教学原理专业研究生）

王诗怡（广州大学教育学院教育管理方向教育硕士研究生）

黄少聪（广州大学人文学院学科教学·语文方向教育硕士研究生）

谢杏妍（广州大学人文学院学科教学·语文方向教育硕士研究生）

许霓（广州大学人文学院学科教学·语文方向教育硕士研究生）

各章的文责由研究和撰写者自负，两位主编对研究成果质量负主要责任。

广东高等教育出版社对本书的出版给予了大力支持。尤其是冯沪萍女士自撰写之初就对本书给予了高度的关注和支持，并担任了本书的责任编辑，为本书的顺利出版付出辛勤的劳动。在成果付梓之际，特向出版社致以深深的谢意！

中国书法家协会会员、深圳市福田区书法家协会名誉主席林延岳先生为本书题写了书名，我们也衷心地表示感谢！

本书编写过程中，我们学习、借鉴和参考的关于中华优秀传统文化的大部分著作类成果我们在书末参考文献中予以列呈，但论文类和部分论著类研究成果限于篇幅未能列出，在此一并表示我们崇高的敬意和感谢！

我们虽已尽力，但是由于研究时间有限、编写人员学力不及等原因，本书在内容、表述等方面肯定会有缺漏和不足，敬请前辈、先进和读者予以批评和指正。

王卫东

2021 年 5 月